"十三五"职业教育规划教材

财务报表分析 —— 方法与案例

于 莉 常化滨 杨淑芝 编著

中国电力出版社
CHINA ELECTRIC POWER PRESS

内 容 提 要

本书为"十三五"职业教育规划教材，全书分为八章，主要内容包括财务报表分析导论、资产负债表分析、利润表分析、现金流量表分析、所有者权益变动表及报表附注分析、财务效率分析、财务报表综合分析应用和案例。本书以四家公司的案例为依托，阐释了财务报表分析的结构分析、趋势分析、指标分析及比较分析的思路。全书通俗易懂、简单明了，每章均有引例和案例分析，便于读者理解运用。

本书可作为全国高职高专院校、成人高校及本科院校举办的二级职业技术学院财经类专业教材，也可作为有一定会计基础的会计爱好者自学使用。

图书在版编目（CIP）数据

财务报表分析：方法与案例 / 于莉，常化滨，杨淑芝编著. —北京：中国电力出版社，2016.1（2020.8重印）
"十三五"职业教育规划教材
ISBN 978-7-5123-8512-2

Ⅰ.①财… Ⅱ.①于… ②常… ③杨… Ⅲ.①会计报表－会计分析－高等职业教育－教材 Ⅳ.①F231.5

中国版本图书馆 CIP 数据核字（2016）第 017573 号

中国电力出版社出版、发行
（北京市东城区北京站西街 19 号 100005 http://www.cepp.sgcc.com.cn）
三河市百盛印装有限公司印刷
各地新华书店经售

*

2016 年 1 月第一版 2020 年 8 月北京第四次印刷
787 毫米×1092 毫米 16 开本 16.75 印张 405 千字
定价 **34.00** 元

前　言

　　财务报表是当今经济生活中必不可少的一种数据载体,它在人们经济活动中扮演着重要的角色。当投资者在做投资决策时、股民在决定购买哪一只股票时、银行在为企业做信用评估时、企业家在为企业做战略规划时,以及供货商在确定企业信用额度时,他们都需要从企业的财务报表中获得相关信息。而他们要把财务报表中的数字变成所需要的信息,就要使用财务报表分析方法。本书即是为读者讲解如何运用专业的方法分析企业财务报表。

　　全书共分为八章,从财务报表分析的基本方法到具体报表的分析方法及财务指标,再到财务综合分析的应用,深入浅出地为读者讲解了财务报表分析的角度、思路及方法。特别是第八章,编者以真实的企业案例为分析依据,完整且有侧重地阐释了如何运用前述的分析思路及方法。

　　本书的主要特点如下:

　　(1)从高等职业技术教育的人才培养目标出发,以实现高职院校财经类专业人才的培养规格为宗旨,本书在内容安排上去除了部分艰深晦涩的理论及分析原理,突出了财务报表分析实用的分析方法。对重点内容辅以案例说明,可以使读者在使用时有更为直观形象的理解。

　　(2)每章皆以我国上市公司近年真实的财务数据为例,讲解财务报表分析方法的运用,令读者在使用时可以结合某公司当下的情况深入分析,达到学以致用的目的。

　　(3)案例中的内容选自我国不同行业中具有代表性的企业,既可作为读者在进行实际案例分析前的参考,也可作为案例分析中的对比数据。

　　(4)本书既可作为高职院校财经类专业教材,也可以作为有一定会计基础的会计爱好者自学使用。

　　本书由内蒙古建筑职业技术学院于莉、杨淑芝及包头市职业技术学院常化滨共同编著。本书在编写过程中汲取了大量优秀书籍的精华,在此对所参考和引用的书籍作者表示衷心的感谢。

　　由于经济形势的发展,财务报表分析的内容也在不断更新完善,加之编者的水平有限,书中难免有疏漏之处,恳请读者批评指正。

编　者

2015 年 12 月

目　录

第一章 财务报表分析导论

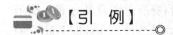 【引 例】

全球公司的 37 天负现金周期

有些公司在主动管理现金周期方面卓有成效。计算机硬件厂商全球公司就是既能按时支付账款又能实现负现金周转的为数不多的几家公司之一。全球公司继 2006 年财政年度末着手实施缩短现金周期的计划以来，其现金周期从当时勉强可以接受的 40 天缩短到 2013 年财政年度第四季度的令人震惊的负 37 天，详细数据如表 1-1 所示。

表 1-1 全球公司财务指标表

主要的周转衡量指标	2006 年第四季度	2013 年第四季度
1. 存货周转天数	31	3
2. 应收账款周转天数	42	28
3. 营业周期：第 1 行+第 2 行	73	31
4. 应付账款周转天数	33	68
5. 现金周期：第 3 行–第 4 行	40	–37

接单生产模式加上来自很多供应商的品质有保障的标准零件，使得全球公司能够将存货的供应期缩短到 3 天。销售及收款流程的完善有助于将应收账款周转天数缩短到 28 天。此外，通过谈判争取到宽松的付款条件并确保在付款期截止前才付款，全球公司成功地将应付账款周转天数延长到 68 天。其最终结果就是 37 天的负现金周转，这意味着全球公司能够在支付因售给某个客户的产品而发生的相关费用前先从该客户处收取货款。

思考

（1）负现金周期的模式对企业而言有什么好处？

（2）在负现金周期的模式下，企业应警惕什么风险？

第一节 财务报表与财务报表分析概述

一、财务报表与财务报表分析

（一）财务报表

财务报表亦称对外会计报表，是会计主体对外提供的反映会计主体财务状况和经营成果的会计报表，包括资产负债表、利润表、现金流量表、所有者权益变动表及报表附注。财务报表是财务报告的主要部分，不包括董事报告、管理分析及财务情况说明书等列入财务报告或年度报告的资料。财务报表是根据会计准则编制的，向所有者、债权人、政府及其他有关各方及社会公众等外部使用者披露的会计报表。

1. 资产负债表

资产负债表表示企业在一定日期（通常为各会计期末）的财务状况（即资产、负债和所有者权益的状况）的主要会计报表。资产负债表是反映企业在一定时期内全部资产、负债和所有者权益的财务报表，是企业经营活动的静态体现，根据"资产=负债+所有者权益"这一平衡公式，依照一定的分类标准和一定的次序，将某一特定日期的资产、负债、所有者权益的具体项目予以适当的排列编制而成。资产负债表可以揭示企业的资产总额及其分布，揭示企业的负债总额及其结构，了解企业长短期的偿债能力和支付能力以及预测企业财务状况的发展趋势。其报表功用除了企业内部除错、经营方向、防止弊端外，也可让所有阅读者于最短时间了解企业经营状况。

2. 利润表

利润表是反映企业在一定会计期间经营成果的报表。例如，反映 1 月 1 日~12 月 31 日经营成果的利润表，由于它反映的是某一期间的情况，所以，又称为动态报表。有时，利润表也称为损益表、收益表。利润表可以反映企业一定会计期间的收入实现情况，即实现的主营业务收入有多少、实现的其他业务收入有多少、实现的投资收益有多少等；可以反映一定会计期间的费用耗费情况，即发生的主营业务成本有多少，主营业务税金有多少，销售费用、管理费用、财务费用各有多少，营业外支出有多少等；可以反映企业生产经营活动的成果，即净利润的实现情况，据以判断资本保值、增值情况。将利润表中的信息与资产负债表中的信息相结合，还可以提供进行财务分析的基本资料，如将赊销收入净额与应收账款平均余额进行比较，计算出应收账款周转率；将销货成本与存货平均余额进行比较，计算出存货周转率；将净利润与资产总额进行比较，计算出资产收益率等，可以表现企业资金周转情况以及企业的盈利能力和水平，便于会计报表使用者判断企业未来的发展趋势，作出经济决策。

3. 现金流量表

现金流量表是反映一定时期内（如月度、季度或年度）企业经营活动、投资活动和筹资活动对其现金及现金等价物所产生影响的财务报表。这份报告显示资产负债表及损益表如何影响现金及现金等价物，以及根据公司的经营，从投资和融资角度作出分析。作为一个分析的工具，现金流量表的主要作用是反映公司短期生存能力及反映一家公司在一定时期现金流入和现金流出的动态状况。现金流量表可以概括反映经营活动、投资活动和筹资活动对企业现金流入流出的影响。对于评价企业的实现利润、财务状况及财务管理，现金流量表能比传统的利润表提供更好的基础。

现金流量表是一家公司经营是否健康的证据。如果一家公司经营活动产生的现金流无法支付股利与保持股本的生产能力，反而得用借款的方式满足这些需要，那么这就给出了一个警告，这家公司从长期来看无法维持正常情况下的支出。现金流量表通过显示经营中产生的现金流量的不足和不得不用借款来支付无法永久支撑的股利水平，从而揭示了公司发展的内在问题。

（二）财务报表分析

财务报表分析又称财务分析，是通过收集、整理企业财务报表中的有关数据，并结合其他有关补充信息，对企业的财务状况、经营成果和现金流量情况进行综合比较和评价，为财务会计报告使用者提供管理决策和控制依据的一项管理工作。财务报表分析起源于 19 世纪末至 20 世纪初，最早由银行家提出。根据樊行健、邱艳玲（2005）的观点，19 世纪末，由于美国内战，出现了修建铁路的高潮，美国经济一度繁荣，此后不久便发生了周期性经济危机。

受到经济危机的影响，很多企业陷入了困境并向银行申请贷款以维持企业运转。而银行也不愿承担过多的风险，所以只愿将贷款发放给那些能保证按时偿还贷款本息的企业。所以，银行要求对那些申请贷款的企业进行财务报表的检查与分析。银行依据企业的财务报表对企业进行信用调查和分析，借以判断企业的偿债能力，由此产生了财务报表分析。

随着经济社会的发展，使用财务报表分析数据的主体越来越多，财务报表使用的概念越来越专业化，提供的信息也越来越多，报表分析的技术日趋复杂。许多报表使用人感到从财务报表中提取有用的信息日益困难，于是开始求助于专业人士，并促使财务分析师发展成为专门职业。从此，传统的财务报表分析逐步扩展成为包括经营战略分析、会计分析、财务分析和前景分析4个部分组成的更完善的体系。经营战略分析的目的是确定主要的利润动因和经营风险以及定性评估公司的盈利能力，包括行业分析和公司竞争战略分析等内容；会计分析的目的是评价公司会计反映基本经济现实的程度，包括评估公司会计的灵活性和恰当性，以及会计数据的修正等内容；财务分析的目的是运用财务数据评价公司当前和过去的业绩并评估其可持续性，包括比率分析和现金流量分析等内容；前景分析的目标是侧重于预测公司的未来，包括财务报表预测和公司估价等内容。

二、财务报表分析的作用

财务报表分析通过收集整理企业财务报表的有关数据，并结合其他有关的补充信息，对企业的财务状况、经营成果和现金流量情况进行综合比较与评价，为报表使用者提供决策依据。其作用主要有以下几个方面。

（1）财务报表分析能合理评价企业经营者的经营业绩。不仅仅是报表使用者需要进行财务报表分析，企业经营者在编制完财务报表后，一定会先于报表使用者做财务报表分析。通过财务报表分析，企业经营者可以确认企业的偿债能力、营运能力、盈利能力和现金流量等状况，合理地评价自己的经营业绩，并促进管理水平的提高。

（2）财务报表分析是企业经营者实现理财目标的重要手段。企业生存和发展的根本目的是实现企业价值最大化，企业经营者通过财务报表分析，能促进自身目标的实现。财务报表分析时企业经营者尤其重要，通过报表分析，经营者能确认目前企业的状态，确认不足，找出差距从各方面揭露矛盾，并不断挖掘潜力，充分认识未被利用的人力物力资源，促进企业经营活动按照企业价值最大化目标运行。

（3）财务报表分析能为报表使用者作出决策提供有效依据。财务报表分析能帮助报表使用者正确评价企业的过去，全面了解企业现状，并有效地预测企业的未来发展，这就为其作出决策提供了有效的依据。

（4）财务报表分析能为国家行政部门制定宏观政策提供依据。国家作为市场经济的调控者，通过对统计部门核算出的整个国民经济的财务数据进行分析后，可以有效地了解目前经济的发展趋势及存在的不足，从而有针对性地调整税收政策和货币政策等，以促进整个国民经济的平稳发展。

第二节　财务报表分析的内容及使用者

一、财务报表分析的内容

从宏观的角度看，财务报表分析包括经营战略分析、会计分析、财务分析和前景分析 4

个部分。从微观的角度看，财务报表分析主要包括资产负债表分析、利润表分析、现金流量表分析、所有者权益变动表及报表附注分析、财务能力分析及财务综合评价分析。本书主要从微观角度阐述财务报表分析。

（一）资产负债分析

资产负债表分析是指基于资产负债表而进行的财务分析。资产负债表反映了公司在特定时点的财务状况，是公司的经营管理活动结果的集中体现。通过分析公司的资产负债表，能够揭示出公司偿还短期债务的能力，公司经营稳健与否或经营风险的大小，以及公司经营管理总体水平的高低等。具体来说，资产负债分析又可以分为以下 3 个方面。

（1）资产负债表水平及垂直分析。通过资产负债表水平及垂直分析，可以了解企业财务状况的变动情况及变动原因，评价企业会计对企业经营状况的反映程度。

（2）资产负债表的项目阅读与分析。通过对资产负债表中各项目的阅读与分析，找到导致其项目发生异常变动的原因所在。

（3）资产结构与资本结构适应度的分析。

（二）利润表和利润分配表分析

通过利润表和利润分配表，可以考查企业投入的资本是否完整、判断企业盈利能力大小或经营效益好坏、评价利润分配是否合理。

利润表的项目分析可以从收益构成的主营业务、其他业务以及营业外收支的角度进行项目搭配与排列，从而形成多层次的收益结构。利润表的项目分析以主营业务收入为起点，以净利润为终点。分析收益的业务结构，可以了解不同业务的获利水平，明确它们各自对企业总获利水平的影响方向和影响程度。企业的收益是由不同部分组成的，每个部分对于盈利的持续性和重要性不一样。企业的利润可分为以下几个层次：主营业务利润和其他业务利润、营业利润、利润总额及净利润等。这些项目的数额和比例关系，会导致收益质量不同，在预测未来时有不同意义。

利润分配表，全面揭示企业利润分配的去向结构等情况，考核企业利润的分配是否合理，是否正确计算应上缴的或应分配的各项基金，是否有挪用利润或弄虚作假等违法行为，从而保证各方管理者的经济利益和整个企业的健康发展。

（三）现金流量表分析

现金流量表有助于评价企业支付能力、偿还能力和周转能力。现金流量表揭示的现金流量信息可以从现金角度对公司或企业偿还长短期债务和支付利息、股利或利润等支付能力作进一步的分析，从而作出更可靠、更稳健的评价。现金流量表有助于分析企业收益质量。一般来说，净利润增加，现金流量净额也增加，但在某些情况下，如企业虽然大量销售了商品，但货款没能及时收回，由此影响了资金周转，收益质量不佳。现金流量表有助于预测企业未来的发展情况。如果现金流量中各部分现金流量结构合理，现金流入流出无重大异常波动，一般来说企业的状况基本良好；另一方面，企业存在的症状也可在现金流量表中得到反映，如从投资、筹资活动流入流出的现金中可以分析企业是否过度扩大经营规模。

现金流量表的分析主要从以下几个方面进行。

（1）现金流量表总体分析。

（2）现金流量的结构分析。现金流量的结构分析包括总体结构分析和内部结构分析。总体结构是指企业的经营活动现金流量、投资活动现金流量和筹资活动现金流量中，各部分现金净流量占企业现金净增加额的比重。内部结构分析就是在经营活动现金流量、投资活动现金流量和筹资活动现金流量内部进一步分析各现金流入项目和现金流出项目占各现金流入量和现金流出量的比重。通过这一分析，可以了解掌握一定时期内，现金流入量的主要来源和现金流出量的主要去向以及影响企业现金增减比变化的重要因素,确保现金流量的结构合理。

（3）现金流量的比率分析。现金流量的比率分析是通过计算现金流量表中相关数据的比率来了解企业的举债经营能力及短期支付能力。

小知识

企业资产负债表、利润表和现金流量表之间的关系

资产负债表、利润表和现金流量表是企业在核算完日常的经济业务后，编报的最基本的 3 张报表，它们反映了企业在某个时点上的财务状况、一段时期的经营成果以及这一期间的现金流变动情况。虽然这 3 张报表在形式上迥然不同，但在内容上却存在着严密的勾稽关系，主要表现在以下几个方面。

（1）利润表中的净利润等于资产负债表中的未分配利润期末余额与期初余额之差。

（2）资产负债表中现金及现金等价物期末余额与期初余额之差等于现金流量表中现金及其等价物净增加。

（3）资产负债表中除现金及现金等价物之外的其他各项流动资产和流动负债的增加（减少）额等于现金流量表中各相关项目的减少（增加）额。

企业资产负债表、利润表和现金流量表之间的关系如图 1-1 所示。

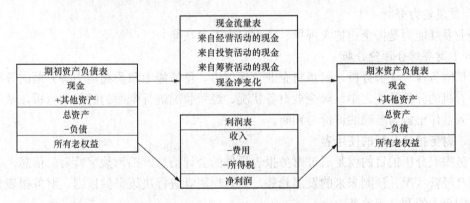

图 1-1 企业资产负债表、利润表和现金流量表之间的关系

（四）所有者权益变动表及报表附注分析

所有者权益变动表是反映公司本期（年度或中期）内至截至期末所有者权益变动情况的报表。其中，所有者权益变动表应当全面反映一定时期所有者权益变动的情况。所有者权益变动表分析，是指通过所有者权益来源及其变动情况，了解会计期间内影响所有者权益增减变动的具体原因，判断构成所有者权益各个项目变动的合法性与合理性，为报表使用者提供较为真实的所有者总额及其变动信息。

会计报表附注是会计报表的重要组成部分，是对会计报表本身无法或难以充分表达的内容和项目所做的补充说明和详细解释。会计报表附注分析也是对前面各张报表分析的补充。

（五）财务能力的分析

1. 偿债能力分析

偿债能力是指企业用其资产偿还长期债务与短期债务的能力。企业有无支付现金的能力和偿还债务能力，是企业能否健康生存和发展的关键。企业偿债能力是反映企业财务状况和经营能力的重要标志。偿债能力是企业偿还到期债务的承受能力或保证程度，包括偿还短期债务和长期债务的能力。企业偿债能力，静态地讲，就是用企业资产清偿企业债务的能力；动态地讲，就是用企业资产和经营过程创造的收益偿还债务的能力。企业有无现金支付能力和偿债能力是企业能否健康发展的关键。

2. 盈利能力分析

盈利能力是指企业获取利润的能力，也称为企业的资金或资本增值能力，通常表现为一定时期内企业收益数额的多少及其水平的高低。盈利能力指标主要包括营业利润率、成本费用利润率、盈余现金保障倍数、总资产报酬率、净资产收益率和资本收益率。在实务中，上市公司经常采用每股收益、每股股利、市盈率、每股净资产等指标评价其获利能力。

3. 营运能力分析

企业经营水平的高低，主要表现为对其所拥有控制的资金能否予以充分有效的运用。一般来说，资金的多少可以表明企业生产经营能力的大小，而资金周转快慢则反映企业生产经营能力是否得到了有效的利用。善于经营而能实现较多收入的企业，其资金周转较较快，资金运用就较好；反之，则未能有效运用资金。分析评价企业的营运能力，主要针对存货的周转情况和应收账款的收款情况。在实务中，通常采用存货周转率和应收账款周转率等指标来衡量企业的营业能力。

4. 发展能力分析

企业发展能力是指企业扩大规模、壮大实力的潜在能力。

（六）财务综合评价分析

所谓财务综合评价分析，就是将企业营运能力、偿债能力和盈利能力等方面的分析纳入到一个有机的分析系统之中，对企业财务状况、经营状况进行全面的解剖和分析，从而对企业经济效益作出较为准确的评价与判断。

二、财务报表分析的使用者

财务报表分析的目的就是通过财务报表提供的会计信息，揭示数字背后的信息，了解企业的生产经营状况并预测未来的发展趋势，为其使用者进行决策提供依据。财务报表分析的使用者即企业的利益相关者。

利益相关者理论认为，企业应是利益相关者的企业，包括股东在内的所有利益相关者都对企业的生存和发展注入了某种投资，同时也分担了企业的一定经营风险，或为企业的经营活动付出了代价。这些利益相关者除了企业的股东，也包括企业的债权人、经营者、供应商等，还包括政府部门、职工及社会公众等，甚至包括自然环境、人类后代等受到企业经营活动直接或间接影响的客体。而这些利益相关者有的分担了企业的经营风险，有的为企业的经营活动付出了代价，有的对企业进行监督和制约，企业的经营决策必须考虑他们的利益或接受他们的约束。相应地，这些利益相关者也需要了解或掌握企业的经营状况，因此，财务报表分析便成为他们获取信息的最有效的途径之一。

（一）企业投资者或者潜在投资者

他们通过对企业财务报表的分析，可以了解企业获利能力的高低、营运能力的大小以及发展能力的强弱，这样可以进一步确认自己投资的收益水平和风险程度，从而决定是否投资。企业投资者进行财务报表分析，是为了回答以下几个方面的问题。

（1）公司当前和长期的收益水平高低如何？公司收益是否容易受重大变动的影响？

（2）当前的财务状况如何，公司资本结构决定的风险和报酬如何？

（3）与其他竞争者相比，公司处于何种地位？

（二）企业债权人

他们通过对企业财务报表的分析，可以了解企业偿债能力的高低、现金流的充足程度，从而确认自己债权的风险程度，并决定是否马上收回债权或要求企业提供担保等。债权人的主要决策：决定是否给企业提供信用，以及是否需要提前收回债权。他们进行财务报表分析是为了回答以下几个方面的问题。

（1）公司为什么需要额外筹集资金？

（2）公司还本付息所需资金的可能来源是什么？

（3）公司对于以前的短期借款和长期借款是否能按期偿还？

（4）公司将来在哪些方面还需要借款？

（三）企业的经营者

他们为了更好地对企业经营活动进行规划、管理与控制，利用财务报告进行经营分析。他们要分析企业各种经营特性包括盈利能力、偿债能力、经营效率、发展能力、社会存在价值等，并要综合分析企业的经营情况。他们进行财务报表分析是为了回答以下几个方面的问题。

（1）企业的盈利水平如何？

（2）企业对资产的利用效率如何？

（3）企业对长期债务与短期债务的偿还能力如何？

（4）企业的财务数据与上一期、历史同期及同行业其他企业相比较如何变化？企业的发展速度如何？

（四）企业的供应商

他们通过对企业财务报表进行分析，可以了解企业营运能力的大小、偿债能力的高低，从而确认是否需要与企业长期合作。他们进行财务报表分析是为了回答以下几个方面的问题。

（1）企业的现金流是否充裕？是否能足额及时地支付货款？

（2）企业的信用如何？当存在赊销行为时，企业是否能履约付款？

（五）政府有关部门

他们主要是为制定有效的经济政策和公平、恰当地征税而进行经济政策分析与税务分析。其分析的重点是企业发展、社会价值分配等。他们进行财务报表分析是为了回答以下几个方面的问题。

（1）企业在进行会计核算时是否遵循了相关的会计法规及会计准则？

（2）企业所纳税款是否与其盈利水平相符？

（3）企业在经营时是否存在违法违规行为？

（六）企业的职工

他们主要是为争取职工合理的工资、福利等利益而进行的工会利益分配分析。其主要分析企业社会价值分配、盈利能力等。他们进行财务报表分析是为了回答以下几个方面的问题。

（1）企业未来发展如何？是否符合自己对职业生涯的规划？

（2）企业的盈利状况如何？对职工薪酬的影响有多大？

第三节　财务报表分析的程序与基本方法

一、财务报表分析程序

财务报表分析程序也称财务报表分析的一般方法，是指进行财务报表分析时所要遵循的一般规定和程序，它为财务报表分析工作的具体展开提供了规范的行为路径。从宏观的角度看，财务报表分析可分为 4 个阶段：①财务报表分析信息收集整理阶段；②战略分析和会计分析阶段；③财务报表分析实施阶段；④财务报表分析综合评价阶段。其中，战略分析、会计分析和财务分析的关系如图 1-2 哈佛分析框架所示。

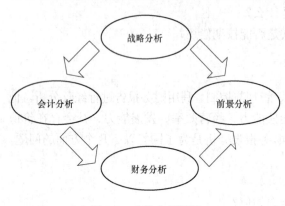

图 1-2　哈佛分析框架

1. 财务报表分析信息的收集和整理阶段

在这一阶段，主要完成 3 个任务：确定要收集哪些财务数据；确定以怎样的程序来收集这些数据；执行既定的程序。

（1）确定要收集哪些财务数据。这是由财务报表分析的目的决定的，有什么样的财务报表分析目的，就需要相对应的相关财务数据。同样，也只有明确了财务报表分析的目的，才能有效、正确地寻找到相关的财务数据。搜集被分析企业的财务数据时，不仅包括企业的财务会计报表，还应包括在分析时可以参考的与该企业有关的其他数据，如会计师事务所的审计报告、企业管理层的变动情况、所在行业的统计数据及相关的国家产业政策等。企业可以将诸如上述的这些资料作为了解企业经营状况的一条途径，更重要的是，在做下一步的财务分析时，企业可以利用这些资料与财务分析的结果做相互验证。例如，在财务分析中经常会用到企业的审计报告，审计报告是审计人员根据有关规范的要求，在对约定事项实施必要的实际程序后出具的、用于被审计单位财务报表发表审计意见的书面文件。审计报告的意见是对会计报表数据的鉴证，它的意见类型对财务报表分析工作的准确性、真实性和完整性有着实质性的影响。因此，财务报表使用者可以根据不同意见类型的审计报告，有的放矢地分析财务报表的内容。

（2）确定以怎样的程序来收集这些数据。在明确了要收集哪些数据的基础上，应制定相应的具体收集计划，这包括了人员的安排、时间的调控、其他资源的调度以及拟采用的财务报表分析技术和路径。这个步骤是保证后续财务报表分析步骤合理有效地展开的必要铺垫。对于一些复杂的、大型的财务报表分析项目，一般应用书面的形式订立相应的程序和计划；对于简单的项目则可以用草图、口头说明等方式，但一般不应跳过该步骤而直接进入实施阶段。

（3）执行既定的程序。程序的执行是其计划的一个延伸，在执行的过程中若发现计划的不足之处，应该做相应的调整。另外，很多的财务报表分析信息并不是随时随地就能够取得的，因此也要注意平时对相关财务信息的积累。

小知识

审 计 报 告 格 式

××审字（20×2）第 110××××××号

ABC 股份有限公司全体股东：

我们审计了后附的 ABC 股份有限公司（以下简称 ABC 公司）财务报表，包括 20×2 年 12 月 31 日的合并及公司资产负债表，20×2 年度的合并及公司利润表、合并及公司现金流量表、合并及公司股东权益变动表以及财务报表附注。

一、管理层对财务报表的责任

编制和公允列报财务报表是 ABC 公司管理层的责任，这种责任包括：

（1）按照企业会计准则的规定编制财务报表，并使其实现公允反映；

（2）设计、执行和维护必要的内部控制，以使财务报表不存在由于舞弊或错误导致的重大错报。

二、注册会计师的责任

我们的责任是在执行审计工作的基础上对财务报表发表审计意见。我们按照中国注册会计师审计准则的规定执行了审计工作。中国注册会计师审计准则要求我们遵守中国注册会计师职业道德守则，计划和执行审计工作以对财务报表是否不存在重大错报获取合理保证。

审计工作涉及实施审计程序，以获取有关财务报表金额和披露的审计证据。选择的审计程序取决于注册会计师的判断，包括对由于舞弊或错误导致的财务报表重大错报风险的评估。在进行风险评估时，注册会计师考虑与财务报表编制和公允列报相关的内部控制，以设计恰当的审计程序，但目的并非对内部控制的有效性发表意见。审计工作还包括评价管理层选用会计政策的恰当性和作出会计估计的合理性，以及评价财务报表的总体列报。

我们相信，我们获取的审计证据是充分、适当的，为发表审计意见提供了基础。

三、审计意见

我们认为，ABC 公司财务报表在所有重大方面按照企业会计准则的规定编制，公允反映了 ABC 公司 20×2 年 12 月 31 日的合并及公司财务状况以及 20×2 年度的合并及公司经营成果和合并及公司现金流量。

××会计师事务所　　　　　　　　　　　　　　　　　　　中国注册会计师

（特殊普通合伙）

中国·北京　　　　　　　　　　　　　　　　　　　　　二〇×三年×月××日

2. 战略分析和会计分析阶段

（1）战略分析。在明确了收集什么信息以及怎样收集的基础上，财务报表分析应该进入企业战略分析阶段。所谓"战略分析"，是指对行业所处的国民经济宏观环境、行业内微观环境以及用户进行的一种综合调查分析。通过战略分析能较为准确地预测今后行业的发展趋势。进行战略分析，不仅要收集各种宏观经济信息，还需收集大量的行业、公司信息。

（2）会计分析。会计分析的目的在于评价企业的财务业绩和其实际的经营状况之间的配比程度，换句话说，就是看企业的财务数据是否真实、完整地反映了企业的经营过程和经营成果。会计分析是财务报表分析的基础，对于在会计分析中发现的企业财务数据失真之处，应加以调整使其更能反映企业的真实经营状况。

3. 财务报表分析实施阶段

（1）财务指标分析。对财务指标进行分析是财务报表分析的一项重要途径。由于会计信息在综合性上的突出特点，使财务报表分析能够通过挖掘会计信息的内涵来窥探到企业的真实的经营信息。不同的财务报表分析目标会导致主体使用不同的财务指标来进行相关的分析。对于权益投资人来说，资产的保值和增值是最为重要的，因此资本收益率、总资产回报率以及每股股利等都是他们较为常用的指标。对于债权人来说，贷款的风险是其最为关注的。因此，债权人一般更多地使用长期或短期的长债能力指标，如流动比率、速动比率等。

（2）基本因素分析。因素分析法是要在财务指标分析的基础上，通过连环替代等方法，揭示某些财务指标变化的原因。

但要说明的是，会计信息并不能完全反映一个企业经营的原貌，因此基于会计信息的财务报表分析也不可能对企业经营过程中产生的所有问题都给出完整的答案，因此，基本因素分析法揭示的财务指标变动的原因并不一定是唯一的原因，也不一定是根本原因，只是从财务的视角给出的一个解释。

4. 财务报表分析综合评价阶段

财务报表分析的综合评价阶段的主要任务是延续财务报表分析执行阶段的工作。在财务报表分析阶段，由于其分析大量采用指标和比率分析的方法，因此在得到有用数据的同时也使得财务报表分析的结果偏重于某一具体的事件而缺少综合性，在财务报表分析的综合评价阶段就是要将财务报表分析阶段的不同指标综合在一起考察，以得出正确的财务报表分析结论。在这个阶段，企业不但要对现有的经营情况加以分析，还要对企业的未来的发展趋势加以预测和评价。

最终，在财务报表分析的综合评价阶段应给出财务报表分析报告。这是采用书面的形式对财务报表分析的目的的系统、完整的回答。

二、财务报表分析的基本方法

会计报表的主要依据是会计报表的数据资料，但是以金额表示的各项会计资料并不能说明数据以外的更多问题。因此，必须根据需要采用一定的方法，将这些会计资料加以适当的重新组合或搭配，剖析其相互之间的因果关系或关联程度，观察其发展趋势，推断其可能导致的结果，从而达到分析的目的。财务报表分析的方法有很多种，在我国，通常采用比率分析法、比较分析法、因素分析法和趋势分析法。

（一）比率分析法

比率分析法是指将财务报表相关项目的金额进行对比，得出一系列具有一定意义和逻辑关系的财务比率，以此来揭示企业的财务状况、经营成果和现金流量情况。它是一种常用的报表分析方法。该方法利用财务经济指标之间的相互关系，通过计算财务比率来分析、剖析、评价企业的财务活动和财务关系。比率分析法是对相关联的不同项目、指标之间进行比较，以说明项目之间的关系，并解释和评价由此所反映的某方面的情况。比率分析法主要用相对数指标这一特殊形式进行分析。相对数指标与绝对数指标相比具有可比性强、表现动态趋势等特点，使得各个不同规模的企业的会计数据所传递的经济信息标准化了。在运用比率分析法时，应首先确定在被分析的不同项目之间存在着联系，这是运用比率分析的前提条件，使评价结果更准确。

采用比率分析法进行分析时，需要根据分析的内容和要求，计算出有关的比率，然后进行分析。根据计算方法的不同，财务比率大体上可以分为以下两类。

（1）相关比率。相关比率是指同一时期财务报表中两项相关数值的比率。这一比率可能是同一张报表中不同数值相比，也可能是不同报表中有关联关系的数值相比，通常用来解释企业某一方面财务能力。例如，反映偿债能力的比率，如流动比率、资产负债率、权益乘数等；反映营运能力的比率，如存货周转率、应收账款周转率、流动资产周转率等；反映盈利能力的比率，如净资产收益率、总资产报酬率、销售利润率、成本费用利润率等。

（2）结构比率。结构比率是指财务报表中个别项目数值与全部项目总和的比率。这类比率揭示了部分与整体的关系，通过不同时期结构比率的比较还可以揭示公司财务业绩构成和结构的发展变化趋势。结构比率的计算公式为

$$结构比率 = \frac{指标某部分的数值（部分）}{该指标的总体数值（总体）} \times 100\%$$

结构比率指标通常表现为各种比率。例如，在资产负债表中，要了解流动资产各项目占全部流动资产的比率，可以计算货币资金占流动资产的比率、应收账款占流动资产的比率、存货占流动资产的比率等。

【例1-1】甲、乙两家公司都是从事家电销售的企业，甲企业本年度主营业务收入为1000万元，乙企业本年度主营业务收入为4000万元，两家企业的净利润皆为100万元。哪家企业的盈利能力更强$\left(主营业务利润率 = \frac{净利润}{主营业务收入} \times 100\% \right)$？

[分析]在本例中，如果简单地从两家企业的净利润进行比较的话，会得出两家企业的盈利能力相同的错误结论，因为从主营业务收入来看，显然两家企业的规模是不同的。如果通过计算两家企业的主营业务利润率进行比较，才会得到比较客观的结论。计算过程如下：

$$甲企业主营业务利润率 = \frac{100}{1000} \times 100\% = 10\%$$

$$乙企业主营业务利润率 = \frac{100}{4000} \times 100\% = 2.5\%$$

由此可知，甲企业的盈利能力较强。因此，在规模不同的企业之间进行某一财务能力的比较，用财务比率比绝对数值更具可比性。

（二）比较分析法

比较分析法是通过指标对比，从数量上确定差异，并进一步分析原因的分析方法。它是财务报表分析中最基本的方法。该方法通常是把两个相互联系的指标数据进行比较，从数量上展示和说明研究对象规模的大小、水平的高低，以及各种关系是否协调。在分析中，选择合适的比较标准是十分关键的步骤，标准选择的合适，才能做出客观的评价，选择不合适，评价可能得出错误的结论。比较分析法主要包括纵向比较和横向比较两种方法，比较形式可以是本期实际与计划或定额指标的比较、本期实际与以前各期的比较，可以了解企业经济活动的变动情况和变动趋势；也可以将企业相关项目和指标与国内外同行业进行比较。但不管使用哪种方法，形式怎样变化，其作用都在于揭示指标间客观存在的差距，并为进一步分析指出方向。

在比较分析法中，通常是用实际指标与标准指标进行比较，从得到的差异进一步分析。标

准指标有很多种类型，根据分析的目的及要求不同，可以分为历史标准、计划标准、行业标准和经验标准。

（1）历史标准。历史标准是指上期或前几期相关财务指标的实际数据，或是某项财务指标的最好水平。用实际数据与历史数据进行比较，可以反映企业生产经营的发展趋势。企业可以用分析期的财务数据或财务指标与前期的财务数据或财务指标进行对比，用以说明企业某项数据或财务指标的变化，并根据企业在这段时期的变化，预测企业未来的发展趋势。

（2）计划标准。计划标准是企业在本期开始之前对某项财务指标制定的计划或者定额，是企业希望通过努力要达到的理想状态。用实际数据与计划数据进行比较，可以反映企业计划或定额的完成情况，其差异反映企业在管理中存在的问题，通过分析差异可以找到问题的症结，以提高企业管理水平。

（3）行业标准。行业标准是指某一财务指标在企业所在行业的平均水平或先进水平。用实际数据与行业数据进行比较，判断本企业在行业中的位置以及与先进水平的差距。行业标准可从行业协会以及国家统计局网站获取。例如，我国建筑业2004～2014年每年度的经济数据如图1-3所示。

图1-3　我国建筑业2004～2014年每年度的经济数据

【例1-2】甲企业2014年的主营业务收入为1000万元，过去3年的主营业务收入分别为700万元、750万元和850万元。在2014年年初，企业曾制定计划销量110万件，每件平均单价为10元。根据2014年各企业对外公布的报表，甲企业所在行业销量排名第一的为乙企业，其主营业务收入为4000万元。

［分析］在本例中，甲企业2014年1000万元的主营业务收入是实际数据，过去3年的主营业务收入为历史标准，计划主营业务收入1100万元为计划标准，乙企业的主营业务收入3000万元为行业标准。甲企业2014年的实际主营业务收入可以与历史标准相比较说明其发展态势，2012—2014年，其主营业务收入的增长率分别达到7.14%、13.33%和17.64%。由于2014年的计划主营业务收入为1100万元，而实际数据为1000万元，则2014年未完成计划的主营业务收入，应进一步分析是由于销量未达到110万件还是平均单价未达到10元。最后，与行业排名第一的乙企业主营业务收入4000万元比较，发现甲企业距行业先进水平的差距还较大。

（4）经验标准。经验标准是指根据长期的实践经验总结后得到的标准财务指标的值。例如，对于制造类企业而言，流动比率的经验标准为2:1，意味着当企业的流动资产是流动负债的两倍的情况下，企业的短期偿债压力较小，流动资金也尚未过度占用。一般来说，经验标准代表某一领域或行业的平均状态，在使用时要注意考虑分析对象的特点及所处行业特点。

（三）因素分析法

因素分析法是利用统计指数体系分析现象总变动中各个因素影响程度的一种统计分析方法，包括连环替代法、差额分析法及指标分解法等。因素分析法能够使研究者把一组反映事物性质、状态、特点等的变量简化为少数几个能够反映出事物内在联系的、固有的、决定事物本质特征的因素。在财务分析中，因素分析法是依据财务指标与其驱动因素之间的关系，从数量上确定各因素对指标影响程度的一种方法。因素分析法可分为连环替代法和差额分析法两种形式，差额分析法实际上是连环替代法的一种简化形式。连环替代法的基本程序如下。

（1）确定分析指标及其影响因素。运用指标分解法，将财务总指标进行分解或扩展，从而得分析指标与其影响因素之间的关系式。例如，资产净利率可以进行以下分解：

$$资产净利率 = \frac{净利润}{平均总资产}$$

$$= \frac{总产值}{平均总资产} \times \frac{销售收入}{总产值} \times \frac{净利润}{销售收入}$$

$$= 资产生产率 \times 产品销售率 \times 销售净利率$$

根据上式的分解可见，企业资产净利率的影响因素有资产生产率、产品销售率和销售利润率3个因素。这3个因素分别反映了企业的生产效率、销售效率和生产成本水平。对资产净利率进行分析，并按照因素分解进行分析，便能够发现影响资产净利率变动的具体原因，进而为提高资产净利率提供科学、准确的指导。

（2）确定因素顺序。在确定影响因素时，另一个重要的问题是影响因素之间的排序。不同的排列顺序会产生不同的计算结果。按照统计学的一般原则，通常的做法是：数量指标在前，质量指标在后。现在也有人提出按照重要性原则进行先后排序。一般地说，排列顺序在前的因素对经济指标影响的程度不受其他因素影响或影响较小，排列在后的因素中含有其他因素共同作用的成分。目前的一般原则是：先数量指标，后质量指标；先基础指标，后派生指标；先实物量指标，后价值量指标。

（3）分别计算报告期和基期的指标。以净资产收益率为例，两项指标的计算公式为

基期净资产收益率=基期销售净利率×基期总资产周转率×基期权益乘数

报告期净资产收益率=报告期销售净利率×报告期总资产周转率×报告期权益乘数

净资产收益率的变动=报告期净资产收益率－基期净资产收益率

（4）因素连锁替代，进行因素影响的分解。进行连锁替代的原则是：对于被分析的因素，分别取报告期数值和基期数值进行计算；对于被分析因素之前的因素，固定在报告期；对于被分析因素之后的因素，固定在基期。

连环替代法用公式表示如下：

基期指标 $R_0 = A_0 \times B_0 \times C_0$ ①

第一次替代 $A_1 \times B_0 \times C_0$ ②

第二次替代 $A_1 \times B_1 \times C_0$ ③

第三次替代 $R_1 = A_1 \times B_1 \times C_1$ ④

②—①表示 A 因素对指标 R 的影响，③—②表示 B 因素对指标 R 的影响，④—③表示 C

因素对指标 R 的影响，④—①表示各因素对指标 R 的总影响。

差额分析法的分析原理同连环替代法，其分析公式如下：

A 驱动因素对指标 R 的影响为

$$(A_1 - A_0) \times B_0 \times C_0$$

B 驱动因素对指标 R 的影响为

$$A_1 \times (B_1 - B_0) \times C_0$$

C 驱动因素对指标 R 的影响为

$$A_1 \times B_1 \times (C_1 - C_0)$$

各驱动因素对指标 R 的总影响为

$$A_1 \times B_1 \times C_1 - A_0 \times B_0 \times C_0$$

可见，运用连环替代法和差额分析法得出的分析结论是一致的。

（5）因素分析。对替代结果进行因素分析，确定各因素对分析指标的影响程度或影响量。

【例 1-3】某企业 2014 年 3 月某种材料费用的实际数是 6720 元，而其计划数是 5400 元。实际比计划增加 1320 元。由于材料费用由产品数量、单位产品材料耗用量和材料单价 3 个因素的构成。因此，可以把材料费用这一总指标分解为 3 个因素，然后逐个分析它们对材料费用总额的影响程度。现假设这 3 个因素的数值如表 1-2 所示。

表 1-2　　　　　　　　　　　　假设这 3 个因素的数值表

项目	单位	计划数	实际数	差异
产品产量	件	120	140	20
材料单耗	千克/件	9	8	-1
材料单价	元/千克	5	6	1
材料费用	元	5400	6720	1320

根据表中资料，材料费用总额实际数较计划数增加 1320 元，这是分析对象。运用连环替代法，可以计算各因素变动对材料费用总额的影响程度，具体如下：

计划指标=120×9×5=5400（元）　　　　　　　①

第一次替代=140×9×5=6300（元）　　　　　　②

第二次替代=140×8×5=5600（元）　　　　　　③

第三次替代=140×8×6=6720（元）　　　　　　④

各因素变动的影响程度分析如下：

②-①=6300-5400=900（元）

这说明由于产品产量实际超过计划 20 件，使材料费用总额增加了 900 元。

③-②=5600-6300= -700（元）

这说明由于材料耗用减少了 1 元，使材料费用总额下降了 700 元。

④-③=6720-5600=1120（元）

这说明由于材料单价提高了 1 元，使材料费用总额增加了 1120 元。

（四）趋势分析法

趋势分析法从本质上说也是一种比较，它将两期或多期连续的相同指标或比率进行定基对比和环比对比，得出它们的增减变动方向、数额和幅度，以揭示企业财务状况、经营情况和现金流量变化趋势的一种分析方法。进行趋势分析要求各个会计数据在时间上必须连续，中间不能有间断。公司的经济现象受多方面因素变化的影响，只从某一时期或某一时点上很难完整地分析公司财务状况的发展规律和趋势，而必须把若干数据按时期或时点的先后顺序整理为数列，并计算出它的发展速度、增长速度、平均发展速度和平均增长速度等，才能探索它的发展规律和发展趋势。

根据财务指标的时间特征的不同，财务指标的时间数列可分为时期数列和时点数列。时期数列反映某种经济现象在一定时期内发展过程的结果及总量，它是各个时期的数值不断累计的结果。例如，销售收入、利润总额等利润表项目所构成的数列就是时期数列。时点数列表明在特定时点上的某种经济现象所处的状态的数值。由于各时点上的数值大部分都是现象的重复，因此时点数列不能复加，如年末的资产总额、所有者权益总额等资产负债表项目所构成的时间数列就是时点数列。

根据财务指标的时间数列，可以计算出相关指标的增长量、发展速度、增长速度等指标，来反映相关财务指标的发展规律。

（1）增长量。增长量反映某种经济现象在一定时期内所增加（或减少）的绝对数，是比较期与基期的差额，增长量指标由于作为比较标准的时期不同，分为逐期增长量（即把前一期作为基数逐期比较）和累计增长量（即把各个比较期统一与某个固定基期比较）。增长量的计算公式为

$$增长量=分析期数值（报告水平）-基期数值（基期水平）$$

（2）发展速度。发展速度是表明某种经济现象发展程度的比率，它是全部数列中各比较期与基期水平之比，根据比较标准的时期不同，分为定基发展速度和环比发展速度。定基发展速度是报告期水平与某一固定期间水平对比；环比发展速度是各期水平与前一期水平对比。其计算公式为

$$定基发展速度=\frac{分析期某指标数值}{固定基期该指标数值}\times100\%$$

$$环比发展速度=\frac{分析期某指标数值}{前期该指标数值}\times100\%$$

（3）增长速度。增长速度是表明某一财务指标增长程度的相对指标，是报告期的增长量与基期水平之比，表示报告期水平比基期水平增长了百分之几或多少倍。增长速度是说明财务指标增长快慢程度的动态相对数。增长速度可以是正数，也可以是负数。正数表示增长，负数表示降低。增长速度由于采用的基期不同，可分为定基增长速度和环比增长速度。定基增长速度是报告期比固定基期的增长量，与固定基期水平之比，表明报告期水平比固定基期水平增长了的百分之几或多少倍。环比增长速度是报告期比前一期的增长量与前一期水平之比，表明报告期比前一期水平增长了百分之几或多少倍。其计算公式为

$$定基增长速度=\frac{（分析期该指标数值-固定基期该指标数值）}{固定基期该指标数值}$$

$$环比增长速度=\frac{（分析期该指标数值-前期该指标数值）}{前期该指标数值}$$

【例1-4】甲公司的主营业务收入及净利润数据如表1-3和表1-4所示。

　　从表 1-3 的数据可见，该公司主营业务收入 3 年来呈现大幅度增长趋势，定基增长，2013 年增长率达 13.33%，2014 年达 33.33%；环比增长，2013 年增长率达 13.33%，2014 年增长率达 17.64%。

表 1-3	甲公司主营业务收入趋势分析表			表 1-4	甲公司净利润趋势分析表		
项目	2012 年	2013 年	2014 年	项目	2012 年	2013 年	2014 年
主营业务收入（万元）	750	850	1000	净利润（万元）	70	75	85
定基增长速度（%）	100	13.33	33.33	定基增长速度（%）	100	7.14	21.43
环比增长速度（%）	100	13.33	17.64	环比增长速度（%）	100	7.14	13.33

　　由表 1-4 的数据可见，从总体趋势看，该公司的净利润呈增长趋势，尤其是 2014 年增长更加迅速，与 2013 年相比，2014 年的增长速度为 13.33%。

　　单独观察表 1-3 或表 1-4，都会给我们留下较好的印象，即该公司处于高速增长状态。但是，如果将表 1-3 与表 1-4 结合起来观察则发现，尽管该公司的利润增长速度较高，但是远远低于收入的增长速度，说明该公司在收入增长的同时，收入利润率却呈现下降趋势。由此可见，在运用动态比率分析时，不但要分析单个项目的发展速度或增长速度，还要进行相关指标的发展速度的对比分析和财务比率的发展速度的分析，这样才能较全面地掌握公司的发展状况和发展规律。

　　此外，除了比率分析法、比较分析法、因素分析法和趋势分析法，在财务分析中还可采用如项目分析法、结构分析法、图表分析法等分析方法。

 小知识

结 构 分 析 法

　　结构分析法是指对财务分析系统中各组成部分及其对比关系变动规律的分析。通常的财务能力报包括偿债能力、营运能力、盈利能力、发展能力 4 个方面的内容，在进行财务报表分析时，对上述 4 个方面的能力应分别进行动态（纵向）比较分析、行业（横向）比较分析和结构比较分析。因此，较完整的财务报表分析包括 4 个能力、3 个角度的分析。如果将财务能力和分析角度分别作为两个维度，那么，财务报表分析的框架可概括为一个矩阵式的分析框架，如图 1-4 所示。在财务分析时，可利用该图对企业的财务状况进行全方位的评价。

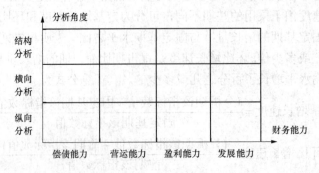

图 1-4　财务报表分析框架

第四节 战略分析与会计分析

一、战略分析

战略分析即通过资料的收集和整理分析组织的内外环境,包括组织诊断和环境分析两个部分。战略一词最早见诸于军事领域,是指对战争全局的策划和指挥,是军事指挥官在战争中利用军事手段达到军事目的的一种科学和艺术。随着经济的发展,工业化进程的加快,战略一词开始用于经济领域,以此来指导企业的长远发展。企业在财务分析前进行战略分析可帮助财务报表使用者了解企业所处的外部环境,掌握企业的内部资源,对后续的分析工作有着重要的意义。一个企业的战略行为能够在宏观的层面影响到企业的微观战术层,从而影响到企业的方方面面。同时一个好的战略分析,也使得后续的会计分析能够更有方向感。

（一）战略分析的主要内容

战略分析的主要内容包括以下几个方面。

（1）对行业生命周期的分析。一个行业总有其自己的生命周期,一般行业的生命周期分为成长阶段、发展阶段、成熟阶段和衰退阶段。对行业的生命周期划分可以运用一些行业统计数据,如竞争程度、进入成本等。成长阶段的进入成本和竞争程度都较低,而成熟阶段的进入成本和竞争程度相对较高,发展阶段则处于二者之间。一般来说,如果行业进入衰退阶段,除非出现新产品或者进行行业结构调整,那么整个行业的企业都会面对困境。对企业所处行业周期的分析有助于了解该行业的发展前景以判断企业的发展前景。如果企业所属行业处于发展阶段,则其财务状况有进一步改善的空间,如果是处于衰退期,即使目前尚好,也存在着财务风险。

（2）对行业竞争程度的分析。行业竞争可以分为现有同业竞争和潜在竞争（来自准备进入本行业的企业的竞争）,对于处在成熟阶段的行业来说,潜在竞争的可能性相对要小些,因为这个时期的行业竞争激烈,进入成本较高。而在分析成长阶段和发展阶段的行业竞争程度时,就要充分考虑来自潜在对手的竞争。

一般来说,竞争激烈的一些行业,各个企业的各项财务指标趋于一致,一家企业也很难长期处于领先地位。而在成长阶段的行业,由于竞争度不强,企业有可能由于技术领先等原因在财务上领先于同业水平。对于一些进行经营业务行业结构调整的企业来说,分析其即将进入的行业的竞争程度以及进入成本是分析其结构调整是否成功的一个关键因素。

（3）相关法律、政策环境分析。相关的法律和政策环境对一个行业的发展有着重要的影响,同时也影响着企业的生存环境,并可直接或者间接地体现在企业的财务报告中。如果是处于法律和政策限制的行业,必然会对企业的发展有极大的消极影响;如果是国家鼓励发展的行业,则可能享受诸如税收等多方面的支持。

（4）市场占有率。一个企业的竞争力最终要体现在市场上,而市场占有率则是一个强有力的指标,一系列表现优异的财务指标必须有一定的市场占有率作为支撑。

（5）技术领先度。在技术上的领先度尤其是在行业核心技术上的领先度决定了企业的行业地位。无论是对于传统的工业企业和新兴的高科技产业,技术上的领先和创新是其价值增长的主要驱动因素。

（6）生产规模。一般而言,处于行业领先地位的企业规模较大,但是生产规模大并不必然导致行业领先。生产规模的扩大可能会产生积极的规模效应，但是同时也要注意其有可能产生的管理上的失控以及费用的增加等问题。

（7）管理团队的优异度。一个良好的管理团队可能对企业的发展起着不可替代的加速作用，良好的管理团队有利于企业生产效率的提高、成本费用的有效控制以及管理效率的完全释放。

（8）获利能力分析。对企业获利能力的分析有助于发现企业收入和利润上升或下降的转折点。通过供给与需求的分析和预测，可以预测和判断企业的未来利润。一般而言，如果企业的产品的供给和需求同时增长，那么企业的收入和利润就处于增长趋势；如果产品的供给与需求同时下降，那么企业的收入就应处于下降趋势。一个企业要投资扩大产能或增加供给的关键是能否有获利。

企业的收入和利润在很大程度上依赖于产品的价格，而影响产品的价格主要因素是产品市场的划分方式、行业集中度、行业进入的难易程度、产品主要投入要素的价格变化。一般而言，对于大多数行业，产品的市场主要是按产品品牌知名度、产品的声誉、产品的服务来划分，特别是产品的质地差别不大的行业更是如此。这些划分要素，往往也是产品价格的决定因素之一。在以品牌划分的市场，名牌产品的价格总要比其他产品高出一定的幅度。

决定企业盈利能力的另一个重要方面是相关产品的生产和经营成本。每一个企业都在很大程度上依赖于一两个关键的投入要素，这些要素价格往往是企业产品成本的主要构成要素，而它们价格的变化将严重影响企业产品的生产成本和利润。因此，企业内关键投入要素价格的变化，是影响企业产品的生产成本、价格和利润的重要因素，也是企业获利能力及行业分析重要的分析内容。

（二）战略分析的主要方法

战略分析的方法主要有 SWOT 分析法、波士顿矩阵法、内部因素评价法、外部要素评价法、竞争态势评价法等。在进行财务分析前，财务报表使用者通常可以借助 SWOT 分析法和波士顿矩阵法对企业战略分析。

1. SWOT 分析法

SWOT（Strengths Weakness Opportunity Threats）分析法又称态势分析法或优劣势分析法，用来确定企业自身的竞争优势（strength）、竞争劣势（weakness）、机会（opportunity）和威胁（threat），从而将公司的战略与公司内部资源、外部环境有机地结合起来。运用这种方法，可以对研究对象所处的情景进行全面、系统、准确的研究。为 SWOT 分析模型如图 1-5 所示。

图 1-5　SWOT 分析模型

（1）进行企业的优势与劣势分析。由于企业是一个整体，并且由于竞争优势来源的广泛性，所以，在做优劣势分析时必须从整个价值链的每个环节上，将企业与竞争对手做详细的对比，如产品是否新颖，制造工艺是否复杂，销售渠道是否畅通，以及价格是否具有竞争性等。如果一个企业在某一方面或几个方面的优势正是该行业企业应具备的关键成功要素，那么，该企业的综合竞争优势也许就强一些。需要指出的是，衡量一个企业及其产品是否具有竞争优势，只能站在现有潜在用户角度上，而不是站在企业的角度上。

（2）进行企业的机会与威胁分析。例如，当前社会上流行的盗版威胁：盗版替代品限定了公司产品的最高价，替代品对公司不仅有威胁，可能也带来机会。企业必须分析，替代品给公司的产品或服务带来的是"灭顶之灾"呢，还是提供了更高的利润或价值；购买者转而购买替代品的转移成本；公司可以采取什么措施来降低成本或增加附加值从而降低消费者购买盗版替代品的风险。

从整体上看，SWOT 可以分为两部分：第一部分为 SW，主要用来分析内部条件；第二部分为 OT，主要用来分析外部条件。利用这种方法可以从中找出对自己有利的、值得发扬的因素，以及对自己不利的、要避开的因素，发现存在的问题，找出解决办法，并明确以后的发展方向。根据这个分析，可以将问题按轻重缓急分类，明确哪些是急需解决的问题，哪些是可以稍微拖后一点儿的事情，哪些属于战略目标上的障碍，哪些属于战术上的问题，并将这些研究对象列举出来，依照矩阵形式排列，然后用系统分析的方法，把各种因素相互匹配起来加以分析，从中得出一系列相应的结论，而结论通常带有一定的决策性，有利于领导者和管理者作出较正确的决策和规划。

🎛 小知识

企业战略选择

当代企业采用的战略主要有总成本领先战略、差异化战略和目标聚集战略。总成本领先战略受益于 20 世纪 70 年代的经验曲线概念，成本领先成为当时很多企业所选择的一种基本战略。该战略的优点是能够有效降低产品的总成本，从而当整个产业的利润很低时依旧保持相对较高的利润，能在强大的客户威胁中保卫自己。根据波特的理论，要获得总成本领先的优势，就要对成本的驱动因素加以控制，而成本驱动因素一般来源于规模经济或不经济等 10 个方面。差异化的战略是指企业通过提供具有特色的产品或服务，从而达到不以低价取胜的战略诉求。差异化是企业所能得到的两种竞争优势之一，因此差异化的来源问题必然是那些希望以"差异化"取胜的公司所关注的。目标集聚战略是对于那些中小型的企业来说，专注于价值链的某几个环节，或者专注于服务某一细分市场的客户，将其资源集中在某一点上，使其获得相应的竞争优势则是其重要的求生之路。

2. 波士顿矩阵法

波士顿矩阵法是波士顿咨询集团于 1970 年创立并推广的一种投资组合分析法。在这个矩阵中反映的是企业市场成长率与相对市场份额的关系。波士顿矩阵法将一个公司的业务分成 4 种类型：问题业务、明星业务、现金牛业务和瘦狗业务。

波士顿咨询公司的市场成长率—相对市场份额矩阵图中，纵坐标市场成长率表示该业务的销售量或销售额的年增长率，用数字 0～20% 表示，并认为市场成长率超过 10% 就是高速增长。横坐标相对市场份额表示该业务相对于最大竞争对手的市场份额，用于衡量企业在相关市场上的实力。用数字 0.1（该企业销售量是最大竞争对手销售量的 10%）～10（该企业销售量是最大竞争对手销售量的 10 倍）表示，并以相对市场份额为 1.0 为分界线。需注意的是，这些数字范围可能在运用中根据实际情况的不同进行修改，如图 1-6 所示。

问题业务是指高市场成长率、低相对市场份额的业务。这往往是一个公司的新业务，为发展问题业务，公司必须建立工厂，增加设备和人员，以便跟上迅速发展的市场，并超过竞争对手，这些意味着大量的资金投入。问题非常贴切地描述了公司对待这类业务的态度，因为这时公司必须慎重回答"是否继续投资，发展该业务"这个问题。只有那些符合企业发展

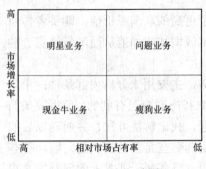

图 1-6　波士顿矩阵图

长远目标，企业具有资源优势，能够增强企业核心竞争能力的业务才能得到肯定的回答。

明星业务是指高市场成长率、高相对市场份额的业务。这是由问题业务继续投资发展起来的，可以视为高速成长市场中的领导者，它将成为公司未来的现金牛业务。但这并不意味着明星业务一定会给企业带来滚滚财源，因为市场还在高速成长，企业必须继续投资，以保持与市场同步增长，并击退竞争对手。企业没有明星业务，就失去了希望，但群星闪烁也可能会耀花了企业高层管理者的眼睛，导致其作出错误的决策。这时必须具备识别行星和恒星的能力，将企业有限的资源投入在能够发展成为现金牛的恒星上。

现金牛业务指低市场成长率、高相对市场份额的业务。企业是成熟市场中的领导者，该业务是企业现金的来源。由于市场已经成熟，企业不必大量投资来扩展市场规模，同时作为市场中的领导者，该业务享有规模经济和高边际利润的优势，因而给企业带大量财源。企业往往用现金牛业务来支付账款并支持其他 3 种需大量现金的业务。图 1-6 所示的公司只有一个现金牛业务，说明它的财务状况是很脆弱的。因为如果市场环境一旦变化导致这项业务的市场份额下降，公司就不得不从其他业务单位中抽回现金来维持现金牛的领导地位，否则这个强壮的现金牛可能就会变弱，甚至成为瘦狗。

瘦狗业务是指低市场成长率、低相对市场份额的业务。一般情况下，这类业务常常是微利甚至是亏损的。瘦狗业务存在的原因更多是由于感情上的因素，虽然一直微利经营，但对象人对养了多年的狗一样恋恋不舍而不忍放弃。其实，瘦狗业务通常要占用很多资源，如资金、管理部门的时间等，多数时候是得不偿失的。图 1-6 中的公司有两项瘦狗业务，可以说，这是沉重的负担。

波士顿矩阵法可以帮助管理人员分析一个公司的投资业务组合是否合理。如果一个公司没有现金牛业务，说明它当前的发展缺乏现金来源；如果没有明星业务，说明在未来的发展中缺乏希望。一个公司的业务投资组合必须是合理的，否则必须加以调整。在明确了各项业务单位在公司中的不同地位后，就需要进一步明确战略目标。

通常有 4 种战略目标分别适用于不同的业务，分别是发展、维持、收获和放弃。发展即是继续大量投资，目的是扩大战略业务单位的市场份额，主要针对有发展前途的问题业务和明星中的恒星业务。维持即是投资维持现状，目标是保持业务单位现有的市场份额，主要针对强大稳定的现金牛业务。收获即是在短期内尽可能地得到最大限度的现金收入，主要针对处境不佳的现金牛业务及没有发展前途的问题业务和瘦狗业务。放弃即是出售和清理某些业务，将资源转移到更有利的领域。这种目标适用于无利可图的瘦狗和问题业务。

波士顿矩阵法的应用产生了许多收益，它提高了管理人员的分析和战略决策能力，帮助他们以前瞻性的眼光看问题，更深刻地理解公司各项业务活动的联系，加强了业务单位和企业管理人员的之间的沟通，及时调整公司的业务投资组合，收获或放弃萎缩业务，加强在更有发展前景的业务中投资。也应该看到这种方法的局限性，如由于评分等级过于宽泛，可能会造成两项或多项不同的业务位于一个象限中；由于评分等级带有折中性，使很多业务位矩阵的中间区域，难以确定使用何种战略；同时，这种方法也难以同时顾及两项或多项业务平衡。因此，使用这种方法时要尽量占有更多资料，审慎分析，避免因方法的缺陷造成决策的失误。

二、会计分析

会计分析是指根据会计核算提供的会计信息，应用一定的分析方法，对企业的经营过程及其经营成果进行定量和定性的分析。会计分析的结果是进行会计预测和会计考核的主要依据。

会计分析方法是指以会计报表和其他相关资料为依据和起点。采用专门方法进行比较、分析和评价，从而了解企业目前的财务状况和经营业绩，发现企业生产经营中存在的问题，预测企业未来发展趋势，为下一步的财务分析奠定基础，并为科学决策提供依据。会计分析的方法包括以下几种。

（1）定性分析，是指分析人员运用自己的主观判断，对企业的资金成本、利润等方面进行分析的一种方法。它一般适用于缺乏历史会计资料或其他资料的分析。常用的定性分析方法有调查分析法和经验分析法。

（2）定量分析，是指运用统计技术考查事物的规定性，从而把握事物的性质。常用的定量分析方法有比较分析法、时间序列分析法和因果分析法等。

（3）静态分析，是对已发生的经济活动成果进行综合性的对比分析的一种分析方法。常用的静态分析法有相对数分析法、平均数分析法、比较分析法、结构分析法、因素替换分析法、综合计算分析法、价值系数分析法等。

（4）动态分析，是对企业正在进行的经济活动进行分析的一种方法。常用的动态分析有指数分析法、发展速度分析法、ABC分析法、平均递增率分析法、季节变动分析法、网络分析法、移动平均数分析法和费用效益分析法等。

（5）预测分析，是对企业经济活动未来发展趋势进行分析的一种方法，常用的预测方法有最小损益值分析法、最大损益值分析法、回归分析法、矩阵分析法、决策树分析法和马尔柯夫分析法等。

（6）经验分析法，是分析人员根据自己的实践经验和专业知识，对企业预测的资料进行分析，并作出评价判断的一种方法。常用的经验分析法有专家意见法、历史类比法和直觉测定法。

本章小结

本章简述了财务报表及财务报表分析的概念、财务报表分析的主要内容及报表使用者。阐述了财务报表分析的一般程序和四种基本分析方法。最后，从宏观财务报表分析的角度介绍了战略分析与会计分析，帮助读者建立财务报表分析的全局观念。

思考题

1. 财务报表利益相关者有哪些？
2. 财务报表分析的基本步骤是什么？
3. 财务报表分析的基本方法有哪些？

4. 趋势分析法有几种类型？

5. 什么是战略分析？

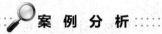案 例 分 析

JL 汽车公司的战略分析与会计分析。

第一部分　战　略　分　析

第一节　行　业　分　析

一、我国汽车行业所处的外部环境

1. WTO 的激励作用

2001 年我国加入 WTO，到 2006 年年底汽车工业保护期结束，中国进口汽车关税从 80%～100%削减至 25%，国外公司获得了完全的分销及贸易权，已进入国内汽车企业和国外进口汽车的白刃战阶段，似乎我国汽车行业将要受到很大冲击。对于加入 WTO 对汽车企业的冲击，我们认为会正如 10 多年前我国家电企业面对洋货冲击一样，使汽车企业更快地发展，更快地走向成熟。我们可以看到，去年我国汽车企业为了应对 WTO，纷纷加大了市场开发和创新力度，此外，加入 WTO 我国将会更深更快地融入全球经济一体化，与此同时，更多更新的技术及管理理念将会被引入。可以肯定地说，加入 WTO 给国内汽车行业所带来的不仅是挑战，更多的是机遇。相信随着国内消费市场的全面激活，整个行业将面临广阔的发展空间。

2. 近年物价持续上涨

由于国际油价持续上涨、人民币增值、我国连续多年实施积极财政政策和稳健的货币政策、2008 年在中国召开奥运会等原因使得钢铁等价格持续上涨，使得汽车行业原材料采购成本加大，用人成本加大，这在某种程度上影响了整个汽车行业的发展。

3. 国家推出汽车行业政策

（1）汽车工业结构调整意见的通知。国家发改委 2006 年 12 月 20 日发出《关于汽车工业结构调整意见的通知》，主要包括以下几个方面：控制新建整车项目，适当提高投资准入条件；鼓励发展节能、环保型汽车和自主品牌产品；推进汽车生产企业联合重组；支持零部件工业加快发展。这些措施的出台将有利于规范和引导中国汽车市场的发展，有利于发展中国汽车的自主品牌，中国汽车市场将成为国际汽车行业的主战场，凸显出举足轻重的作用。

（2）汽车品牌销售管理办法。商务部、国家发改委、国家工商总局联合发布的《汽车品牌销售管理办法》规定，从 2007 年 1 月 1 日起，未经授权的汽车经销商将退出汽车销售市场。从事汽车品牌销售必须先取得汽车生产企业或经其授权的汽车总经销商授权，获得授权的经销商才能到工商部门备案。在品牌销售政策实施后，厂家对经销商的控制将更为严格，部分经销商甚至被强势厂家淘汰出局。对于消费者而言，"品牌经营"政策将帮助厂家进一步控制经销商的车价优惠幅度，激烈的市场价格战或将有所减弱。

（3）出口门槛提高。商务部、国家发改委、海关总署、国家质检总局、国家证监委 2006 年 12 月 31 日联合发出通知，决定从 2007 年 3 月 1 日起，对汽车整车产品（包括

乘用车、商用车、底盘及成套散件）实行出口许可证管理。通知规定，申领汽车整车产品出口许可证的汽车生产企业必须列入国家发改委《车辆生产企业及产品公告》，通过国家强制性产品认证（CCC 认证）且持续有效，具备与出口汽车保有量相适应的维修服务能力，在主要出口市场建立较完善的销售服务体系。该政策实施以来，那些出口数量过少以及抱有"一锤子买卖"观念的企业被排除在出口企业之外，引导汽车出口企业之间的竞争进入良性循环。

二、我国汽车行业现状

在市场经济快速增长的大环境下，中国的汽车行业经过多年发展，目前已经成为国民经济的支柱产业之一，它带动了一大批相关产业的发展，如钢铁、材料、化工、信息电子、制造业等。2007 年世界汽车总产量为 7310.17 万辆，其中中国汽车产量为 888 万辆，占世界汽车总产量的 12.14%，居世界第三。2007 年全国汽车销量突破 870 万辆，我国汽车消费规模居世界第二。2007 年是中国汽车业丰收的一年，虽然与 2006 年相比发展有所放缓，但是产销增长率仍超过 21%。我国汽车 2006 年与 2007 年产销对比如图 1-7 所示。

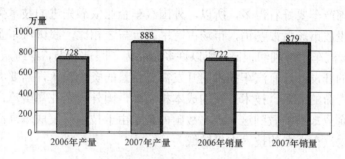

图 1-7 我国汽车 2006 年与 2007 年产销量对比

三、我国汽车行业特征分析

1. 汽车行业的进入壁垒高

由于汽车消费是一个高度参与的采购项目，品牌的重要性体现得十分充分，新进入者不得不花费巨资来克服消费者的品牌忠诚度所带来的不利影响；汽车业也是一个资金密集型行业，无论是研发、建厂还是购置生产线方面都存在着一般生产性行业所无法比拟的资金壁垒；也正因为汽车的巨额研发成本，所以当产品的产量不能达到一定的规模将难以摊销，所以规模壁垒相对突出。这些因素共同作用使得汽车行业有较高的进入壁垒。

2. 盈利性较高

汽车企业是少数几个获利较高的企业之一，平均每年净利润超过 30%，而在国外，汽车企业的获利平均在 4%～5%。正因为此，国内汽车企业被人们形容为暴利行业。国外的汽车企业正是看中了中国汽车企业市场的这种特性，纷纷以各种形式进入中国市场，抢先占领中国汽车市场，并在最短的时间内获取了较高的利润。国内也有很多企业，趁此机会上马汽车项目，以求取得较高的汇报。

3. 企业发展水平差异大

由于受汽车行业高额利润的影响，造成许多企业竞相进军汽车行业，汽车企业间的差异非常大，有的大型汽车企业已是成长期，而有的汽车企业才为种子期或者创建期。

4. 人力资源缺乏

汽车企业属于资本密集型企业，对人才的要求比较高，需要技术精湛并富有实际工作经验的高水平的技术工人，同时也需要高素质的产品研究与开发人员及管理人员。而我国由于受社会舆论导向的影响，认为当工人就是没有出息，大家都拼命往高校这条独木桥上挤。所以，现在技工学校招不来人，造成技术工人严重缺乏。另一方面，由于高等教育存在重理论、轻实践的问题，造成学生毕业后动手能力差，实践经历少，企业招来的人不能发挥应有的作用。再加之企业给予产品研究与开发人员的薪酬太低，有经验的人才大多跳槽或者转行到其他领域，这就造成高素质的人员非常缺乏。

5. 技术水平不高

对汽车企业而言，技术水平主要是指企业所拥有的制造技术与设计水平。这二者都可以从企业产品在市场上的占有率反映出来。外国汽车企业生产的发动机为什么在我国畅销且市场占有率高，最主要的原因就是外国企业拥有先进的制造技术，运用这种先进技术生产的发动机性能优于国产产品。还有外国企业由于拥有高超的铸造与喷漆技术和设计水平，生产的汽车从外观上比国产车要好看得多，所以，外国汽车企业依靠先进的技术生产出消费者所需要的产品，当然投放市场后很畅销，市场占有率高。与之相比，我国汽车企业的技术水平要低许多；再者由于汽车组装利润很高，所以许多企业为了眼前利益，纷纷从事汽车组装业务，忽视对汽车技术的开发；还有汽车技术的开发需要大量的资金投入，需要大量的人力，并且由于现在新技术寿命的缩短，技术开发的成本相当高，国外大企业靠全球市场运作来迅速收回成本，而国内企业却不能做到这一点。故国内企业由于技术研发成本高而放弃对技术的开发，最终导致国内汽车企业的技术水平较低。

第二节 公司背景

一、公司现状

上市公司 JL 汽车是中国商用车领域最具实力和发展潜力的生产厂家之一，是国内汽车行业发展最快的企业和经济效益最好的企业之一，市场定位在"中高档轻型商用车"领域。自引入战略国际投资者福特公司后，公司建立科学、规范的管理体制，以及高效、独特的财务管理制度，使得公司的经营发展与财务管理都得到稳健的发展。

2008 年 1 月 22 日，JL 汽车公布了 2007 年度业绩快报。据公告称，2007 年公司实现营业收入 84.56 亿元，同比增长 10.46%；营业利润 8.69 亿元，同比增长 15.69%；利润总额 8.72亿元，同比增长 16.37%；净利润 7.50 亿元，同比增长 18.97%；净资产收益率 21.3%，同比增加 0.5 个百分点。据公告称，2007 年度公司销售了 95 059 辆整车，比去年增长 12%，包括38 752 辆 JMC 系列轻型卡车、921 辆运霸、23 982 辆皮卡、4819 辆 SUV 和 26 585 辆全顺系列商用车。

二、竞争态势分析

1. JL 汽车现有竞争战略

（1）由粗放型向集约型转变。好的管理通常来自于优秀的战略。"公司在任何情况下，都要勤俭节约，要用最经济的方法、最有效的投资来达到目的"。这是 JL 管理层朴素而高效的管理法则。JL 汽车作为中国最早的汽车外资企业之一，曾率先改变了传统的"粗放式"的生产、管理方式，注重借鉴采用国际上最新的经营理念和管理手段，做行业内领先的管理现代化企业。

（2）差异化战略。JL 汽车并不盲目追求销量与排位，而是致力于创立差异化优势，提高整个业务链体系的竞争力，走健康、和谐、可持续增长发展之路。

（3）战略规划引入财务管理流程。为确保财务管理的统一高效，JL 汽车把财务战略管理流程放在提高企业竞争力的核心位置。JL 财务系统规范管理制度，统一制定各类财务管理制度，规范各类业务的处理流程和代码标准，确保数据的一致性、可比性，集中监控各类业务进展和运行状况，统一经营分析与预测，提高业务监控及决策效率，控制财务和管理风险。这些措施为管理层提供了决策支持。目前 JL 汽车财务管理已广泛渗透于公司的采购、销售、物流、制造、计划等业务流程及环节。

2. JL 汽车 SWOT 分析

（1）JL 汽车的竞争优势。首先，管理优势。在管理上，JL 汽车吸收世界最前沿的产品技术、制造工艺、管理理念、有效的股权制衡机制以及高水准的经营管理模式，使公司形成了规范、高效的管理运作体系，以先进的制度保证了公司治理和科学决策的有效性，并建立了集研发、物流、销售、采购和金融服务等符合国际规范的运行机制，成为中国本土企业与外资合作成功的典范。

其次，生产优势。在生产上，JL 汽车拥有中国汽车业一流的发动机、铸造、冲压、车身、涂装、总装等几十条现代化的生产线，运用国际最新质量管理手段和制造体系，进行严格的生产过程控制。公司已通过国家强制性产品认证（3C）及包括设计开发环节的 ISO 9001 和 ISO 14 000 环保体系认证；JL 发动机厂、车桥厂、车架厂等主要零部件厂通过了全球最严格的 QS 9000 质量体系认证。

再次，营销优势。在营销方面，JL 汽车在国内汽车市场率先建立现代营销体系，构建了遍布全国的营销网络。按照销售、配件、服务、信息"四位一体"的专营模式，在全国已拥有一级代理商 74 家，二级网点 360 多家；特约服务站也遍布全国，达到 300 多家。优质的营销、健全的网络和快速、完备的顾客服务，成为 JL 汽车在国内汽车市场的核心竞争力；JL 汽车已成为中国商务车领域的知名品牌。

最后，产品优势。在产品上，JL 汽车一直致力于在国内中高档轻型商用车领域做强。其产品线涵盖了轻型客车、轻型卡车、皮卡、SUV 四大细分市场，以福特和 JMC（JL）两大品牌，衍生出 400 多种车型有效满足了目标消费者的需求。JL 汽车为了满足不同顾客群的消费需求，在国内市场上陆续开发了全顺救护车、计划生育车、城市物流车、防弹运钞车等产品，并成为不断开创节能、实用、环保汽车产品的新典范。

（2）JL 汽车的竞争劣势。首先，产品线较窄。JL 汽车产品具有良好的品质，市场的品牌影响力较大，但是，与竞争对手相比，产品线较窄，没有重型卡车和经济型卡车；轻型卡车也是中高端产品，缺少低端产品。而竞争对手，如东风汽车、江淮汽车等的产品线较宽。

其次，营销劣势。JL 汽车实行代理商营销模式，不仅渠道模式单一，营销手段单调，还容易形成区域性垄断。区域垄断会造成代理商缺乏应有的良性竞争，产品价格居高不下，服务品质很难提升。被授权代理商为了追求利润回报的最大化，不会积极开拓空白市场，更无意追求市场占有率的最大化。这些都与厂家的意愿是相违背的。

JL 汽车与竞争品牌 SWOT 分析如表 1-5 所示。

表 1-5 **JL 汽车与竞争品牌 SWOT 分析**

项目	优势（S）	劣势（W）
内部	①轻型商用车高端市场领先者，JL 汽车成为高品质的代名词，具有品牌和技术优势。在轻型客车市场排名第二，在轻型货车市场排名第五 ②拥有整车总装和发动机生产线，新产品能够达到欧Ⅳ排放标准 ③经营理念相对较为先进，比较重视市场，基本做到以市场和竞争为导向 ④渠道管理（"双限政策"执行）比较到位，并注重对经销商销售及服务流程的辅导和提升，经销商积极性较高 ⑤代理商忠诚度较高	①产品线较短，没有重卡和经济型卡车；新产品市场切入较慢，导致全局战略上的被动 ②渠道的数量和规模有限，而新增渠道又存在一定的障碍 ③企业规模还比较小，还没有建立金字塔形产品组合
项目	机会（O）	风险（T）
外部	①重卡市场前景看好，低档轻卡市场需求仍很旺盛 ②福特公司的控股，福特技术的加大投入，将会加快 JL 新产品的开发力度 ③我国全面提高汽车环保标准，2008 年开始执行国Ⅲ标准。有新的高效率柴油发动机开发和生产计划，能适应国家环保政策的要求 ④亚洲商用车市场占全球总销量的 50% 左右，产销量已经超越美国和欧洲，成为商用汽车增长的主要市场。中国是世界商用汽车市场发展最快、盈利最高的市场之一	①竞争品牌（东风、江淮等）产品线很长，且产品品质在不断提升，并逐步得到市场认可 ②竞争品牌也采用 4S 专营模式，且其渠道选择和管理更为灵活，对中间商产生了很大的吸引力 ③南京汽车集团如果并入上汽集团，南京依维柯公司实力将增强。福田汽车开始进军轻型货车高端市场，竞争将更加激烈

第二部分　会　计　分　析

一、主要的会计项目与政策

1. 会计年度

会计年度为公历 1 月 1 日起至 12 月 31 日止。

2. 记账本位币

记账本位币为人民币。

3. 外币折算

外币交易按交易发生日的即期汇率将外币金额折算为人民币入账。于资产负债表日，外币货币性项目采用资产负债表日的即期汇率折算为人民币，所产生的折算差额除了为购建或生产符合资本化条件的资产而借入的外币专门借款产生的汇兑差额按资本化的原则处理外，直接计入当期损益。以历史成本计量的外币非货币性项目，于资产负债表日采用交易发生日的即期汇率折算。

4. 现金及现金等价物

列示于现金流量表中的现金是指库存现金及可随时用于支付的存款，现金等价物是指持有的期限短、流动性强、易于转换为已知金额现金及价值变动风险很小的投资。

5. 金融资产

金融资产于初始确认时分类为：以公允价值计量且其变动计入当期损益的金融资产、应收款项、可供出售金融资产和持有至到期投资。金融资产的分类取决于本集团对金融资产的持有意图和持有能力。

（1）以公允价值计量且其变动计入当期损益的金融资产。以公允价值计量且其变动计入当期损益的金融资产包括持有目的为短期内出售的金融资产，该资产在资产负债表中以交易性金融资产列示。

（2）应收款项。应收款项是指在活跃市场中没有报价、回收金额固定或可确定的非衍生金融资产，包括应收账款和其他应收款等。

（3）可供出售金融资产。可供出售金融资产包括初始确认时即被指定为可供出售的非衍生金融资产及未被划分为其他类的金融资产。自资产负债表日起12个月内将出售的可供出售金融资产在资产负债表中列示为其他流动资产。

（4）持有至到期投资。持有至到期投资是指到期日固定、回收金额固定或可确定，且管理层有明确意图和能力持有至到期的非衍生金融资产。自资产负债表日起12个月内到期的持有至到期投资在资产负债表中列示为其他流动资产或一年内到期的非流动资产。

（5）确认和计量。金融资产于本集团成为金融工具合同的一方时，按公允价值在资产负债表内确认。以公允价值计量且其变动计入当期损益的金融资产，取得时发生的相关交易费用直接计入当期损益。其他金融资产的相关交易费用计入初始确认金额。当某项金融资产收取现金流量的合同权利已终止或与该金融资产所有权上几乎所有的风险和报酬已转移至转入方的，终止确认该金融资产。以公允价值计量且其变动计入当期损益的金融资产和可供出售金融资产按照公允价值进行后续计量，但在活跃市场中没有报价且其公允价值不能可靠计量的权益工具投资，按照成本计量；应收款项以及持有至到期投资采用实际利率法，以摊余成本计量。以公允价值计量且其变动计入当期损益的金融资产的公允价值变动计入公允价值变动损益；在资产持有期间所取得的利息或现金股利以及在处置时产生的处置损益，计入当期损益。除减值损失及外币货币性金融资产形成的汇兑损益外，可供出售金融资产公允价值变动计入股东权益，待该金融资产终止确认时，原直接计入权益的公允价值变动累计额转入当期损益。可供出售债务工具投资在持有期间按实际利率法计算利息，计入投资收益；可供出售权益工具投资的现金股利，于被投资单位宣告发放股利时计入投资收益。

（6）金融资产减值。除以公允价值计量且其变动计入当期损益的金融资产外，本集团于资产负债表日对金融资产的账面价值进行检查，如果有客观证据表明某项金融资产发生减值的，计提减值准备。以摊余成本计量的金融资产发生减值时，按预计未来现金流量（不包括尚未发生的未来信用损失）现值低于账面价值的差额，计提减值准备。如果有客观证据表明该金融资产价值已恢复，且客观上与确认该损失后发生的事项有关，原确认的减值损失予以转回，计入当期损益。当可供出售金融资产的公允价值发生较大幅度或非暂时性下降，原直接计入股东权益的因公允价值下降形成的累计损失计入减值损失。对已确认减值损失的可供出售债务工具投资，在期后公允价值上升且客观上与确认原减值损失后发生的事项有关的，原确认的减值损失予以转回，计入当期损益。对已确认减值损失的可供出售权益工具投资，在期后公允价值上升且客观上与确认原减值损失后发生的事项有关的，原确认的减值损失予以转回，直接计入股东权益。在活跃市场中没有报价且其公允价值不能可靠计量的权益工具投资发生的减值损失，如果在以后期间价值得以恢复，也不予转回。

6. 应收款项

应收款项包括应收账款和其他应收款等。本集团对外销售商品或提供劳务形成的应收账款，按从购货方应收的合同或协议价款的公允价值作为初始确认金额。应收款项采用实际利率法，以摊余成本减去坏账准备后的净额列示。对于单项金额重大的应收款项，当存在客观证据表明本集团将无法按应收款项的原有条款收回所有款项时，根据其预计未来现金流量现值低于其账面价值的差额，单独进行减值测试，计提坏账准备。对于单项金额非重大的应收款项，与经单独测试后未减值的应收款项一起按信用风险特征划分为若干组合，根据以前年度与之相同或相类似的、具有类似信用风险特征的应收账款组合的实际损失率为基础，结合现时情况确定本年各项组合计提坏账准备的比例，据此计算本年应计提的坏账准备。本集团向金融机构转让不附追索权的应收款项，按交易款项扣除已转销应收款项的账面价值和相关税费后的差额计入当期损益。

7. 存货

存货包括原材料、在产品、产成品和在途物资等，按成本与可变现净值孰低列示。存货于取得时按实际成本入账。存货发出时的成本按标准成本核算，并按月结转成本差异，将标准成本调整为实际成本。低值易耗品在领用时采用一次转销法核算成本。产成品和在产品成本包括原材料、直接人工及按正常生产能力下适当比例分摊的所有间接生产费用。存货跌价准备按存货成本高于其可变现净值的差额计提。可变现净值按日常活动中，以存货的估计售价减去至完工时估计将要发生的成本、估计的销售费用以及相关税费后的金额确定。本集团的存货盘存制度采用永续盘存制。

8. 固定资产

固定资产包括房屋及建筑物、机器设备、运输工具、电子及其他设备等。购置或新建的固定资产按取得时的实际成本进行初始计量。本公司在进行公司制改建时，国有股股东投入的固定资产，按国有资产管理部门确认的评估值作为入账价值。与固定资产有关的后续支出，在相关的经济利益很可能流入本集团且其成本能够可靠的计量时，计入固定资产成本；对于被替换的部分，终止确认其账面价值；所有其他后续支出于发生时计入当期损益。固定资产折旧采用年限平均法并按其入账价值减去预计净残值后在预计使用寿命内计提。对计提了减值准备的固定资产，则在未来期间按扣除减值准备后的账面价值及依据尚可使用年限确定折旧额。固定资产的预计使用寿命、净残值率及年折旧率如表1-6所示。

表1-6　　　　　　固定资产预计使用寿命、净残值率及年折旧率表

固定资产类别	预计使用寿命（年）	预计净残值率（%）	年折旧率（%）
房屋及建筑物	35～40	4	2.4～2.7
机器设备	10～15	4	6.4～9.6
运输工具	6～10	4	9.6～16
模具	5	0	20
电子及其他设备	5～7	4	13.7～19.2

每年年度终了，对固定资产的预计使用寿命、预计净残值和折旧方法进行复核并作适当调整。当固定资产的可收回金额低于其账面价值时，账面价值减记至可收回金额。符合持有待售条件的固定资产，以账面价值与公允价值减去处置费用孰低的金额列示。公允价值减去处置费用低于原账面价值的金额，确认为资产减值损失。当固定资产被处置或者预期通过使用或处置不能产生经济利益时，终止确认该固定资产。固定资产出售、转让、报废或毁损的处置收入扣除其账面价值和相关税费后的金额计入当期损益。

9. 在建工程

在建工程按实际发生的成本计量。实际成本包括建筑费用、其他为使在建工程达到预定可使用状态所发生的必要支出以及在资产达到预定可使用状态之前所发生的符合资本化条件的借款费用。在建工程在达到预定可使用状态时，转入固定资产并自次月起开始计提折旧。当在建工程的可收回金额低于其账面价值时，账面价值减记至可收回金额

10. 无形资产

无形资产包括土地使用权、软件使用费及售后服务管理模式，以实际成本计量。

（1）土地使用权。土地使用权按使用年限 50 年平均摊销。外购土地及建筑物的价款难以在土地使用权与建筑物之间合理分配的，全部作为固定资产。

（2）软件使用费。软件使用费按预计使用年限 5 年平均摊销。

（3）售后服务管理模式。售后服务管理模式是指本集团于 2006 年收购福江售后服务有限公司所产生的无形资产，按照收购时实际支付的价款入账，并采用直线法按预计使用年限平均摊销。

（4）无形资产减值。当无形资产的可收回金额低于其账面价值时，账面价值减记至可收回金额。

（5）定期复核使用寿命和摊销方法。对使用寿命有限的无形资产的预计使用寿命及摊销方法于每年年度终了进行复核并作适当调整。

11. 研究与开发

根据内部研究开发项目支出的性质以及研发活动最终形成无形资产是否具有较大不确定性，支出可分为研究阶段支出和开发阶段支出。研究阶段的支出，于发生时计入当期损益；开发阶段的支出，同时满足下列条件的，确认为无形资产：完成该无形资产以使其能够使用或出售在技术上具有可行性。管理层具有完成该无形资产并使用或出售的意图。能够证明该无形资产将如何产生经济利益。有足够的技术、财务资源和其他资源支持，以完成该无形资产的开发，并有能力使用或出售该无形资产。归属于该无形资产开发阶段的支出能够可靠地计量。不满足上述条件的开发阶段的支出，于发生时计入当期损益。前期已计入损益的开发支出不在以后期间确认为资产。已资本化的开发阶段的支出在资产负债表上列示为开发支出，自该项目达到预定可使用状态之日起转为无形资产。当开发支出的可收回金额低于其账面价值时，账面价值减记至可收回金额。

12. 资产减值

在财务报表中单独列示的商誉和使用寿命不确定的无形资产，无论是否存在减值迹象，至少每年进行减值测试。固定资产、无形资产、以成本模式计量的投资性房地产及长期股权投资等，于资产负债表日存在减值迹象的，进行减值测试。减值测试结果表明资产的可收回金额低于其账面价值的，按其差额计提减值准备并计入减值损失。可收回金额为资产的公允价值减去处置费用后的净额与资产预计未来现金流量的现值两者之间的较高者。资产减值准备按单项资产为基础计算并确认，如果难以对单项资产的可收回金额进行估计的，以该资产所属的资产组确定资产组的可收回金额。资产组是能够独立产生现金流入的最小资产组合。上述资产减值损失一经确认，即使在以后期间价值得以恢复，也不予转回。

二、重要会计估计和判断

本集团根据历史经验和其他因素，包括对未来事项的合理预期，对所采用的重要会计估

计和关键假设进行持续的评价。本公司及其子公司对于未来所进行的估计和假设可能不能完全等同于与之相关的实际结果。很可能导致下一会计期间资产和负债的账面价值出现重大调整风险的重要会计估计和关键假设列示如下。

1. 折旧与摊销

本集团管理层依据相关资产预计未来的获利期间估计固定资产和无形资产的剩余价值、可使用年限、折旧及摊销额。当可使用年限与预计不一致时，管理层将修正折旧及摊销金额，或者将已废弃或已处置的技术上落后或非战略性的资产予以核销。

2. 资产减值估计

本集团根据会计政策每年对资产的减值风险进行评估。资产的可回收金额基于可使用价值的计算。在计算可使用价值时，本集团需要估计资产的未来现金流量及实际利率以确定其现值。

3. 应收及其他应收款的减值

应收及其他应收款的减值根据应收款项的可回收性决定。在对包括流动性信用价值、客户以前年度回款记录以及当前市场环境状况在内的应收款项的可回收价值进行评估时，管理层需要运用一定程度的判断。

4. 存货

管理层根据扣除销售费用后最近期的销售价格或使用价值估计存货的可回收净值。于资产负债表日，管理层分产品进行减值复核，并对过时或闲置的存货计提减值准备，使其成本与可回收价值一致。

5. 预计负债

根据售后服务协议，本集团对出售的汽车承担售后修理或更换义务。管理层根据历史的售后服务数据，包括修理或更换的程度及当前的趋势，估计相关的预计负债。影响三包费用估计的因素包括本集团生产能力和生产质量的提升以及相关的配套件、人工成本的变化。预计负债的增加或减少将影响本集团未来的损益。

6. 退休福利计划

退休福利计划现值依赖于各种精算假设要素。该等假设的变更将会影响退休福利负债的账面价值。退休福利计划的关键假设以市场环境为基础。

7. 税项

本集团在中国境内适用多项税项，如企业所得税、增值税及消费税等。确定该等税项的计提时需要作出判断。在日常业务过程中，许多交易及计算所涉及的最终税项并不确定。本集团根据对预期税收事项的估计，判断未来是否需承担额外的税金以确认税收事项的负债。若该等事项的最终税务结果与初始记录金额不同，其差额将影响作出判断有关期间的税项。递延所得税资产的确认系由于管理层预期将有可使用的应税利润以实现其暂时性差异。若该等事项的预期与初始预期不同，其差额将影响作出预期有关期间的所得税及递延税款。于2007年12月31日，本集团递延所得税资产为107 901 853元。该等递延所得税资产主要为退休福利、预计负债等暂时性差异。

三、会计政策与会计估计对财务报表的影响

1. 会计政策与会计处理方法对财务报表的影响

根据《企业会计准则》的规定，企业可以自主选择会计政策与会计处理方法。企业存货发出计价方法、固定资产折旧方法、坏账的计提方法、对外投资的核算方法、所得税会计的核算方法等，都可以有不同的选择，从而造成即使是两个同样的企业，也会得出不同的财务分析结果。

2. 会计估计的存在对财务报表的影响

由于会计核算过程中存在会计估计，因此会计报表中的某些数据并不是十分精确的，如固定资产的折旧年限、折旧率、净残值率，这些都含有认为主观因素。由于会计程序的使用具有很大的选择性，则企业财务报表之间的可比性较差。

四、JL 汽车综合业绩评价与建议

1. JL 汽车综合业绩评价

根据上述资料可以对 JL 汽车的经营业绩及财务管理状况作出以下的评价。

（1）营销能力表现良好。JL 汽车净资产收益率的上升主要是依靠盈利能力的不断提高。盈利能力表现优异主要原因：一是主营收入的连年稳定大幅增长，公司营销部门表现良好，公司不断开发推出的新产品也功不可没；二是公司采用较严格的信用政策，盈利质量较高，但也影响了销售量的进一步增加。

（2）成本费用管理有得有失。总体成本控制能力较行业水平高，但具体分析后各组成部分表现不一。主营业务成本控制较好，得益于公司优秀的采购体系和较强的机车一体化水平和零部件自制率，毛利率因此较高。管理费用率和营业费用率一直比较高，引起总体期间费用率较高。如果费用继续高居下，JL 汽车有可能在市场竞争中处于劣势。如何把营业费用率和管理费用率逐步缩减到行业正常水平，也是 JL 汽车未来发展需要考虑的问题。另外，毛利率出现下降的趋势，是由于市场竞争中的降价措施导致。

（3）资产管理效率较低。从资产构成来看，货币资产、流动资产占比重过高，固定资产占比重过低，大量资金闲置，经营杠杆无从发挥。在其他对手大举投资扩张规模，拓展销售网络之时，JL 汽车的固定资产比重和绝对值却不断下降，令人对公司未来产生担忧。从总资产周转率来看，JL 汽车显然不如两个对手，说明 JL 汽车的资产利用率不高，如果能充分利用其资产，JL 汽车的销售收入将会有大幅度提高。JL 汽车在销售收入和利润两个方面权衡时选择了后者。总资产周转率的下降主要原因是应收账款周转率的降低，应收账款周转率比对手都要为低，且 JL 汽车应收账款周转率呈逐年降低的趋势，说明 JL 汽车在销售资金回收管理方面不如对手，销售网络实力要差于对手。在存货周转方面，JL 汽车要明显逊于两个对手，江淮汽车的存货周转率是 JL 汽车的 1.5 倍，严重影响了销售量的增长。

（4）资本结构不合理。权益乘数较小，总资产负债率极低，且处于长期下降的趋势，反映了公司稳健的经营作风，仅从财务风险的角度来看，JL 汽车风险最小，但其财务杠杆较低，加权平均资本成本较高，影响了企业的盈利能力与发展能力。

2. 对 JL 汽车的建议

针对以上对 JL 汽车的总体业绩评价，在此对 JL 汽车提出一些建议，希望对 JL 汽车改善经营、提高业绩有所帮助。

（1）适当调整销售信用政策，努力促进销售量的增长。JL 汽车严格的信用政策降低了信用风险，保证了盈利质量，但是也影响了销售量的增长，影响了资产运转的效率。为了在市场竞争中得优势地位，JL 汽车应当对信用政策做适当的调整，给经销商更多的优惠政策，提高经销商的积极性，以促进销量增长。

（2）加强成本控制，减低期间费用。JL 汽车的毛利率与期间费用率同样高于同业水平，较高的期间费用率随着行业竞争的加剧将影响公司的盈利能力。JL 汽车一方面应当继续研发推出适合市场的毛利率较高的新产品，另一方面应当设法降低期间费用特别是管理费用，努力控制其费用水平。

（3）扩大固定资产投资规模，发挥经营杠杆作用。庞大的货币资金不能为企业带来利润，JL 汽车应当加大对固定资产的投资，扩大企业生产规模和销售网络，积极引进新的生产设备，完善增加现有产品生产线，发挥出经营杠杆的作用。

（4）适度增加负债，降低资本成本。JL 汽车的权益乘数较低，资产负债率远低于同业平均水平，而同时表现出固定资产投资力度不够，规模效益发挥不足。在目前公司销售利润率高于同行业并且轻型车行业利润率尚高于银行贷款利率的情况下，公司在保证正常健康经营的基础上，还可以利用较低的借债成本进行生产扩张，借助财务杠杆的作用，积极增加企业价值。

第二章 资产负债表分析

【引 例】

远大公司的困境

远大公司成立于 2003 年，公司主要业务是产销各式女装。每年春秋两季是公司的营业旺季，约占公司全年销售额的 60%。为配合业务需要，公司采用季节性生产方式生产。2013 年 3 月公司聘请王林担任远大公司经理，王林到任不久就决定，废除公司原有的季节性生产方式，改为全年生产。因为远大公司以往经常将大笔周转金存入该地区商业银行，故该银行很想同远大公司建立往来关系，远大公司也同意将公司的流动资金存于该银行，但在不妨害公司营运的前提下，可移部分资金他用。

在采取上述行动后，王林发现，每当季节性旺季来临前，公司就必须以短期贷款的方式向银行融通购买布料所需的资金。虽然银行同意授予远大公司 400 万元的信用额度，但贷款和约上订明：①远大公司要在每个会计年度后，还清所有贷款，否则，在下个营业旺季来临前，公司不得再借新款；②每年年初，若远大公司已如期还清上年贷款，银行将 400 万元信用额度自动延展到下一会计年度供远大公司使用。

2012 年 6 月，远大公司开始生产下半年度秋装，公司已动用了 380 万元信用额度，8 月秋装全部生产完毕，而春装生产计划正在拟订中。王林了解，须先将目前的 380 万元贷款还清后，才能顺利贷到下笔款项，以融通春装生产所需资金。

2014 年以前，远大公司一直可以顺利将存货与应收账款转换成现金，后在 12 月 31 日还款期限截止前，还清全部的银行贷款。而在 2014 年和 2012 年这两个会计年度，远大公司却无法如期还款。

2012 年秋季销售结束后，远大公司尚有相当多存货。结果截至 12 月 31 日，公司仅能偿还 380 万元银行贷款的一小部分（40 万元），同时公司在支付应付账款方面也有困难。王林认为公司由于无法设计出能迎合潮流的新款秋装，使得销售旺季远不如前，才会发生这些问题。

由于远大公司在 2012 年秋季的销售状况仍不好，只好靠发行新股来筹措资金还款，王林动用部分股金还清了银行贷款，同时也支付了一些已过期的应付账款。王林希望商业银行能将远大公司的信用额度提高为 600 万元，以便使用额外的 200 万元支付一些即将到期的应付账款。商业银行同意，便指派该行信贷部经理刘生到远大公司商讨这一事宜，刘生仔细分析了远大公司近 3 年的财务情况，发现了下列问题：①虽然总资产逐年增加，但利润率却逐年下降；②远大公司从未利用过供应商提供给该公司的优惠措施，即 2/10 和 n/30 的折扣条件。

王林在会议中指出，由于商情判断有误，使远大公司在 2012 年的秋季销售受挫，各种问题也应运而生，为此公司已调整了人事。而刘生则认为，虽然营业额下降可能会造成营运资金周转不灵现象，但主要问题仍是由于近几年来远大公司的资产扩充过快造成的。他指出，远大公司最近动用了 200 万元购买设备，这只能造成公司现金短缺。刘生最后告诉王林，他会在会议结束后一个星期内决定是否要提供 200 万元的额外信用额度给远大公司。

思考

（1）如果你是刘生，你是否愿意提供额外 200 万元信用额度给远大公司？试说明理由以支持你的决定。

（2）如果你拒绝提高远大公司的信用额度，你认为远大公司应采取哪些行动，才能使你改变这一决定？

第一节　资产负债表分析知识准备

一、资产负债表的作用

资产负债表是反映企业在某一特定日期（如月末、季末、年末）全部资产、负债和所有者权益情况的会计报表，它表明企业在某一特定日期所拥有或控制的经济资源、所承担的现有义务和所有者对净资产的要求权。资产负债表为簿记记账程序的末端，是集合了编制分录、记账及试算调整后的最后结果与报表。整个会计循环过程如图 2-1 所示。

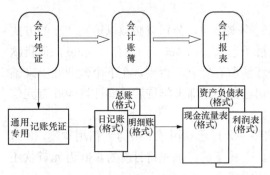

图 2-1　会计循环

如图 2-1 所示，资产负债表是企业会计循环中的最终环节，也是企业会计报表体系中最主要的一张会计报表，它所提供的信息资料，对于企业利益相关者，都有重要的作用。

1. 可据以解释、评价和预测企业的短期偿债能力

偿债能力指企业以其资产偿付债务的能力。短期偿债能力主要体现在企业资产和负债的流动性上。流动性指资产转换成现款而不受损失的能力或负债离到期清偿日的时间，也指企业资产接近现金的程度。在资产项目中，除现金外，资产转换成现金的时间越短、速度越快、转换成本越低，表明流动性越强。

例如，可随时上市交易的有价证券投资，其流动性一般比应收款项强，因为前者可随时变现；而应收款项的流动性又比存货项目强，因为通常应收款项能在更短的时间内转换成现金，而存货一般转换成现金的速度较慢。负债到期日越短，其流动性越强，表明要越早动用现金。

短期债权人关注的是企业是否有足够的现金和足够的资产可及时转换成现金，以清偿短期内将到期的债务。长期债权人及企业所有者也要评价和预测企业的短期偿债能力，短期偿债能力越低，企业越有可能破产，从而越缺乏投资回报的保障，越有可能收不回投资。资产负债表分门别类地列示流动资产与流动负债，本身虽未直接反映出短期偿债能力，但通过将流动资产与流动负债的比较，并借助于报表附注，可以解释、评价和预测企业的短期偿债能力。

2. 可据以解释、评价和预测企业的长期偿债能力和资本结构

企业的长期偿债能力主要指企业以全部资产清偿全部负债的能力。一般认为资产越多，负债越少，其长期偿债能力越强；反之，若资不抵债，则企业缺乏长期偿债能力。资不抵债往往由企业长期亏损、蚀耗资产引起，还可能因为举债过多所致。所以，企业的长期偿债能力

一方面取决于它的获利能力，另一方面取决于它的资本结构。

资本结构通常指企业权益总额中负债与所有者权益，负债中流动负债与长期负债，所有者权益中投入资本与留存收益或普通股与优先股的关系。负债与所有者权益的数额表明企业所支配的资产有多少为债权人提供，又有多少为所有者提供。这两者的比例关系，既影响债权人和所有者的利益分配，又牵涉债权人和所有者投资的相对风险，以及企业的长期偿债能力。资产负债表为管理部门和债权人信贷决策提供重要的依据。

3. 可据以解释、评价和预测企业的财务弹性

财务弹性指标反映企业两个方面的综合财务能力，即迎接各种环境挑战，抓住经营机遇的适应能力，包括进攻性适应能力和防御性适应能力。所谓进攻性适应能力，指企业能够有财力去抓住经营中出现的稍纵即逝的获利机会，不致放任其流失。所谓防御性适应能力，指企业能在客观环境极为不利或因某一决策失误使其陷入困境时转危为安的生存能力。

企业的财务弹性主要来自于资产变现能力，从经营活动中产生现金流入的能力，对外筹集和调度资金的能力，以及在不影响正常经营的前提下变卖资产获取现金的能力。财务弹性强的企业不仅能从有利可图的经营活动中获取现金，而且可以向债权人举借长期负债和向所有者筹措追加资本，投入新的有利可图的事业，即使经营失利，也可随机应变，及时筹集所需资金，分散经营风险，避免陷入财务困境。

资产负债表本身并不能直接提供有关企业财务弹性的信息，但是它所列示的资产分布和对这些资产的要求权的信息，以及企业资产、负债流动性、资本结构等信息，并借助利润表及附注、附表的信息，可间接地解释、评价和预测企业的财务弹性，并为管理部门增强企业在市场经济中的适应能力提供指导。

4. 可据以解释、评价和预测企业的绩效，帮助管理部门作出合理的经营决策

企业的经营绩效主要表现为获利能力，而获利能力则可用资产收益率、成本收益率等相对值指标衡量，这样将资产负债表和利润表信息结合起来，珠联璧合，可据以评价和预测企业的经营绩效，并可深入剖析企业绩效优劣的根源，寻求提高企业经济资源利用效率的良策。

二、资产负债表的结构

资产负债表一般有表首和正表两部分。表首概括地说明报表名称、编制单位、编制日期、报表编号、货币名称、计量单位等。正表是资产负债表的主体，列示了用以说明企业财务状况的各个项目。资产负债表正表的格式一般有两种：报告式资产负债表和账户式资产负债表。报告式资产负债表是上下结构，上半部列示资产，下半部列示负债和所有者权益。其具体排列形式又有两种：一是按"资产=负债+所有者权益"的原理排列；二是按"资产−负债=所有者权益"的原理排列。账户式资产负债表是左右结构，左边列示资产，右边列示负债和所有者权益。不管采取什么格式，资产各项目的合计等于负债和所有者权益各项目的合计这一等式不变。在我国，企业的资产负债表采用账户式结构，账户式资产负债表分左右两方，左方为资产项目，按资产的流动性大小排列，流动性强的资产如"货币资金"、"交易性金融资产"等排在前面，流动性弱的资产如"长期股权投资"、"固定资产"等排在后面。右方为负债及所有者权益项目，一般按要求清偿时间的先后顺序排列，"短期借款"、"应付票据"、"应付账款"等需要在一年以内或者长于一年的一个正常营业周期内偿还的流动负债排在前面，"长期借款"等在一年以上才需偿还的非流动负债排在中间，在企业清算之前不需要偿还的所有者权益项目排在后面。表 2-1 为 YN 公司 2013 年报表。

表 2-1　　　　　　　　　　　　　　　　**YN 公司 2013 年报表**

流动资产		流动负债	
货币资金	2 082 951 549.60	短期借款	10 000 000.00
交易性金融资产	149 758.72	交易性金融负债	—
应收票据	2 664 138 818.28	应付票据	609 077 745.26
应收账款	536 467 059.54	应付账款	1 825 114 689.64
预付账款	389 654 315.84	预收账款	406 319 445.61
应收利息	1 344 968.06	应付职工薪酬	42 285 484.96
应收股利		应交税费	172 130 720.06
其他应收款	461 752 917.87	应付利息	312 000
存货	4 757 358 043.23	应付股利	9 038 794.42
消耗性生物资产	—	其他应付款	585 079 000.17
待摊费用		一年内到期的非流动负债	
一年内到期的非流动资产		应付短期债券	—
其他流动资产		其他流动负债	
影响流动资产其他科目	0	流动负债合计	3 659 357 880.12
流动资产合计	10 893 817 431.14	非流动负债	
非流动资产		长期借款	6 684 882.14
可供出售金融资产	—	应付债券	
持有至到期投资	—	长期应付款	4 814 832.43
投资性房地产	7 510 225.93	递延所得税负债	
长期股权投资	60 423 567.48	递延收益-非流动负债	
长期应收款	—	其他非流动负债	181 267 912.23
固定资产	1 269 767 136.49	影响非流动负债其他科目	0
工程物资	—	非流动负债合计	192 767 626.8
在建工程	262 507 902.35	负债合计	3 852 125 506.92
固定资产清理	—	所有者权益	
生产性生物资产	—	实收资本（或股本）	694 266 479
油气资产	—	资本公积金	1 247 558 342.19
无形资产	223 165 380.31	盈余公积金	571 587 797.53
开发支出	—	未分配利润	6 513 609 624.19
商誉	12 843 661.62	库存股	—
长期待摊费用	10 528 747.65	外币报表折算差额	1 767 925.99
递延所得税资产	130 351 622.85	少数股东权益	—
其他非流动资产	10 000 000	归属于母公司股东权益合计	9 028 790 168.9
影响非流动资产其他科目	0	影响所有者权益其他科目	—
非流动资产合计	1 987 098 244.68	所有者权益合计	9 028 790 168.9
资产总计	12 880 915 675.82	负债及所有者权益总计	12 880 915 675.82

资产负债表在具体编制时有以下几种情况。

1. 根据总账账户余额直接填列

资产负债表各项目的数据来源，主要是根据总账账户期末余额直接填列。

（1）资产类项目：应收票据、应收股利、应收利息、应收补贴款、固定资产原价、累计折旧、工程物资、固定资产减值准备、固定资产清理（如该账户出现贷方余额应以"－"号填列）、递延税款借项等。

（2）负债类项目：短期借款、应付票据、应付工资（如该账户出现借方余额应以"－"号填列）、应付福利费、应付股利、应交税金（如该账户出现借方余额应以"－"号填列）、其他应交款（如该账户出现借方余额应以"－"号填列）、其他应付款、预计负债、长期借款、应付债券、专项应付款、递延税款贷项等。

（3）所有者权益项目：实收资本、已归还投资、资本公积、盈余公积等。

2. 根据总账账户余额计算填列

资产负债表某些项目需要根据若干个总账账户的期末余额计算填列。

（1）资产类的货币资金项目，根据"现金""银行存款""其他货币资金"账户的期末余额合计填列。

（2）资产类的存货项目，根据"物资采购""原材料""低值易耗品""自制半成品""库存商品""包装物""分期收款发出商品""委托加工物资""委托代销商品""生产成本"等账户的合计，减去"代销商品款""存货跌价准备"账户的期末余额后的余额填列。

（3）资产类的固定资产净值项目，根据"固定资产"账户的借方余额减去"累计折旧"账户的贷方余额后的净额填列。

（4）所有者权益类的未分配利润项目，在月（季）报中，根据"本年利润"和"未分配利润"账户的余额计算填列（如该账户出现借方余额应以"－"号填列）。

3. 根据明细账户的余额计算填列

资产负债表某些项目不能根据总账账户的期末余额或若干个总账账户的期末余额计算填列，需要根据有关账户所属的相关明细账户的期末余额计算填列。

例如，"应收账款"项目应根据"应收账款"账户所属各明细账户的期末借方余额合计，再加上"预收账款"账户的有关明细科目期末借方余额计算填列；又如，"应付账款"项目应根据"应付账款""预付账款"账户的有关明细科目的期末贷方余额计算编制。

4. 根据总账账户和明细账户余额分析计算填列

资产负债表上某些项目不能根据有关总账账户的期末余额直接或计算填列，也不能根据有关账户所属明细账户的期末余额计算填列，需要根据总账账户和明细账户余额分析计算填列，如"长期借款"项目根据"长期借款"总账账户余额扣除"长期借款"账户所属的明细账户中反映的将于一年内到期的长期借款部分分析计算填列。又如，"长期债权投资"项目、"长期待摊费用"项目也要分别根据"长期债权投资"账户和"长期待摊费用"账户的期末余额，减去一年内到期的长期债权投资和一年内摊销的数额后的金额计算。

5. 根据账户余额减去其备抵项目后的净额填列

具体的项目包括以下几个方面。

（1）"短期投资"项目，由"短期投资"账户的期末余额减去其"短期投资跌价损失准备"备抵账户余额后的净额填列。

（2）"应收账款"项目，应根据"应收账款"账户所属各明细账户的期末借方余额合计，减去"坏账准备"账户中有关应收账款计提的坏账准备期末余额后的金额填列。

（3）"存货"项目，根据扣除前的存货项目余额减去"存货跌价准备"账户期末余额后的金额填列。

（4）"长期股权投资"项目，应根据"长期股权投资"账户的期末余额，减去"长期投资减值准备"账户中有关股权投资减值准备期末余额后的金额填列；"长期债权投资"项目，应根据"长期债权投资"账户的期末余额，减去"长期投资减值准备"账户中有关债权投资减值准备期末余额后的金额填列。

（5）"固定资产净额"项目，按照"固定资产净值"项目余额减去"固定资产减值准备"账户期末余额后的净额填列。

（6）"在建工程"项目，按照"在建工程"账户的期末余额，减去"在建工程减值准备"账户期末余额后的净额填列。

（7）"无形资产"项目，按照"无形资产"账户的期末余额减去"无形资产减值准备"账户期末余额后的净额填列，以反映无形资产的期末可收回金额。

通过账户式资产负债表，可以反映资产、负债、所有者权益之间的内在关系，即报表最后一行资产合计应等于负债与所有者权益的合计，这也是会计恒等式"资产=负债+所有者权益"在会计报表中的体现。根据这一等式，在借贷记账法下，利用借贷发生额和期末余额（期初余额）的平衡原理，可以用试算平衡表检查账户记录是否正确。图 2-2 为华晨公司的试算平衡表。

会计科目	期初余额		本期发生额		期末余额	
	借方	贷方	借方	贷方	借方	贷方
库存现金	1000				1000	
银行存款	49 000		200 000	120 000	129 000	
应收账款	80 000				80 000	
原材料	220 000		70 000		290 000	
固定资产	230 000		40 000	100 000	170 000	
短期借款		150 000	80 000			70 000
应付票据				50 000		50 000
应付账款		100 000	50 000	160 000		210 000
应付职工薪酬		30 000				30 000
应付利润		40 000	20 000			20 000
实收资本		180 000	190 000		280 000	270 000
资本公积		80 000	60 000			20 000
合计	580 000	580 000	710 000	710 000	670 000	670 000

图 2-2 试算平衡表

第二节 资产负债表整体分析

资产负债表的整体分析，可通过编制水平分析表及垂直分析表进行比较分析，以得出对于企业财务状况整体的评价。

一、资产负债表的水平分析

将分析期的资产负债表各项目数值与基期（上年或计划、预算）数进行比较，计算出变动额、变动率以及该项目对资产总额、负债总额和所有者权益总额的影响程度。表 2-2 为 YN

公司的资产负债表水平分析表。

表 2-2　　　　　　　　　　　　　YN 公司资产负债表水平分析表

项　　目	2013 年 12 月 31 日(万元)	2012 年 12 月 31 日(万元)	变动额（万元）	变动率（%）
流动资产：				
货币资金	208 295.15	172 833.22	35 461.94	20.52
交易性金融资产	14.98			
应收票据	266 413.88	196 124.18	70 289.71	35.84
应收账款	53 646.71	46 110.98	7535.72	16.34
预付账款	38 965.43	23 425.66	15 539.77	66.34
应收利息	134.50	125.84	8.66	6.88
应收股利				
其他应收款	46 175.29	6639.34	39 535.95	595.48
存货	475 735.80	436 002.33	39 733.48	9.11
消耗性生物资产		0.00		
一年内到期的非流动资产				
其他流动资产				
流动资产合计	1 089 381.74	881 261.54	208 120.20	23.62
非流动资产：				
可供出售金融资产				
持有至到期投资				
长期应收款				
长期股权投资	6042.36	3000.00	3042.36	101.41
投资性房地产	751.02	717.39	33.64	4.69
固定资产	126 976.71	125 158.94	1817.78	1.45
在建工程	26 250.79	22 151.29	4099.50	18.51
工程物资				
固定资产清理				
生产性生物资产				
油气资产				
无形资产	22 316.54	22 897.20	−580.66	−2.54
开发支出				
商誉	1284.37	1284.37	0.00	
长期待摊费用	1052.87	1067.06	−14.19	−1.33
递延所得税资产	13 035.16	7859.12	5176.04	65.86
其他非流动资产	1000.00	1000.00	0.00	
非流动资产合计	198 709.82	185 135.35	13 574.47	7.33
资产总计	1 288 091.57	1 066 396.90	221 694.67	20.79

项　　　目	2013 年 12 月 31 日(万元)	2012 年 12 月 31 日(万元)	变动额（万元）	变动率（%）
流动负债：				
短期借款	1000.00	1000.00	0.00	
交易性金融负债				
应付票据	60 907.77	49 994.33	10 913.44	21.83
应付账款	182 511.47	178 263.75	4247.72	2.38
预收账款	40 631.94	34 708.22	5923.72	17.07
应付职工薪酬	4228.55	3703.98	524.56	14.16
应交税费	17 213.07	1055.63	16 157.45	1530.60
应付利息	31.20	31.20	0.00	
应付股利	903.88	84.40	819.48	970.95
其他应付款	58 507.90	76 707.32	−18 199.42	−23.73
一年内到期的非流动负债	0.00			
其他流动负债	0.00			
流动负债合计	365 935.79	345 548.83	20 386.96	5.90
长期借款	668.49	668.49	0.00	
应付债券				
长期应付款	481.48	481.48	0.00	
专项应付款				
其他非流动负债	18 126.79	16 968.44	1158.35	6.83
非流动负债合计	19 276.76	18 118.41	1158.35	6.39
负债合计	385 212.55	363 667.25	21 545.30	5.92
实收资本（或股本）	69 426.65	69 426.65	0.00	
资本公积金	124 755.83	125 487.53	−731.70	−0.58
盈余公积金	57 158.78	42 419.58	14 739.20	34.75
	0.00			
未分配利润	651 360.96	465 421.83	185 939.13	39.95
外币报表折算差额	176.79	−25.94	202.73	−781.53
所有者权益合计	902 879.02	702 729.65	200 149.37	28.4
负债及所有者权益总计	1 288 091.57	1 066 396.90	221 694.67	20.79

　　基于 YN 公司 2012 年与 2013 年的资产负债表水平分析表，我们可以得到以下分析结论。

　　（1）分析资产、负债及所有者权益的变动情况。2013 年资产总额较 2012 年增加 221 694.67 万元，增加了 20.79%。其中，流动资产增加了 208 120.20 万元，增加了 23.62%；非流动资产增加 13 574.47 万元，增加了 7.33%。结合资产各项目分析，资产的增长主要来源于流动资产的增长，主要体现在其他应收款。2013 年负债总额较 2012 年增加 21 545.30 万元，增加了 5.92%。其中，流动负债增加了 20 386.96 万元，增加了 5.90%；非流动负债增加 1158.35 万元，增加了 6.39%。结合负债各项目分析，负债的增长主要来源于流动负债的增长。2013 年所有者权益总额较 2012 年增加 200 149.37 万元，增加了 28.48%。

（2）分析得出需进一步关注的项目。在水平分析表中，有一些项目的变动幅度较大，须在下一步的资产负债表项目阅读与分析中重点关注。主要有：其他应收款——变动额为 39 535.95 万元，变动率为 595.48%，长期股权投资——变动额 3042.36 万元，变动率为 101.41%，应交税费——变动额为 16 157.45 万元，变动率为 1530.60%，应付股利——变动额为 819.48 万元，变动率为 970.95%，外币报表折算差额——变动额为 202.73 万元，变动率为 -781.53%。以上的项目变动究竟是正常变动还是另有其他原因，则需要进一步分析得出。

二、资产负债表的垂直分析

将分析期的资产负债表各项目数值与基期（上年或计划、预算）数进行比较，计算出变动额、变动率以及该项目对资产总额、负债总额和所有者权益总额的影响程度。表 2-3 为 YN 公司的资产负债表垂直分析表。

表 2-3　　　　　　　　　　YN 公司资产负债表垂直分析表

项 目	2013 年 12 月 31 日（万元）	2012 年 12 月 31 日（万元）	2013 年末结构（%）	2012 年末结构（%）	差异（%）
流动资产：					
货币资金	208 295.15	172 833.22	16.17	16.21	-0.04
交易性金融资产	14.98				
应收票据	266 413.88	196 124.18	20.68	18.39	2.29
应收账款	53 646.71	46 110.98	4.16	4.32	-0.16
预付账款	38 965.43	23 425.66	3.03	2.20	0.83
应收利息	134.5	125.84	0.01	0.01	
应收股利					
其他应收款	46 175.29	6639.34	3.58	0.62	2.96
存货	475 735.80	436 002.33	36.93	40.89	-3.95
消耗性生物资产		0			
一年内到期的非流动资产					
其他流动资产					
流动资产合计	1 089 381.74	881 261.54	84.57	82.64	1.93
非流动资产：					
可供出售金融资产					
持有至到期投资					
长期应收款					
长期股权投资	6042.36	3000.00	0.47	0.28	0.19
投资性房地产	751.02	717.39	0.06	0.07	-0.01
固定资产	126 976.71	125 158.94	9.86	11.74	-1.88
在建工程	26 250.79	22 151.29	2.04	2.08	-0.04
工程物资					
固定资产清理					
生产性生物资产					

项　目	2013年12月31日（万元）	2012年12月31日（万元）	2013年末结构（%）	2012年末结构（%）	差异（%）
油气资产					
无形资产	22 316.54	22 897.20	1.73	2.15	−0.41
开发支出					
商誉	1284.37	1284.37	0.10	0.12	−0.02
长期待摊费用	1052.87	1067.06	0.08	0.10	−0.02
递延所得税资产	13 035.16	7859.12	1.01	0.74	0.27
其他非流动资产	1000.00	1000.00	0.08	0.09	−0.02
非流动资产合计	198 709.82	185 135.35	15.43	17.36	−1.93
资产总计	1 288 091.57	1 066 396.90	100	100	0
流动负债：					
短期借款	1000.00	1000.00	0.08	0.09	−0.02
交易性金融负债					
应付票据	60 907.77	49 994.33	4.73	4.69	0.04
应付账款	182 511.47	178 263.75	14.17	16.72	−2.55
预收账款	40 631.94	34 708.22	3.15	3.25	−0.10
应付职工薪酬	4228.55	3703.98	0.33	0.35	−0.02
应交税费	17 213.07	1055.63	1.34	0.10	1.24
应付利息	31.2	31.2			
应付股利	903.88	84.4	0.07	0.01	0.06
其他应付款	58 507.90	76 707.32	4.54	7.19	−2.65
一年内到期的非流动负债	0				
其他流动负债	0				
流动负债合计	365 935.79	345 548.83	28.41	32.40	−3.99
长期借款	668.49	668.49	0.05	0.06	−0.01
应付债券					
长期应付款	481.48	481.48	0.04	0.05	−0.01
专项应付款					
其他非流动负债	18 126.79	16 968.44	1.41	1.59	−0.18
非流动负债合计	19 276.76	18 118.41	1.50	1.70	−0.20
负债合计	385 212.55	363 667.25	29.91	34.10	−4.20
实收资本（或股本）	69 426.65	69 426.65	5.39	6.51	−1.12
资本公积金	124 755.83	125 487.53	9.69	11.77	−2.08
盈余公积金	57 158.78	42 419.58	4.44	3.98	0.46
	0				
未分配利润	651 360.96	465 421.83	50.57	43.64	6.92
外币报表折算差额	176.79	−25.94	0.01		0.02
所有者权益合计	902 879.02	702 729.65	70.09	65.90	4.20
负债及所有者权益总计	1 288 091.57	1 066 396.90	100	100	0

　　基于 YN 公司 2012 年与 2013 年的资产负债表垂直分析表，我们可以得到以下分析结论。

　　（1）资产结构及其合理性分析。2012 年流动资产占总资产的比重为 82.64%，非流动资产占总资产的比重为 17.36%，2013 年流动资产占总资产的比重为 84.57%，非流动资产占总资产的比重为 15.43%。说明在企业总资产中，流动资产比重较大，非流动资产比重较小，企业资产流动性较好，结合企业所处的行业特点，这一结构关系较为合理。就 2013 年来看，在流动资产中，占比较大的分别是存货、应收票据和货币资金，其比重分别为 36.93%、20.68% 和 16.17%，与 2012 年相比较，存货的比重有所下降，而应收票据的比重有所上升，对这一变化应在下一步的资产负债表项目阅读与分析中进一步分析。同时，还可以将 YN 公司近几年数据与同行业其他企业相对比，判断本企业的资产结构是否合理。表 2-4 为 YN 公司与同行业其他企业资产结构对比。

表 2-4　　　　　　　　　　　　YN 公司与同行业其他企业资产结构对比表

企业名称	YN 公司				ZG 公司				WS 公司			
时期	2012 年		2013 年		2012 年		2013 年		2012 年		2013 年	
项目	数值	占比（%）	数值	占比（%）	数值	占比（%）	数值	占比（%）	数值	占比（%）	数值	占比（%）
总资产	108	100	131	100	125	100	128	100	44.5	100	61.4	100
流动资产	88.91	82	110.9	85	99.3	79	100.7	79	23.9	54	26.9	44
非流动资产	19.19	18	20.1	15	25.7	21	27.3	21	20.6	46	34.5	56

　　通过表 2-4 可以看出，在医药行业的流动资产在总资产中占比较大，而非流动资产占比较小。YN 公司在 2012 年及 2013 年的这一比例关系基本稳定，流动资产与非流动资产的关系大致在 8:2。

　　（2）资本结构及其稳健性分析。2012 年负债占负债与所有者权益合计的比重为 34.10%，所有者权益占负债与所有者权益合计的比重为 65.90%，2013 年负债占负债与所有者权益合计的比重为 29.91%，所有者权益占负债与所有者权益合计的比重为 70.09%。在企业的所有资金来源中，两年的债务资金比重均在 30% 左右，低于 65% 的行业标准，企业的资本结构较为稳健。就 2013 年来看，流动负债的比重为 28.41%，非流动负债的比重为 1.5%，与 2012 年相比较，流动负债的比重有所下降，变化较大的项目有应付账款与其他应付款。

⚓ **小技能**

利用 Excel 编制资产负债表垂直分析表

　　将取得的企业报表编辑在 Excel 中，修改报表期初及期末数据为"数值"状态，在"2013 年末结构"一列的 P3 单元格中输入公式"=N3/N\$35"，意为用货币资金除以总资产，计算货币资金占总资产的比重。复制公式到这一列的各个单元格即可计算出资产各项目占总资产的比重，由此得到 2013 年年末的资产结构情况。同理可以计算 2012 年年末资产结构以及 2013 年与 2012 年的差异。图 2-3 为用 Excel 编制出资产负债表垂直分析表。

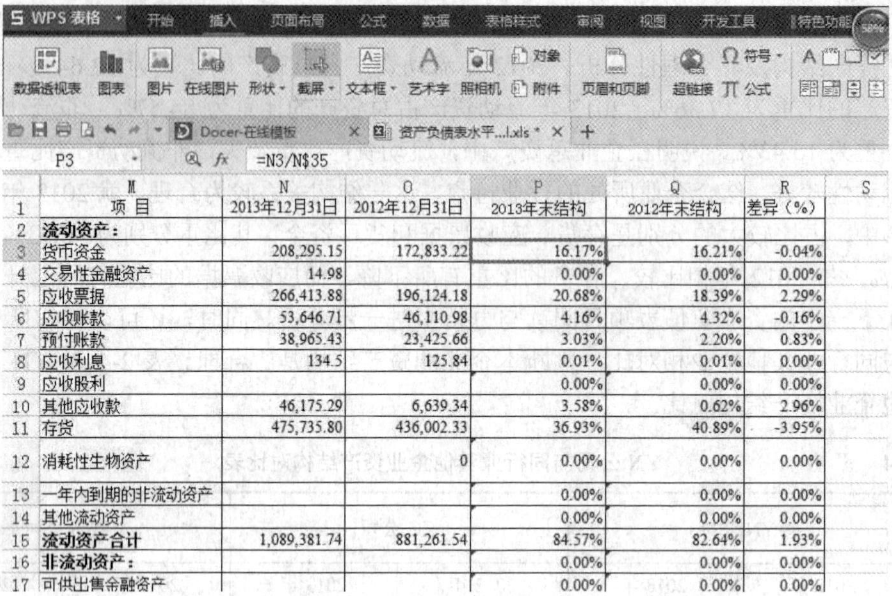

P3 =N3/N$35

	项目	2013年12月31日	2012年12月31日	2013年末结构	2012年末结构	差异（%）
2	**流动资产：**					
3	货币资金	208,295.15	172,833.22	16.17%	16.21%	-0.04%
4	交易性金融资产	14.98		0.00%	0.00%	0.00%
5	应收票据	266,413.88	196,124.18	20.68%	18.39%	2.29%
6	应收账款	53,646.71	46,110.98	4.16%	4.32%	-0.16%
7	预付账款	38,965.43	23,425.66	3.03%	2.20%	0.83%
8	应收利息	134.5	125.84	0.01%	0.01%	0.00%
9	应收股利			0.00%	0.00%	0.00%
10	其他应收款	46,175.29	6,639.34	3.58%	0.62%	2.96%
11	存货	475,735.80	436,002.33	36.93%	40.89%	-3.95%
12	消耗性生物资产		0	0.00%	0.00%	0.00%
13	一年内到期的非流动资产			0.00%	0.00%	0.00%
14	其他流动资产			0.00%	0.00%	0.00%
15	**流动资产合计**	1,089,381.74	881,261.54	84.57%	82.64%	1.93%
16	**非流动资产：**			0.00%	0.00%	0.00%
17	可供出售金融资产			0.00%	0.00%	0.00%

图 2-3 Excel 中资产负债表的垂直分析表

三、资产负债表中资产结构与资本结构适应度的分析

资产结构是指各种资产占企业总资产的比重。企业在进行资产结构决策时往往关注资产的流动性问题，特别是流动资产占总资产的比重。资本结构是指企业各种资本的价值构成及其比例关系，是企业一定时期筹资组合的结果。广义的资本结构是指企业全部资本的构成及其比例关系。企业的资本结构，反映的是企业债务与股权的比例关系，它在很大程度上决定着企业的偿债和再融资能力，决定着企业未来的盈利能力，是企业财务状况的一项重要指标。合理的资本结构可以降低筹资，发挥财务杠杆的调节作用，使企业获得更大的自有资金收益率。

尽管总资产与负债和所有者权益在总额上一定相等，但由不同投资方式产生的资产结构与不同筹资方式产生的资本结构却不完全相同。虽然资产结构与资本结构的适应形式结构不同，但归纳起来可以分为保守结构、稳健结构、平衡结构和风险结构 4 种类型。

1. 保守结构

在这一结构形式中，无论资产负债表左方的资产结构如何，右方的资金来源方式全部是长期资金，非流动负债与所有者权益的比例高低不影响这种结构形式。这种资产结构与资本结构的关系短期财务风险较低，因其资金来源全部是长期资金，短期内偿债压力较小；但在这样的结构关系下，企业的资金成本较高且筹资弹性较弱。图 2-4 为保守结构。

2. 稳健结构

在这一结构形式中，长期资产的资金需要依靠长期资金来解决，短期资产的资金需要则使用长期资金和短期资金共同解决，长期资金和短期资金在满足短期资产的资金需要方面的比例不影响这一形式。这种资产结构与资本结构的关系财务风险较低，因流动负债所筹集到的资金只需满足临时性占用流动资产的资金需要，而非流动负债所筹集到的资金是满足永久性占用流动资产的资金需要，所有者权益所筹集到的资金是满足非流动资产的资金需要，所以企业偿债压力较小，财务风险较低，同时，资金成本相对保守结构较低；而且，在这样的结构关系下，企业筹资有一定的弹性。通常情况下，大部分企业会采取这一结构。图 2-5 为稳健结构。

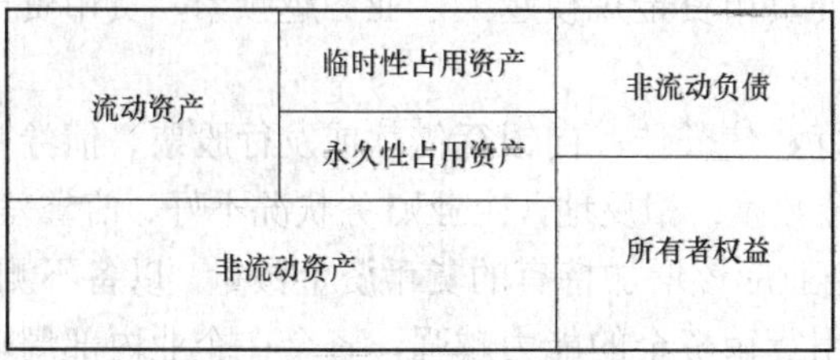

图 2-4 保守结构

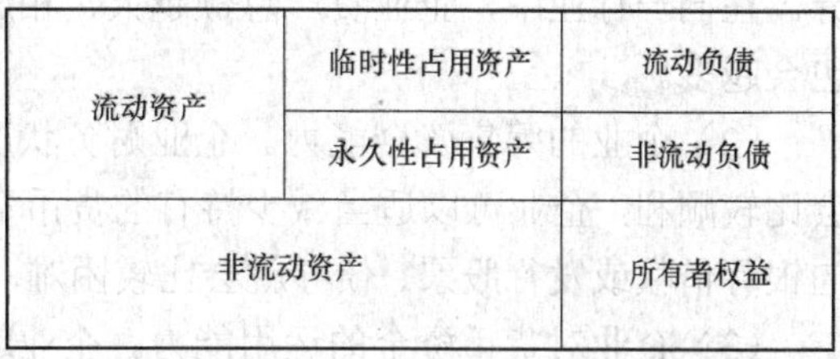

图 2-5 稳健结构

3. 平衡结构

在这一结构形式中，以流动负债所筹资金满足流动资产的资金需要，以非流动负债及所有者权益所筹资金满足长期资产的资金需要。当企业的流动资产与流动负债内部结构相互适应，且经营状况良好时，采用这一结构具有财务风险较低且资金成本也较低的特点。相反地，当企业的资产结构与资本结构不适应时，采用这一结构可能也会使企业陷入财务危机。图 2-6 为平衡结构。

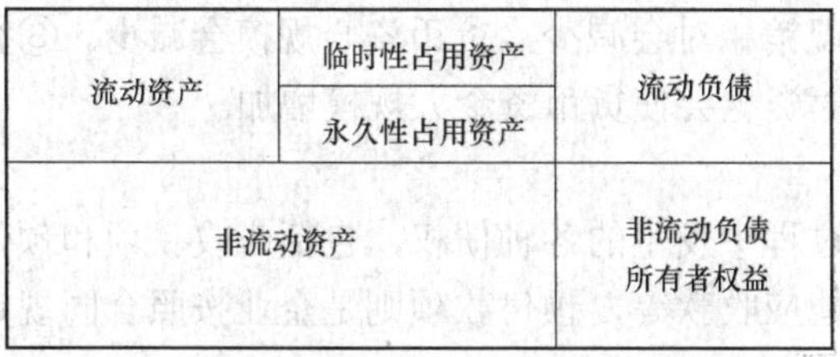

图 2-6 平衡结构

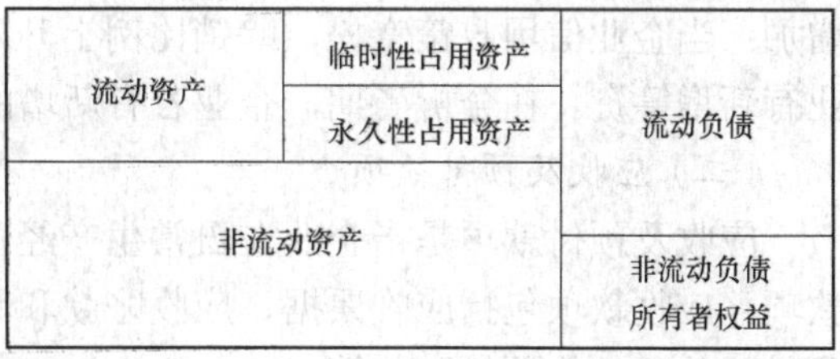

图 2-7 风险结构

4. 风险结构

在这一结构形式中，流动负债所筹资金不仅用于满足流动资产的资金需要，而且还用于满足部分长期资产的资金需要。采用这一结构的企业，其资金成本在 4 种结构中属最低，同时财务风险最高。企业资产流动性较好且经营现金流量较充足时可能采用这一结构。图 2-7 为风险结构。

第三节 资产负债表项目阅读与分析

一、资产类项目的阅读与分析

（一）货币资金

货币资金是指企业生产经营过程中处于货币形态的资产，包括库存现金、银行存款和其他货币资金。在所有的资产中，货币资金的流动性最强，但收益性最低，通常情况下只能获得相当于社会平均利润率水平的收益。存储大量货币资金的企业会降低其平均利润率水平，但企业又必须保留一定规模的货币资金，因为它不仅能满足日常的支付需求，而且在遇到未预期的投资机会有能力去把握，对意外事故也能避免被动恶化的困境。

货币资金项目分析的重点是货币资金规模的合理性。一般而言，决定企业合理货币资金规模的因素有以下几个方面。

（1）企业的资产规模和业务规模。对于不同行业的企业，合理的货币资金规模会有所差异。在同一行业中，企业资产总额越大，相应的货币资金规模越大，业务越频繁，货币资产也会越多。

（2）企业的筹集资金能力。企业财务状况好、信誉佳，向银行借款或发行股票、债券就会比较顺利，企业可以适当减少持有的货币资金数量；相反地，企业财务状况不好、信誉差，向银行借款或发行股票、债券就会比较困难，企业应该增加持有的货币资金数量，以备不测。

（3）企业对货币资金的运用能力。企业运用货币资金的能力越强，资金在企业内部周转速度越快，企业在一定时期内可利用的货币资金的总量就越多，就没有必要保留过多的货币资金。

（4）企业财务战略。当企业具有较为明确的发展战略的时候，其会为战略方针的落实进行财务准备，货币资金的规模会因为分析时点的不同而处于企业不同的财务战略阶段。这时，货币资金规模的差异反映的是筹资行为的结果，而非经营活动的经济后果。

对同一家企业，不同历史时期货币资金发生变动的原因可能有：①企业销售规模变动。当企业销售规模增加，且赊销与现销比例不变时，货币资金与应收账款的规模都会增加。②企业信用政策变动。当企业信用政策收紧，赊销比例下降，现销相对会增加，货币资金规模会增加；当企业信用政策宽松，赊销比例上升，现销相对会减少，货币资金规模会减少。③企业有新增筹资。在分析当期，企业若有新增的筹资也会使货币资金大规模增加。

（二）应收及预付款项

应收及预付款项是指企业在日常生产经营过程中发生的各种债权，包括应收款项和预付款项。应收款项包括应收票据、应收账款和其他应收款等，预付款项则是企业按照合同规定预付的款项，如预付账款等。

（1）应收票据。应收票据是指企业持有的、尚未到期兑现的商业票据。商业票据是一种载有一定付款日期、付款地点、付款金额和付款人的无条件支付证券，也是一种可以由持票人自由转让给他人的债权凭证。票据的法律约束力和兑付力强于一般的商业信用，在结算中为企业广泛使用。应收票据的分析重点是应收票据占总资产的比重及与其销售规模、销售模式的适应性。

（2）应收账款。应收账款是指企业因销售商品或提供劳务等经营活动，应向购货单位或接受劳务单位收取的款项。

应收账款与销售规模存在一定的正相关关系，当企业放宽信用政策时，往往会刺激销售，但同时也增加了应收账款，而企业收紧信用政策，在减少应收账款的同时又会影响到销售。应收账款分析的核心是对应收账款的流动性的分析，也就是应收账款的可回收性分析。从结构分析和趋势分析中找出应收账款的变动，然后对有异常变化的应收账款的经济实质进行分析，从而对企业资产的真实风险状况进行评价。通过对应收账款的结构分析，计算应收账款占企业流动资产的比重，我们可以发现企业外部环境以及内部管理、经营策略方面的变化线索。通过对应收账款的趋势分析，当应收账款不断增加，特别是当其增幅明显高于营业收入时，往往意味着其产品的销售相对滞后，需要依靠提供额外的商业信用来维持。

为体现应收账款的真实价值，应收账款应当估计其坏账损失，在资产负债表中按照商业信用金额扣除所计提的坏账准备的净额列示。企业计提的坏账准备比例，实质是对公司应收账款风险程度的认识，因此，在对坏账准备的分析中，不应仅停留在比较计提比例的高低，而是应将注意力集中在评价企业所选择的坏账准备计提比例是否表达了企业资产所承担的真实风险程度。在 2013 年 YN 公司年度财务报告中，其应收款项组合中，采用账龄分析法计提坏账准备的比例如表 2-5 所示。

表 2-5　　　　　　　　　　YN 公司应收账款及其他应收款坏账准备计提比例

账龄	应收账款计提比例（%）	其他应收款计提比例（%）
1 年以内（含 1 年）	5	5
1～2 年	30	30
2～3 年	60	60
3 年以上	100	100

（3）其他应收款。其他应收款是指企业除应收票据、应收账款、预付账款、应收股利、应收利息、长期应收款等以外的其他各种应收及暂付款项，如职工预借的差旅费、包装物的押金、外单位临时性的小额暂借款等。在实务中，企业还会将一些无法计入应收、预付账款的业务一律计入其他应收款，所以在分析其他应收款时，主要判断某些业务是否适合计入。特别是当该项目的金额较大，甚至是远超过应收账款的金额时，尤其值得关注。

（4）预付账款。预付账款是指企业按照购货合同规定预付给供应单位的款项，体现的是一种商业信用和资金的无偿占用。通常情况下，预付账款表现为向供货方预先支付的订金或部分货款。所以，在卖方市场环境中，商品供不应求，发生预付账款的机会较多；而在买方市场中，商品供过于求，预付账款发生的机会较小。对这一项目的分析应结合企业在采购业务发生时的市场环境。

（三）存货

存货是指企业持有的能在一年或超过一年的一个经营周期内被消耗或变现的各种有形资产，主要有原材料、包装物、周转材料、委托加工物资、在产品、产成品及委托代销商品等。在存货的管理上，应加速存货资金周转，减少存货资金占用，提高存货资产收益率。对存货的分析，可以从以下几个方面进行。

（1）存货真实性分析。存货是企业重要的实物资产，存货的真实性分析就是要判断资产负债表上列示的存货是否与库存的实物相符，待售商品是否完好无损，产成品的质量是否符合相应的产品质量要求，库存的原材料是否属于生产所需等。对这一问题，应结合资产负债表报表附注的相关信息进行分析。

（2）存货计价分析。根据《企业会计准则》，存货发出的计价方法有先进先出法、加权平均法和个别计价法。采用不同的计价方法，对企业的财务状况、盈亏情况会产生不同的影响，主要表现在以下 3 个方面。

1）存货计价对企业利润的计算有直接影响。期末存货如果计价过低，当期的收益可能因此而相应减少；期末存货如果计价过高，当期的收益可能因此而相应增加；期初存货如果计价过低，当期的收益可能因此而相应增加；期初存货如果计价过高，当期的收益可能因此而相应减少。

2）存货计价对于资产负债表有关项目数额计算有直接影响。其包括流动资产总额、所有者权益等项目，都会因存货计价的不同而有不同的数额。

3）存货计价方法的选择对计算交纳所得税的数额有一定的影响。因为不同的计价方法，对结转当期销售成本的数额会有所不同，从而影响企业当期应纳税利润数额的确定。

在实际工作中，一些企业往往利用不同的存货计价方法，来实现其操纵利润的目的，因此，在对企业资产和利润进行分析时，应予以关注。尤其是企业当期的存货计价方法发生变更时，要注意分析变更的真正原因及其对当期利润的影响。

（3）存货构成分析。在不同行业，存货的内容不尽相同。如建筑公司的存货包括原材料、周转材料及工程施工等，房地产公司的存货包括库存设备、开发产品、周转房及开发成本等，而加工制造类企业的存货则包括原材料、在产品及产成品等。通过对企业存货中各类项目进行构成比例的计算，分析企业是否存在库存材料不合理采购、产品积压等问题。

表 2-6 是 YN 公司 2012～2014 年以每半年为一个周期，对存货各项目的账面余额进行的对比。

表 2-6　　　　　　　　2012～2014 年 YN 公司存货各项目的账面余额　　　　　　　单位：万元

存货项目　　日　　期	2014 年 6 月 30 日	2013 年 12 月 31 日	2013 年 6 月 30 日	2012 年 12 月 31 日
库存商品	337 179	322 803.00	303 208.00	235 287.00
在产品	21 214.80	24 749.30	10 926.20	32 602.00
原材料	128 877.00	131 773.00	107 009.00	98 848.60
消耗性生物资产	159.67	159.67	159.67	159.67
委托加工物资	596.89	259.43	547.94	964.40
包装物及低值易耗品	993.14	470.20	0.00	0.00
在建开发产品	0.00	0.00	73 357.70	70 300.80
周转材料	0.00	0.00	1348.54	0.00
合计	489 020.49	480 214.60	496 557.05	438 162.47

从表 2-6 中可以看出，在该企业存货中，占比最多的是库存商品、原材料及在产品，且库存商品的金额在逐年递增。通过计算，2013 年上半年库存商品的金额增长了 22%，而在 2013 年下半年及 2014 年上半年，这一比例下降到 6% 和 4%。根据上述数据，在分析时，就需要注意 2013 年上半年该企业库存商品的增长是由于产品积压还是市场的需要。

（四）持有至到期投资

持有至到期投资是指到期日固定、回收金额固定，且企业有明确意图和能力持有至到期的非衍生金融资产，如企业从二级市场上购入的国债及公司债券等。持有至到期投资通常具有长期性，但符合持有至到期投资条件的、期限较短的债券投资，也可划分为持有至到期投资。

对持有至到期投资的分析，可以从以下几个方面进行。

（1）对持有至到期投资进行账龄分析。持有至到期投资也应按照其回收期的长短进行分析，一般来说，超过合同约定的偿还期越长的持有至到期投资，其回收性越差，质量也越差。

（2）对持有至到期投资的债务人构成进行分析。应将企业的长期债权投资按照债务人应偿还金额进行构成分析，对其中应偿还金额较大或回收期较长的持有至到期投资重点关注。

（五）长期股权投资

长期股权投资是指企业持有的对其子公司、合营企业及联营企业的权益性投资以及企业持有的对被投资单位不具有控制、共同控制或重大影响，并且在活跃市场中没有报价、公允价值不能可靠计量的权益性投资。一般来说，企业进行长期股权投资的目的有以下几个方面。

（1）出于企业战略性考虑，形成企业的优势。企业的对外长期投资，可能会出于某些战略性考虑，如通过对竞争对手实施兼并而消除竞争、通过对自己的重要原材料供应商的投资而使自己的原材料供应得到保证等。

（2）通过多元化经营而降低经营风险、稳定经营收益。按照财务管理理论，企业的投资方向越是多样化，企业的经营风险越小，企业获取稳定收益的可能性越大。因此，一些企业还是出于多元化经营的考虑，扩大其对外投资规模、投资方向也日益多样化。

（3）为将来某些特定目的积累资金。例如，企业为了将来归还长期债券而建立的偿债基金，在偿债基金专户存款用于清偿债务前，企业往往将其投资于有价证券或其他财产，以获取收益。

（4）为粉饰财务状况（使企业净资产增值）的目的。某些企业的对外投资，纯粹是为了粉饰其财务状况的外在表现。

对长期股权投资的分析，主要是进行构成分析，即对企业长期投资的方向（即投资对象、受资企业）、投资规模、持股比例等进行分析。在企业的年度报告中，一般应披露此类信息。在了解企业的长期投资构成的基础上，信息使用者就可以进一步通过对企业投资对象的经营状况以及效益性等方面的分析来判断企业投资的质量。

（六）固定资产

固定资产是指使用期限较长、单位价值较高，并在使用过程中保持其实物形态基本不变的资产项目，包括房屋及建筑物、机器设备、运输设备、工具器具等。固定资产是企业维持持续经营所必需的投资，主要特点是：长期拥有并在生产经营过程中发挥作用；投资数额较大，风险也大；反映企业生产的技术水平、工艺水平；对企业的经济效益和财务状况影响巨大；变现能力差。

（1）固定资产基本构成分析。固定资产的构成会因行业不同而呈现不同的结构特征。例如，房地产企业的固定资产占资产总额的比重非常小，主要是一些办公楼、办公设备、运输工具等，没有生产设备；而制造业的固定资产中生产设备和房屋建筑物就占有相当大的比例，因为必须有足够的生产设备和厂房，才能形成必要的生产能力，生产出市场所需的产品。所以，在固定资产中生产设备的构成比例变化一定程度上反映了企业生产能力的变化。

（2）固定资产折旧分析。固定资产分析中，还要分析固定资产的折旧，因为固定资产折旧方式的不同，将直接影响公司的盈利。通常情况下，企业可选择的折旧方法有平均年限法、工作量法、双倍余额递减法和年数总和法。分析时，要注意阅读会计报表附注，首先，要看固定资产采用何种折旧方法。加速折旧法能较快收回企业的投资，减少固定资产的无形损耗，但这种方法增加了企业成本、费用的支出，一定程度上减少了同期的企业利润和税收支出。其次，要看固定资产使用年限的确定是否合理。有时由于公司经营不善，原本导致当期利润减少，但如果人为延长固定资产折旧年限，就意味减少了每期的折旧额，从而减少了成本费用的支出，使得公司盈利又出现虚增。

（3）固定资产减值分析。企业使用固定资产，绝不是为了将其出售"收回"，而是在长期使用过程中逐渐收回。因此，必须考虑固定资产在企业被利用的状态如何，如果固定资产能够按照既定的用途被企业所利用，即使其市场价格已经低于账面价值，也不能认为企业的固定资产质量低劣。《企业会计准则》规定固定资产的资产减值损失不得转回，这在一定程度上避免了上市公司利用资产减值操纵利润。同时，《企业会计准则》对可收回金额做了明确的解释：可收回金额指公允价值减去处置费用后的净额与未来现金流量现值孰高；公允价值，综合考虑销售协议价格、市场价格、比较价格；未来现金流量现值，综合考虑未来现金流量、使用寿命、折现率等。把资产可回收金额与资产账面价值比较。确认资产减值损失同时计提资产减值准备，减值资产的折旧和摊销在未来进行调整。

（七）无形资产

无形资产指企业拥有或控制的、无实物形态的、可辨认的非货币资产。与有形资产相比，无形资产的特点是：没有实物形态但具有排他性；是企业通过转让、购买等有偿取得的，不容易变现其账面价值；它所提供的未来经济利益具有不确定性；其潜在经济价值与其账面价值之间没有直接的联系。

（1）无形资产规模分析。无形资产虽然没有实物形态，但随着科技进步特别是知识经济时代的到来，对企业生产经营活动的影响越来越大。在知识经济时代，企业控制的无形资产越多，其可持续发展能力和竞争能力就越强。

（2）无形资产价值分析。由于无形资产提供经济利益的不确定性，无形资产项目的金额往往不能全面反映企业无形资产的经济价值和潜力。在评价企业资产质量时，如对企业的无形资产状况没有较清楚的了解，对该项目数据的利用就应持谨慎态度。此外，由于无形资产不容易变现的特点，在评价企业的长期偿债能力时，对该项目数据也应该持谨慎态度。

（八）其他长期资产

其他长期资产是指具有特定用途，不参加正常生产经营过程的，除流动资产、长期投资、固定资产、无形资产和长期待摊费用以外的资产。一般包括经国家特批的特准储备物资、银行冻结存款和冻结物资、涉及诉讼中的财产等。特准储备物资是指由于特殊原因经国家批准储备的特定用途的物资，未经批准，不得挪作他用。银行冻结存款和冻结物资是指人民法院对被执行人在银行的存款或企业的物资实施强制执行的一种措施，经冻结后的存款和物资。涉及诉讼中的财产是指案件当事人被查封、扣押、冻结的财产。

二、负债类项目的阅读与分析

（一）短期借款

短期借款是企业从银行或其他金融机构等借入的期限在一年以下（含一年）的各种借款。这些借款是为了满足日常生产经营的短期需要而举借的，其利息费用作为企业的财务费用，计入当期损益。一般来说，短期借款的资金成本相对于其他筹资方式要低，但由于其偿还期较短，如果企业资金安排不当，很容易形成短期的偿债压力。

分析时，应对会计期末短期借款的余额及期末与期初相比短期借款的变动情况进行研究，分析其中有无异常之处，并结合企业的资金需求量预测表，评价其偿付短期借款的能力。短期借款发生变动的原因主要有以下几种情况。

（1）流动资金需要。企业因季节性及临时性等客观原因，正常周转的资金不能满足需要，超过生产周转或商品周转款额划入的短期借款。

（2）调整负债结构和财务风险。企业为了实现最佳的筹资组合，可以通过增加或减少短期借款来实现。而且，从企业所承担的财务风险的角度看，由于债务资金的风险高于权益资金的风险，为了降低企业的财务风险，也可通过减少短期借款的方式来达到。

（3）增加企业资金弹性。

（二）应付及预收款项

1. 应付账款与应付票据

应付账款是指企业因赊购原材料等物资或接受劳务供应而应付给供应单位的款项。它是由于购进商品或接受劳务等业务发生时间与付款时间不一致造成的。应付账款项目分析应是短期负债项目分析的重点，着重分析应付账款的欠款时间和欠款人，观察其中有无异常情况，以测定未来的现金流量。

应付票据是指企业因赊销交易而签发的允诺在不超出一年的期限内按票据上规定的日期支付一定金额的银行承兑汇票和商业承兑汇票。资产负债表中应付票据项目反映的是尚未到期付款的应付票据面额。

通常情况下，应付账款及应付票据是因商品交易产生，其变动原因如下。

（1）企业销售规模的变动。当企业销售规模扩大时，会增加存货需求，使应付账款及应付票据等债务规模扩大；反之，会使其降低。

（2）为充分利用无成本资金。应付账款及应付票据是因商业信用产生的一种无资金成本或资金成本极低的资金来源，企业在遵守财务制度，维护企业信誉的条件下充分加以利用，可以减少其他筹资方式筹资数量，节约利息支出。

（3）提供商业信用企业的信用政策发生变化。如果其他企业放宽信用政策和收账政策，企业应付账款和应付票据的规模就会大些；反之，就会小些。

（4）企业资金的充裕程度。企业资金相对充裕，应付账款及应付票据规模就小些；企业资金比较紧张，就会影响到应付账款及应付票据的清欠。

2. 预收账款

预收账款是指企业按照合同规定向购买单位预收的款项。对于企业来说，预收账款总是越多越好。因为预收账款作为企业的一项短期资金来源，在企业发送商品或提供劳务前，可以无偿使用；在企业发送商品或提供劳务后立即转入企业的收入。在某些特殊的行业，分析资产负债表时，应当对预收账款引起足够的重视，因为预收账款一般是按收入的一定百分比预交的；通过预收账款的变化可以预测企业未来营业收入的变动；而且预收账款作为一种短期资金来源，成本很低，风险也很小。

（三）应付职工薪酬

应付职工薪酬是企业根据有关规定应付给职工的各种薪酬，按照"工资，奖金，津贴，补贴""职工福利""社会保险费""住房公积金""工会经费""职工教育经费""解除职工劳动关系补偿""非货币性福利"、"其他与获得职工提供的服务相关的支出"等应付职工薪酬项目进行明细核算。

该项目根据资产负债表列示的余额和会计报表附注提供的本期数据，可以分析企业利用人力资源的效率；还可以通过近几年该项目发生额的对比，对企业生产经营趋势作出评价，如企业出现明显拖欠职工薪酬的情况，就表明企业信誉不良或资金周转可能出现了困难。

（四）应交税费

企业必须按照国家规定履行纳税义务，对其经营所得依法缴纳各种税费。这些应缴税费应按照权责发生制原则进行确认、计提，在尚未缴纳之前暂时留在企业，形成一项负债（应该上缴国家暂未上缴国家的税费）。企业根据税法规定应缴纳的各种税费包括增值税、消费税、营业税、企业所得税、资源税、土地增值税、城市维护建设税、房产税、土地使用税、车船税、教育费附加、矿产资源补偿费等。

分析应交税费时，应首先了解企业应交的税种、适用税率及税费的计算公式，其次在报表中找到与应交税费相关的会计科目，如主营业务收入、其他业务收入、主营业务税金及附加等，分析它们彼此之间的关联关系是否合理。因税费与企业的经营息息相关，税费的变动源于企业收入的变动，若企业收入增长较快，而税费没有变化时，要考虑是否有偷税漏税行为；相反，若企业收入变化较小，而税费明显增加时，要考虑企业是否有补缴税款的情况，或者税率有所变化，而且这种变化是否会对企业本期和以后的生产经营产生影响。

（五）其他应付款

其他应付款是指企业在商品交易业务以外发生的应付和暂收款项，包括企业除应付票据、应付账款、应付职工薪酬、应付利润等以外的应付、暂收其他单位或个人的款项，如应付租入固定资产和包装物的租金，存入保证金、应付、暂收所属单位或个人的款项、管辖区内业主和物业管户装修存入保证金，应付职工统筹退休金，以及应收暂付上级单位、所属单位的款项。

在分析其他应付款时，主要看其规模及金额变动是否正常。一般来说，其他应付款的规模应与企业的经营相关，分析时，可以统计企业近几年其他应付款与收入的数据，建立数学模型，确定相关系数，据此判断分析期内其他应付款的规模及金额变动是否在合理的区间内。

（六）一年内到期的非流动负债

一年内到期的非流动负债是反映企业各种非流动负债在一年之内到期的金额，包括一年内到期的长期借款、长期应付款和应付债券。本项目应根据上述账户分析计算后填列，计入到流动负债中。如企业于 2012 年 5 月发行的三年期债券 2000 万元，原本一直记入"应付债券"账户，由于其 2015 年 5 月到期，所以在 2014 年年末的资产负债表中，将其从"应付债券"账户移至"一年内到期的非流动负债"账户中。

（七）长期借款

长期借款是指企业向银行或其他金融机构借入的期限在一年以上（不含一年）的各项借款。长期借款一般用于企业的固定资产购建、固定资产改扩建工程、固定资产大修理工程以及流动资产的正常需要等方面。长期借款按其偿还方式不同，可分为定期偿还的长期借款和分期偿还的长期借款，前者是指在规定的借款到期日一次还清借款；后者是指在借款期限内，分期偿还本息，至到期日全部还清。分析时，应注意企业长期借款的数额、增减变动及其对企业财务状况的影响。

三、所有者权益类项目的阅读与分析

（一）实收资本

实收资本（股份有限公司中又称为股本）是指投资者按照企业章程，或合同、协议的约定，实际投入企业的资本。实收资本是投资者作为资本投入企业的各种财产，是企业注册登记的法定资本总额的来源，它表明所有者对企业的基本产权关系。

通常情况下，引起企业实收资本（股本）发生变化的原因有以下几种。

（1）新增投资者投资或企业增资扩股。

（2）资本公积和盈余公积转增资本。

小知识

公司法的修改

十二届全国人大常委会第六次会议于 2013 年 12 月 28 日决定，对《中华人民共和国公司法》（以下简称《公司法》）作出修订，公司注册资本实缴登记制改为认缴登记制，并取消注册资本最低限额。本次《公司法》修订，主要集中在以下几个方面。

第一，将注册资本实缴登记制改为认缴登记制。除法律、行政法规以及国务院决定对公司注册资本实缴另有规定的外，取消了关于公司股东（发起人）应当自公司成立之日起 2 年内缴足出资，投资公司可以在 5 年内缴足出资的规定；取消了一人有限责任公司股东应当一次足额缴纳出资的规定。公司股东（发起人）自主约定认缴出资额、出资方式、出资期限等，并记载于公司章程。

第二，取消注册资本最低限额。除法律、行政法规以及国务院决定对公司注册资本最低限额另有规定的外，取消了有限责任公司最低注册资本 3 万元、一人有限责任公司最低注册资本 10 万元、股份有限公司最低注册资本 500 万元的限制；不再限制公司设立时股东（发起人）的首次出资比例；不再限制股东（发起人）的货币出资比例。

第三，简化登记事项和公司注册流程。有限责任公司股东认缴出资额、公司实收资本不再作为公司登记事项。公司登记时，不需要提交验资报告。

（二）资本公积

资本公积是指企业收到投资者出资额超过其在注册资本（或股本）中所占份额的部分，以及直接计入所有者权益的利得和损失等。资本公积包括资本溢价（或股本溢价）和直接计入所有者权益的利得和损失等。

《企业会计准则》自引入"权益性交易"和"其他综合收益"这两个概念之后，对原来的资本公积进行了重分类调整，即将资本公积核算内容分解成两个部分：①把企业股东和其子公司投入的，划归为只进不出的"资本公积–资本溢价"。②把企业资产计价变动而形成的，划归为可进可出的"资本公积–其他资本公积"。

"资本公积-资本溢价"是权益性交易（与投资者投入有关资本交易所产生的权益）形成的。主要有：①有限公司股东投入资本形成的资本溢价；②股份公司股东投入股本形成的股本溢价；③同一控制下企业合并涉及的资本公积；④专项拨款转入形成的资本公积；⑤接受股东或股东子公司直接或间接代为偿债、债务豁免或捐赠。

"资本公积–其他资本公积"是由特定资产计价变动而形成的，而并非在交易活动中形成的所得，所以当特定资产处置时，"其他资本公积"也应随之一并处置，因此具有临时归集过渡的性质，在该特定资产存在时不得用于直接转增资本（或股本）。否则按《中华人民共和国企业所得税法》规定作为收入而计算缴纳企业所得税。主要包括：①采用权益法核算的长期股权投资；②以权益结算的股份支付；③存货或自用房地产转换为公允价值计量的投资性房地产；④可供出售金融资产公允价值的变动；⑤金融资产的重分类；⑥可转债的分拆；⑦与计入所有者权益项目相关的递延所得税的影响。

《公司法》等法律规定，资本公积的用途主要是转增资本，即增加实收资本（或股本）。虽然资本公积转增资本并不能导致所有者权益总额的增加，但资本公积转增资本，一方面可以改变企业投入资本结构，体现企业稳健、持续发展的潜力；另一方面，对股份有限公司而言，它会增加投资者持有的股份，从而增加公司的股票的流通量，进而激活股价，提高股票的交易量和资本的流动性。此外，对于债权人来说，实收资本是所有者权益最本质的体现，是其考虑投资风险的重要影响因素。所以，将资本公积转增资本不仅可以更好地反映投资者的权益，也会影响到债权人的信贷决策。

（三）盈余公积

盈余公积是指企业按照有关规定从净利润中提取的积累资金。公司制企业的盈余公积包括法定盈余公积和任意盈余公积，法定盈余公积按照税后利润的 10%提取，法定盈余公积累计额已达注册资本的 50%时可以不再提取。任意盈余公积是指企业按照股东会或股东大会决议提取的盈余公积。

企业提取的盈余公积可用于弥补亏损、扩大生产经营、转增资本或派送新股等。

1. 用于弥补亏损

企业发生亏损时，应由企业自行弥补。弥补亏损的渠道主要有 3 条：一是用以后年度税前利润弥补。按照现行制度规定，企业发生亏损时，可以用以后 5 年内实现的税前利润弥补，即税前利润弥补亏损的期间为 5 年。二是用以后年度税后利润弥补。企业发生的亏损经过 5 年期间未弥补足额的，尚未弥补的亏损应用所得税后的利润弥补。三是以盈余公积弥补亏损。企业以提取的盈余公积弥补亏损时，应当由公司董事会提议，并经股东大会批准。

2. 转增资本

企业将盈余公积转增资本时，必须经股东大会决议批准。在实际将盈余公积转增资本时，要按股东原有持股比例结转。盈余公积转增资本时，转增后留存的盈余公积的数额不得少于注册资本的 25%。

盈余公积的提取实际上是企业当期实现的净利润向投资者分配利润的一种限制。提取盈余公积本身就属于利润分配的一部分，提取盈余公积相对应的资金，一经提取形成盈余公积后，在一般情况下不得用于向投资者分配利润或股利。盈余公积的用途，并不是指其实际占用形态，提取盈余公积也并不是单独将这部分资金从企业资金周转过程中抽出。企业提取的盈余公积，无论是用于弥补亏损，还是用于转增资本，只不过是在企业所有者权益内部结构的转换。企业盈余公积的结存数，实际只表现企业所有者权益的组成部分，表明企业生产经营资金的一个来源而已，其形成的资金可能表现为一定的货币资金，也可能表现为一定的实物资产，随同企业的其他来源所形成的资金进行循环周转。分析时，主要注意盈余公积的提取及使用是否符合《公司法》的规定。

（四）未分配利润

未分配利润是企业未作分配的利润。它在以后年度可继续进行分配，在未进行分配之前，属于所有者权益的组成部分。从数量上来看，未分配利润是期初未分配利润加上本期实现的净利润，减去提取的各种盈余公积和分出的利润后的余额。未分配利润是指企业实现的净利润经过弥补亏损、提取盈余公积和向投资者分配利润后留存在企业的、历年结存的利润。

未分配利润有两层含义：一是留待以后年度处理的利润；二是未指明特定用途的利润。引起未分配利润项目发生变化的原因主要有以下几个方面。

（1）企业生产经营活动的业绩。包括本年度的经营活动和以前年度的经营活动，因为未分配利润是企业历年生产经营业绩积累的结果。

（2）企业利润分配政策的执行。企业确认本期分配利润，未分配利润就会减少，相应的股东权益也减少。如果企业暂时不分配利润，未分配利润就累计下来。

本章小结

本章主要介绍了资产负债表的作用、结构，资产负债表的水平分析和垂直分析，以及资产负债表主要项目的阅读。资产负债表是反映企业在某一特定日期（如月末、季末、年末）全部资产、负债和所有者权益情况的会计报表，它表明企业在某一特定日期所拥有或控制的经济资源、所承担的现有义务和所有者对净资产的要求权。资产负债表的整体分析，可通过编制水平分析表及垂直分析表进行比较分析，以得出对于企业财务状况整体的评价。在整体分析的基础之上，再进行资产负债表的项目分析，以揭示各项目变动的根本原因及其变动是否合理。

思 考 题

1. 资产负债表的结构有什么特点？
2. 资产负债表的编制基础是什么？
3. 进行资产负债表水平分析时应注意什么问题？
4. 分析应收账款时应注意什么问题？
5. 销售型企业同生产型企业相比，存货的内容有什么不同？
6. S 公司为一家上市公司，已知资产负债表的水平分析表和垂直分析表的部分数据如表2-7 和表 2-8 所示。

表 2-7　　　　　　　　　　　　　　S 公司资产负债表水平分析表　　　　　　　　　　　单位：元

项　　目	期末余额	期初余额	变动额	变动率
货币资金	5 970 395 766.79	3 076 927 191.96		
交易性金融资产	53 135 444.00	2 581 898.69		
应收票据	1 113 171 816.49	183 869 576.61		
应收账款	5 727 911 696.09	3 851 520 061.41		
预付款项	1 335 359 518.34	511 804 937.65		
其他应收款	549 513 658.85	166 286 582.35		
应收关联公司款	—	—		
应收利息				
应收股利				
存货	5 687 266 405.07	2 939 529 075.32		
其中：消耗性生物资产				
一年内到期的非流动资产	—	—		
其他流动资产	—	—		

续表

项　目	期末余额	期初余额	变动额	变动率
流动资产合计	20 436 754 305.63	10 732 519 323.99		
可供出售金融资产	—	—		
持有至到期投资	—	—		
长期应收款				
长期股权投资	197 943 104.55	206 669 216.27		
投资性房地产	—	—		
固定资产	6 148 382 845.48	2 949 314 363.18		
在建工程	2 166 485 241.91	916 625 457.07		
工程物资	674 915 079.09	146 622 243.36		
固定资产清理	—	—		
生产性生物资产	—	—		
油气资产	—	—		
无形资产	1 560 099 562.61	631 364 642.76		
开发支出	3 557 421.05	860 750.56		
商誉	—	—		
长期待摊费用	2 178 052.02	3 627 334.43		
递延所得税资产	150 450 506.68	247 597 107.04		
其他非流动资产	—	1 799 561.20		
非流动资产合计	10 904 011 813.39	5 104 480 675.87		
资产总计	31 340 766 119.02	15 836 999 999.86		
短期借款	4 994 435 438.14	940 604 602.56		
交易性金融负债	206 900.00	—		
应付票据	2 276 999 098.66	516 381 500.00		
应付账款	4 388 744 405.34	1 264 162 312.12		
预收款项	958 488 521.71	441 421 220.67		
应付职工薪酬	313 633 603.42	49 983 803.10		
应交税费	734 946 323.00	334 509 742.65		
应付利息	20 768 943.75	13 875 140.32		
应付股利	517 315 000.00	—		
其他应付款	2 293 104 400.43	1 496 883 910.12		
应付关联公司款				
一年内到期的非流动负债	1 032 344 100.00	460 903 500.00		
其他流动负债	—	—		
流动负债合计	17 530 986 734.45	5 518 725 731.54		
长期借款	1 212 233 200.80	1 335 683 800.00		

续表

项 目	期末余额	期初余额	变动额	变动率
应付债券	488 560 703.64	487 097 160.58		
长期应付款	—	—		
专项应付款	—	—		
预计负债	87 171 606.49	26 238 161.16		
递延所得税负债	33 082 658.44	172 444 536.04		
其他非流动负债	70 208 534.42	12 134 900.00		
非流动负债合计	1 891 256 703.79	2 033 598 557.78		
负债合计	19 422 243 438.24	7 552 324 289.32		
实收资本（或股本）	5 062 470 758.00	1 488 000 000.00		
资本公积	9 694 596.46	721 109 937.56		
盈余公积	1 371 878 205.36	804 937 224.01		
减：库存股	—	—		
未分配利润	5 007 802 883.97	4 619 166 266.33		
少数股东权益	568 205 297.06	757 566 393.67		
外币报表折算价差	−101 529 060.07	−106 104 111.03		
非正常经营项目收益调整	—	—		
归属母公司所有者权益	11 350 317 383.72	7 527 109 316.87		
所有者权益合计	11 918 522 680.78	8 284 675 710.54		
负债和所有者合计	31 340 766 119.02	15 836 999 999.86		

表 2-8   **S 公司资产负债表垂直分析表**   单位：元

项目	期末余额	期初余额	期末结构	期初结构	差异
货币资金	5 970 395 766.79	3 076 927 191.96			
交易性金融资产	53 135 444.00	2 581 898.69			
应收票据	1 113 171 816.49	183 869 576.61			
应收账款	5 727 911 696.09	3 851 520 061.41			
预付款项	1 335 359 518.34	511 804 937.65			
其他应收款	549 513 658.85	166 286 582.35			
应收关联公司款	—	—			
应收利息	—	—			
应收股利	—	—			
存货	5 687 266 405.07	2 939 529 075.32			
其中：消耗性生物资产	—	—			

续表

项目	期末余额	期初余额	期末结构	期初结构	差异
一年内到期的非流动资产	—	—			
其他流动资产	—	—			
流动资产合计	20 436 754 305.63	10 732 519 323.99			
可供出售金融资产					
持有至到期投资	—	—			
长期应收款	—	—			
长期股权投资	197 943 104.55	206 669 216.27			
投资性房地产	—	—			
固定资产	6 148 382 845.48	2 949 314 363.18			
在建工程	2 166 485 241.91	916 625 457.07			
工程物资	674 915 079.09	146 622 243.36			
固定资产清理	—	—			
生产性生物资产	—	—			
油气资产	—	—			
无形资产	1 560 099 562.61	631 364 642.76			
开发支出	3 557 421.05	860 750.56			
商誉	—	—			
长期待摊费用	2 178 052.02	3 627 334.43			
递延所得税资产	150 450 506.68	247 597 107.04			
其他非流动资产	—	1 799 561.20			
非流动资产合计	10 904 011 813.39	5 104 480 675.87			
资产总计	31 340 766 119.02	15 836 999 999.86			
短期借款	4 994 435 438.14	940 604 602.56			
交易性金融负债	206 900.00	—			
应付票据	2 276 999 098.66	516 381 500.00			
应付账款	4 388 744 405.34	1 264 162 312.12			
预收款项	958 488 521.71	441 421 220.67			
应付职工薪酬	313 633 603.42	49 983 803.10			
应交税费	734 946 323.00	334 509 742.65			
应付利息	20 768 943.75	13 875 140.32			
应付股利	517 315 000.00	—			
其他应付款	2 293 104 400.43	1 496 883 910.12			

续表

项目	期末余额	期初余额	期末结构	期初结构	差异
应付关联公司款	—	—			
一年内到期的非流动负债	1 032 344 100.00	460 903 500.00			
其他流动负债	—	—			
流动负债合计	17 530 986 734.45	5 518 725 731.54			
长期借款	1 212 233 200.80	1 335 683 800.00			
应付债券	488 560 703.64	487 097 160.58			
长期应付款					
专项应付款					
预计负债	87 171 606.49	26 238 161.16			
递延所得税负债	33 082 658.44	172 444 536.04			
其他非流动负债	70 208 534.42	12 134 900.00			
非流动负债合计	1 891 256 703.79	2 033 598 557.78			
负债合计	19 422 243 438.24	7 552 324 289.32			
实收资本（或股本）	5 062 470 758.00	1 488 000 000.00			
资本公积	9 694 596.46	721 109 937.56			
盈余公积	1 371 878 205.36	804 937 224.01			
减：库存股	—	—			
未分配利润	5 007 802 883.97	4 619 166 266.33			
少数股东权益	568 205 297.06	757 566 393.67			
外币报表折算价差	−101 529 060.07	−106 104 111.03			
非正常经营项目收益调整	—	—			
归属母公司所有者权益	11 350 317 383.72	7 527 109 316.87			
所有者权益合计	11 918 522 680.78	8 284 675 710.54			
负债和所有者合计	31 340 766 119.02	15 836 999 999.86			

要求：

（1）编制资产负债表水平分析表，并作出分析评价。

（2）编制资产负债表水平分析表，并作出分析评价。

（3）尝试用 Excel 编制上述报表。

 案 例 分 析

表 2-9 为华晨公司 2014 年 12 月 31 日的资产负债表简表。本文从资产负债表结构及资产构成要素进行分析，并对企业的管理给出几点建议。

表 2-9　　　　　　　　　　　　华晨公司资产负债表简表

编制单位：华晨公司　　　　　　　　2014 年 12 月 31 日　　　　　　　　单位：万元

项目	金额	项目	金额
现金	8437	流动负债合计	11 730
应收账款	5424	长期负债合计	12 000
其中：坏账准备	1425	所有者权益	41 359
存货	31 183		
其他流动资产	1201		
流动资产合计	44 820		
固定资产	8797		
其中：在建工程	1674		
其他非流动资产	11 472		
非流动资产合计	20 269		
资产总计	65 089	负债与所有者权益总计	65 089

一、资产负债表结构分析

1. 资产结构分析

从表 2-10 我们可以看出，公司流动资产合计占资产总计的比例为 68.86%，非流动资产总计占资产总计的比例为 31.41%，公司流动资产比重较高，非流动资产比重较低。流动资产比重较高会占用大量资金，降低流动资产周转率，从而影响企业的资金利用效率。非流动资产比例过低会影响企业的获利能力，从而影响企业未来的发展。

2. 负债与权益结构分析

从表 2-11 中我们可以看出华晨公司流动负债占资本总计的 18.02%，长期负债占资本总计的 18.44%，所有者权益占资本总计的 63.54%。由此我们得出，公司的债务资本比例为 36.46%，权益资本比例为 63.54%，公司负债资本较低，权益资本较高。低负债资本、高权益资本可以降低企业财务风险，减少企业发生债务危机的比率，但是会增加企业资本成本，不能有效发挥债务资本的财务杠杆效益。

表 2-10　　　　资 产 结 构 表

项目	金额（万元）	比例（%）
流动资产合计	44 820	68.86
非流动资产总计	20 269	31.14
资产总计	65 089	100.00

表 2-11　　　　负债与权益结构表

项目	金额（万元）	比例（%）
流动负债合计	11 730	18.02
长期负债合计	12 000	18.44
所有者权益	41 359	63.54
负债与所有者权益总计	65 089	100.00

3. 资产结构与资本结构适应度分析

通过公司资产结构与资本结构图（见图 2-8），我们可以看出，华晨公司资产结构与资本结构的匹配方式为稳健型的结构，在这一结构形式中，企业长期资产的资金需要依靠长期资金来解决，短期资产的资金需要则使用长期资金和短期资金共同解决。在稳健型的匹配结构下，公司融资风险相对较小，融资成本较高，因此股东的收益水平也就不高。

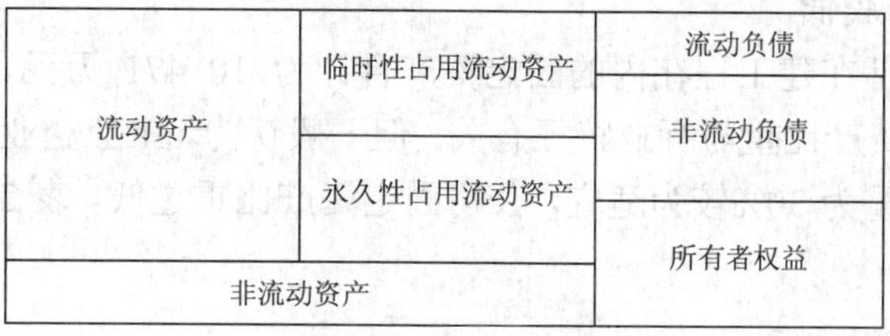

图 2-8　资产结构与资本结构图

二、资产构成要素分析

企业总资产为 65 089 万元，其中流动性资产为 44 820 万元，占资产总额的比例为 68.86%；非流动资产为 20 269 万元，占据的资产份额为 31.14%。具体构成情况如表 2-12 所示。

表 2-12　　　　　　　　　　　资 产 构 成 表　　　　　　　　　　　单位：万元

流动资产：44 820	现金	8437
	应收账款	5424
	其中：坏账准备	1425
	存货	31 183
	其他流动资产	1201
非流动资产：20 269	固定资产	8797
	其中：在建工程	1674
	其他非流动资产	11 472
	总资产	65 089

通过对企业资产各要素的数据仔细分析可以发现，企业的资产构成要素存在以下问题。

1. 现金金额较大

企业货币资金的金额为 8437 万元，占资产总额的 12.96%。这个表明企业的货币资金持有规模偏大。过高的货币资金持有量会浪费企业的投资机会，增加企业的筹资资本、企业持有现金的机会成本和管理成本。

2. 应收账款、坏账准备比例较高

公司 2014 年应收账款为 5424 万元，占资产总额的 8.33%。应收账款高于应付账款数倍，全部应收款也高于全部应付款的数倍，表明其对外融资（短期借款）获得的资金完全被外部占用。此外，企业的坏账准备为 1425 万元，坏账准备占应收账款的比例为 26.27%，坏账损失比例相当高，这说明企业应收账款的管理工作已经出现了问题，企业的信用政策可能过于宽松。

3. 存货比率较大

公司 2014 年的存货净值为 31 183 万元，占流动资产合计的比率为 69.57%，占资产总计的比率万为 47.91%，存货项目在资产中所占比重较大。过多的存货会带来一系列不利的影响。首先，一次性大量采购存货商品不仅会增加企业保管、整理费用，还会增加存货损耗、丢失、被盗的危险；其次，大量存货会占用过多资金，造成企业资金周转困难，增加利息，降低资金使用效率；再次，现代市场经济中，新材料、新产品层出不穷，更新换代非常迅速，拥有大量存货不便应对复杂多变的市场。

4. 固定资产比率较低

公司 2014 年包括在建工程在内的固定资产合计为 10 471 万元,占资产总计的比例为 16.09%。企业的固定资产比重与行业特征有关,但一般认为,工业企业固定资产比重为 40%,商业企业固定资产比重为 30%较为适宜,公司固定资产比重过低。表 2-13 为该公司固定资产结构表。

表 2-13　固定资产结构表

项　目	金额（万元）	比例（%）
固定资产原值	29 393	100.00
减去：固定资产折旧	13 721	46.68
固定资产净值	15 672	53.32
减去：固定资产减值	6875	23.39
固定资产净额	8797	29.93

进一步分析固定资产构成（见表 2-13），我们可以得到以下两个结论：第一，公司固定资产折旧程度较高。公司固定资产折旧总计为 13 721 万元,占固定资产原值的比例为 46.68%,折旧金额较大,这说明公司固定资产老化较为严重。第二,公司固定资产减值较高。公司固定资产减值金额为 15 672 万元,占公司固定资产原值的比例为 23.39%,占公司固定资产净值比例为 43.87%,这说明公司现有固定资产的公允价值或现值较低,固定资产已经落后,需要更新换代。

在建工程在一定程度上可以反映企业固定资产更新换代的力度,公司 2014 年在建工程价值为 1674 万元,仅占固定资产净额的 19.03%,固定资产净值的 10.68%,固定资产原值的 5.70%,固定资产更新力度较小。

三、管理建议

1. 降低货币资金比例

货币资金拥有量过多会降低企业资金利用效率,增加企业成本。所以公司应当在 2015 年注意根据自身需求,确定一个最佳货币资金持有量,以合理调度货币资金余缺,避免货币资金持有量的不适当给企业造成的不良后果。

2. 加强应收账款管理,减少坏账损失

企业应收账款管理不利,在造成应收款项过高的同时,还会使坏账损失的大量增加,降低应收账款质量。从上面的分析中我们可以看出,公司的坏账准备占应收账款的比例很高,公司的应收账款管理工作已经出现了问题。

公司在 2015 年应该加强应收账款管理。首先,要建立起科学的信用政策,树立起公司的赊销门槛。也就是说要通过对客户进行信用评估,将客户分为不同的信用等级,相应的等级给予不同的信用额度。其次,公司应收账款管理还应做好应收账款的日常监控工作。通过对各项债权进行账龄分析,为企业制定或者调整信用政策、组织催账工作以及估计坏账损失提供依据。

3. 加强存货管理,降低流动资产比例

流动资产过多将会占用大量资金,降低企业资金利用效率,因此公司在 2015 年应该尽量降低流动资产的比重。从上面分析中我们看出，流动资产中很大一部分是存货项目，占流动资产的 69.57%，过多的存货提高了流动资产比重。

存货是企业收益形成的直接基础或直接来源，保持适量的存货是企业维持生产经营活动必需的条件。但是存货过多将会占用大量资金，产生大量储存、管理费用，因此，公司应该尽可能采用各种管理手段来降低存货规模，减少资金占用和仓储费用，降低市场变化可能带来的风险。

4. 加快固定资产更新换代

固定资产是决定企业生产能力的主要因素之一，为了满足市场对企业产品的要求，提高企业的市场竞争力，企业必须不断更新固定资产，增加必要的固定资产投资，以便用先进的技术装备企业，为提高产品质量和劳动生产率创造条件。

从上面的分析中可以看到，本公司的固定资产占总资产的比例较低，固定资产折旧严重，并且已经老化，需要更新换代，但是公司对固定资产的更新程度远远不足。因此，公司在以后年度应该加快固定资产的构建，通过更新换代保证企业未来的生产能力。

5. 提高负债比率，合理运用财务杠杆利益

与权益资本相比，债务资本成本较低，又可以给企业带来财务杠杆利益。因此虽然债务资本具有一定风险，但是企业还是应该适度的拥有债务资本，以降低总的资本成本，获得财务杠杆利益。因此企业 2015 年应该适度增加债务资本，提高负债比率，从而获得较低的资本成本，充分利用财务杠杆利益。

第三章 利润表分析

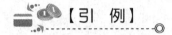 【引 例】

从利润表看 QD 公司的发展

QD 公司经营范围是电冰箱、电冰柜、船用电冰箱、微波炉、真空包装机、空调器、电磁管、洗衣机、热水器、电风扇、吸尘器及配件、通信设备制造。公司主要产品电冰箱先后通过了美国 UL、德国 VDE、欧洲 CB 认证。企业的盈利是收入与费用配比的结果，为了辨别企业真正的盈利能力，我们利用利润表有关内容，通过指标对收入、费用的性质，衡量标准以及发生频率作进一步分析。表 3-1 和表 3-2 为 QD 公司 2011～2013 年度的财务指标及财务数据。

表 3-1 　　　　　　　　　　QD 公司 2011～2013 年度财务指标

财务指标	2011 年度	2012 年度	2013 年度
收入增长率（%）	3.19	8.45	83.72
净利润增长率（%）	29.75	40.45	105.46
主营业务利润率（%）	22.81	26.02	23.12
销售毛利率（%）	23.13	26.43	23.38
销售净利率（%）	3.22	4.17	4.66

表 3-2 　　　　　　　　　　QD 公司 2011～2013 年度财务数据

年份	主营业务收入（万元）	净利润（万元）	每股收益（元/股）	总资产收益率（%）	净资产收益率（%）
2011	3 040 800	97 869	0.57	8.36	11.34
2012	3 297 940	137 461	0.86	9.25	14.89
2013	6 058 820	282 428	1.52	5.53	28.98

1. 盈利分析

（1）净资产收益率综合反映企业的经济效益。节约资金使用是企业取得经济效益的一个方面。通过节约资金使用减少企业的财务费用，从而增加企业的盈利水平，提高净资产收益率。QD 公司该指标 3 年连续增长，从 2011 年的 11.34% 升至 2012 年的 14.89%，至 2013 年的 28.98%。

（2）总资产收益率的高低直接反映了公司的竞争实力和发展能力，也是决定公司是否应举债经营的重要依据。总资产不变的情况下，总资产收益越大，说明企业盈利能力越高。该公司 2011 年、2012 年总资产收益率分别为 8.36% 和 9.25%，而 2013 年降至 5.53%，说明盈利能力下降。

（3）2011 年、2012 年、2013 年每股收益分别为 0.57 元、0.86 元、1.52 元。

2. 相关指标分析

（1）2012 年较 2011 年主营业务收入增加 257 140 万元，收入增长率为 8.45%；而 2013 年整体收入幅度大增，比 2012 年增长 2 760 880 万元，增长率达到了 83.72%。

（2）2011 年的净利润增长率为 29.75%，2012 年稍有涨幅上升为 40.45%，而 2013 年由于收入的大幅增加，净利润增长率高达 105.46%，净利润较 2012 年翻了一番。

（3）2011 年的主营业务利润率为 22.81%，2012 年主营业务利润率上升至 26.02%，2013 年则回落为 23.12%。

（4）销售毛利率是企业核心竞争力的一种体现，它可以反映企业销售定价、成本控制等信息。该公司 2011 年销售毛利率为 23.13%，2012 年有所上升为 26.43%，2013 年又下降至 23.38%。该企业销售毛利率指数在行业内适中，说明获利能力稳定且企业经营风险不大，同时揭露了其关联交易价格的公允性和企业盈利的真实性。

（5）该公司的销售净利润连续 3 年稳定增长，分别为 3.22%、4.17%、4.66%，反映该公司销售收入带来越来越多的净利润，逐渐度过 2011 年、2012 年的世界经济危机，2013 年国内经济保持高速发展，国际市场逐步复苏，全面推动家电产业再创新高，家电行业呈现出口、内销两旺的局面。家电下乡、"以旧换新""节能惠民"等扩大内需政策驱动行业销售创新高。消费升级带动产品走向高端、节能、环保。在行业整体规模发展的同时，大批原材料价格上涨、人民币升值、行业竞争加剧等因素给行业盈利带来一定压力。

第一节　利润表分析知识准备

一、利润表的内容

1. 利润表的含义

利润表又称损益表，是反映企业一定期间经营成果的会计报表。企业一定会计期间的经营成果既可能表现为盈利，也可能表现为亏损，因此，利润表也被称为损益表。通过利润表，可以从总体上揭示了企业在某一特定时期实现的各种收入、成本和费用，以及净利润（或亏损）的实现及构成情况。利润表是根据"收入-费用=利润"的基本关系来编制的，其具体内容取决于收入、费用、利润等会计要素及其内容，利润表项目是收入、费用和利润要素内容的具体体现。利润表也是把一定时期的营业收入与同一会计期间相关的营业费用进行配比，以计算出企业一定时期的利润的报表。从反映企业经营资金运动的角度看，它是一种反映企业经营资金动态表现的报表，主要提供有关企业经营成果方面的信息，属于动态会计报表，是企业会计报表的基本报表之一。

2. 利润表的作用

便于会计报表使用者判断企业未来的发展趋势，作出经济决策。编制利润表的主要目的是将企业经营成果的信息，提供给各种报表使用者，以供他们作为决策的依据或参考。利润额的高低及其发展趋势，是企业生存与发展的关键，也是企业投资者及其利害关系人关注的焦点。因此，利润表的编制与披露对信息使用者是至关重要的。具体地说，利润表的作用主要表现在以下几个方面。

（1）有助于分析、评价、预测企业经营成果和获利能力。经营成果和获利能力都与"利润"紧密相连。经营成果（或经营业绩）指企业在其所控制的资源上取得的报酬（扣除理财成本、筹资成本等减项），它直接可体现为一定期间的利润总额；而获利能力则指企业运用一定经济资源（如人力、物力）获取经营成果的能力，它可通过各种相对指标予以体现，如资产收益率、净资产收益率、成本收益率以及人均收益率等。通过当期利润表数据可反映一个企业当期的经营成果和获利能力；通过比较和分析同一企业不同时期、不同企业同一时期的收益情况，可据以评价企业经营成果的好坏和获利能力的高低，预测未来的发展趋势。比较和分析利润表中各种构成要素，可知悉各项收入、成本、费用与收益之间的消长趋势，发现各方面工作中存在的问题，揭露缺点，找出差距，改善经营管理，努力增收节支，杜绝损失的发生，作出合理的经营决策。

还可通过比较和分析同一企业在不同时期，或不同企业在同一时期的资产收益率、成本收益率等指标，能够揭示企业利用经济资源的效率；通过比较和分析收益信息，可以了解某一企业收益增长的规模和趋势。根据利润表所提供的经营成果信息，股东、债权人和管理部门可解释、评价和预测企业的获利能力，据以对是否投资或追加投资、投向何处、投资多少等作出决策。

（2）可据以解释、评价和预测企业的偿债能力。偿债能力指企业以资产清偿债务的能力。利润表本身并不提供偿债能力的信息，然而企业的偿债能力不仅取决于资产的流动性和资本结构，也取决于获利能力。企业在个别年份获利能力不足，不一定影响偿债能力，但若一家企业长期丧失获利能力，则资产的流动性必然由好转坏，资本结构也将逐渐由优变劣，陷入资不抵债的困境。因而一家数年收益很少、获利能力不强甚至亏损的企业，通常其偿债能力不会很强。

债权人和管理部门通过分析和比较利润表的有关信息，可以间接地解释、评价和预测企业的偿债能力，尤其是长期偿债能力，并揭示偿债能力的变化趋势，进而作出各种信贷决策和改进企业管理工作的决策，如维持、扩大或收缩现有信贷规模，应提出何种信贷条件等。管理部门则可据以找出偿债能力不强之原因，努力提高企业的偿债能力，改善企业的公关形象。

（3）有助于分析、评价、预测企业未来的现金流动状况。我们知道，报表使用者主要关注各种预期的现金来源、金额、时间及其不确定性。这些预期的现金流动与企业的获利能力具有密切的联系。美国财务会计准则委员会在第 1 号概念公告中指出，"投资人、债权人、雇员、顾客和经理们对企业创造有利的现金流动能力具有共同的利益"。利润表揭示了企业过去的经营业绩及利润的来源、获利水平，同时，通过利润表格部分（收入、费用、利得和损失等），充分反映了它们之间的关系，可据以评价一个企业的产品收入、成本、费用变化对企业利润的影响。尽管过去的业绩不一定意味着未来的成功，但对一些重要的趋势可从中进行分析把握。如果过去的经营成果与未来的活动之间存在着相互联系，那么，由此即能可靠地预测未来现金流量及其不确定性程度，评估未来的投资价值。

（4）可据以评价和考核管理人员的绩效。企业实现利润的多少，是体现管理人员绩效的一个重要方面，是管理成功与否的重要体现。通过比较前后期利润表上各种收入、费用、成本及收益的增减变动情况，并分析发生差异的原因，可据以评价各职能部门和人员的业绩，以及他们的业绩与整个企业经营成果的关系，以便评判各管理部门的功过得失，及时作出生产、人事、销售等方面的调整，提出奖惩任免的建议。比较前后期利润表上各项收入、费用、成本及收益的增减变动情况，并查考其增减变动的原因，可以较为客观地评价各职能部门、各生产经营单位的绩效，以及这些部门和人员的绩效与整个企业经营成果的关系，以便评判各部门管理人员的功过得失，及时作出采购、生产销售、筹资和人事等方面的调整，使各项活动趋于合理。

利润表上述重要作用的发挥，与利润表所列示信息的质量直接相关。利润表信息的质量则取决于企业在收入确认、费用确认以及其他利润表项目确定时所采用的方法。由于会计程序和方法的可选择性，企业可能会选用对其有利的程序和方法，从而导致收益偏高或偏低。例如，在折旧费用、坏账损失和已售商品成本等方面都可按多种会计方法计算，产生多种选择，影响会计信息的可比性和可靠性。另一方面，利润表中的信息表述的是各类业务收入、费用、成本等的合计数以及非重复发生的非常项目，这也会削弱利润表的重要作用。

（5）可作为企业经营成果分配的重要依据。现代企业也可以看成是市场经济条件下，以法律、章程为规范而由若干合同（契约）结合的经济实体。究其实质，现代企业可理解为由不同利益集团组成的"结合体"。各项利益集团之所以贡献资源（资金、技术、劳动力等）或参与企业的活动，目的在于分享企业的经营成果。利润表直接反映企业的经营成果，在一定的经济政策、法律规定和企业分配制度的前提下，利润额的多少决定了各利害关系人的分享额，如国家税收收入、股东的股利、员工和管理人员的奖金等。

二、利润表结构及其特点

利润表一般有表首、正表两部分。其中表首说明报表名称编制单位、编制日期、报表编号、货币名称、计量单位等；正表是利润表的主体，反映形成经营成果的各个项目和计算过程。利润表正表的格式有两种：单步式利润表和多步式利润表。单步式利润表是将当期所有的收入列在一起然后将所有的费用列在一起两者相减得出当期净损益。多步式利润表是通过对当期的收入、费用、支出项目按性质加以归类，按利润形成的主要环节列示一些中间性利润指标，如营业利润、利润总额、净利润，分步计算当期净损益。

在我国，利润表采用多步式，每个项目通常又分为"本月数"和"本年累计数"两栏分别用列。"本月数"栏反映各项目的本月实际发生数；在编报中期财务会计报告时，填列上年同期累计实际发生数；在编报年度财务会计报告时，填列上年全年累计实际发生数。如果上年度利润表与本年度利润表的项目名称和内容不相一致，则按编报当年的口径对上年度利润表项目的名称和数字进行调整，填入本表"上年数"栏。在编报中期和年度财务会计报告时，将"本月数"栏改成"上年数"栏。本表"本年累计数"栏反映各项目自年初起至报告期末止的累计实际发生数。多步式利润表主要分四步计算企业的利润（或亏损）。第一步，以主营业务收入为基础，减去主营业务成本和主营业务税金及附加，计算主营业务利润；第二步，以主营业务利润为基础，加上其他业务利润，减去销售费用、管理费用、财务费用，计算出营业利润；第三步，以营业利润为基础，加上投资净收益、补贴收入、营业外收入，减去营业外支出，计算出利润总额；第四步，以利润总额为基础，减去所得税，计算净利润（或净亏损）。我国一般企业利润表采用的格式见表 3-3。

表 3-3   利 润 表

编制单位：   税款所属期：   年   月   单位：元

项 目	行次	本期数	本年累计数
一、主营业务收入	1		
减：主营业务成本	2		
主营业务税金及附加	3		
二、主营业务利润（亏损以"−"号填列）	4		
加：其他业务利润（亏损以"−"号填列）	5		
减：营业费用	6		
管理费用	7		
财务费用	8		
三、营业利润（亏损以"−"号填列）	9		
加：投资收益（亏损以"−"号填列）	10		
补贴收入	11		
营业外收入	12		
减：营业外支出	13		
四、利润总额（亏损以"−"号填列）	14		
减：所得税	15		
五、净利润（亏损以"−"号填列）	16		
项目		本年累计数	上年实际数
1．出售、处置部门或被投资单位所得收益			
2．自然灾害发生损失			
3．会计政策变更增加（或减少）利润总额			
4．会计估计变更增加（或减少）利润总额			
5．债务重组损失			
6．其他			

单位负责人：   财会负责人：   审核：   制表：

由此可知，会计等式"收入−费用=利润"是编制利润表的理论依据。通过利润表可以反映企业一定会计期间的收入实现情况，即实现的主营业务收入有多少、实现的其他业务收入有多少、实现的投资收益有多少、实现的营业外收入有多少等；可以反映一定会计期间的费用耗费情况，即耗费的主营业务成本有多少，营业税金及附加有多少，营业费用、管理费用、财务费用各有多少，营业外支出有多少等；可以反映企业生产经营活动的成果，即净利润的实现情况，据以判断资本保值、增值情况。将利润表中的信息与资产负债表中的信息相结合，还可以提供进行财务分析的基本资料，如将赊销收入净额与应收账款平均余额进行比较，计算出应收账款周转率；将销货成本与存货平均余额进行比较，计算出存货周转率；将净利润与资产总额进行比较，计算出资产收益率等，可以表现企业资金周转情况以及企业的盈利能力和水平，便于会计报表使用者判断企业未来的发展趋势，作出经济决策。

【例 3-1】以北京某股份有限公司 2012 年度利润表（见表 3-4）为例，分析企业经营情况及制造企业未来发展趋势。

表 3-4   北京某股份有限公司利润表

编制单位：北京某股份有限公司   2012 年 12 月   单位：元

项　　目	金　　额	共同比（%）
一、主营业务收入	50 469 756	100
减：主营业务成本	47 822 806	94.76
主营业务税金及附加	129 030	0.26
二、主营业务利润	2 517 920	4.99
加：其他业务利润	5 319 860	10.54
减：营业费用	2 495 704	4.94
管理费用	10 328 130	20.46
财务费用	6 973 084	13.82
三、营业利润	−11 959 138	−23.70
加：投资收益	−451 404	−0.89
补贴收入	58 916	0.12
营业外收入	2660	0.01
减：营业外支出	49 994	0.10
四、利润总额	−12 398 960	−24.57
减：所得税	0	
五、净利润	−12 398 960	−24.57

　　[分析] 从表 3-4 构成数据可以看出该公司 2012 年度亏损形成有以下几个原因。

　　（1）主营业务成本较高，毛利率过低。如该公司主营业务成本占收入的 94.76%，主营业务利润率只有 4.99%，可见一高一低是该公司形成亏损的一个重要因素。全年亏损 12 398 960 元，占主营业务收入的 24.57%。

　　（2）期间费用较高，这又是形成亏损的一个重要因素。期间费用总数占主营业务收入的 39.22%，其中，管理费用占 20.46%，财务费用高达收入的 13.82%，主营业务获得毛利仅能支付财务费用的 36.11%。

　　（3）贷款数额大、使用效率低。截至年底向银行取得短期借款高达 5700 万元（年利率平均为 6.12%）。而且借款的使用效率低、效果差。全年的主营业务收入只有 50 469 756 元没有达到借款额。也就是说将借款用于经营一年周转不了一次，获得毛利还不够借款利息。从全部资产分析，年末实际资产占用 275 650 621 元，如果以 2012 年主营业务收入计算需要 46 年全部资产才能周转一次。从流动资产占用来分析，周转 1 次也需要 1.64 年（82 858 604/50 469 756），可见运用效率之低，实在令人担忧。

　　根据以上分析，可以看出该公司如不采取有效措施，改善经营管理、扩大销售、降低成本、节约费用、提高效益，企业难以持续经营下去。

第二节　利润表整体分析

一、利润表分析

（一）利润表分析概述

利润表分析是分析企业如何组织收入、控制成本费用支出实现盈利的能力，评价企业的经营成果。同时还可以通过收支结构和业务结构分析，分析与评价各专业业绩成长对公司总体效益的贡献，以及不同分公司经营成果对公司总体盈利水平的贡献。通过利润表分析，可以评价企业的可持续发展能力，它反映的盈利水平对于上市公司的投资者更为关注，它是资本市场的"晴雨表"。利润表分析也称损益表分析，是以利润表为对象进行的财务分析。在分析企业的盈利状况和经营成果时，必须要从利润表中获取财务资料，而且，即使分析企业偿债能力，也应结合利润表，因为一个企业的偿债能力同其获利能力密切相关。

利润表反映了公司在一定时期内的经营成果，解释了公司财务状况发生变动的主要原因。分析利润表，可直接了解公司的盈利状况和获利能力，并通过收入、成本费用的分析，较为具体地把握公司获利能力高低的原因。就业主而言，它有助于分析公司管理收费的合理性及其使用效益。

（二）利润表分析的内容

1. 利润表主表分析

通过利润表主表的分析，主要对各项利润的增减变动、结构增减变动及影响利润的收入与成本进行分析。

（1）利润额增减变动分析。通过对利润表的水平分析，从利润的形成角度，反映利润额的变动情况，揭示企业在利润形成过程中的管理业绩及存在的问题。

（2）利润结构变动情况分析。利润结构变动分析，主要是在对利润表进行垂直分析的基础上，揭示各项利润及成本费用与收入的关系，以反映企业的各环节的利润构成、利润及成本费用水平。

（3）收入分析。企业收入分析的内容包括收入的确认与计量分析；影响收入的价格因素与销售量因素分析；企业收入的构成分析等。

（4）成本费用分析。成本费用分析包括产品销售成本分析和期间费用分析两部分。产品销售成本分析包括销售总成本分析和单位销售成本分析；期间费用分析包括销售费用分析和管理费用分析。

2. 利润表附表分析

利润表附表分析主要是对利润分配表及分部报表进行分析。

（1）利润分配表分析。通过利润分配表分析，反映企业利润分配的数量与结构变动，揭示企业在利润分配政策、会计政策以及国家有关法规变动方面对利润分配的影响。

（2）分部报表分析。通过对分部报表的分析，反映企业在不同行业、不同地区的经营状况和经营成果，为企业优化产业结构，进行战略调整指明方向。

3. 利润表附注分析

利润表附注分析主要是根据利润表附注及财务情况说明书等相关详细信息，分析说明企业利润表及附表中的重要项目的变动情况，深入揭示利润形成及分配变动的主观原因与客观原因。

二、利润表的整体分析

利润表可通过编制水平分析表及垂直分析表进行比较分析，以得出对于企业财务状况整体的评价。

将分析期的利润表各项目数值与基期（上年或计划、预算）数进行比较，计算出变动额、变动率以及该项目对利润及净利润总额的影响程度，如表 3-5 所示。

表 3-5　　　　　　　　　　　HS 公司营业利润水平分析表　　　　　　　　　　单位：元

项目	2013 年	2012 年	增减额	增减
一、营业收入	21 263 700 581.00	18 406 554 796.00	2 857 145 785.00	0.16
营业成本	17 576 155 578.00	14 904 567 047.00	2 671 588 531.00	0.18
二、营业毛利	3 687 545 003.00	3 501 987 749.00	185 557 254.00	−0.02
营业税金及附加	65 641 834.00	51 485 157.00	14 156 677.00	0.28
销售费用	2 260 127 770.00	2 511 134 259.00	−251 006 489.00	−0.10
管理费用	369 691 035.00	365 560 268.00	4 130 767.00	0.01
财务费用	51 772 484.00	34 124 058.00	17 648 426.00	0.52
资产减值损失	53 125 084.00	74 881 682.00	−21 756 598.00	−0.29
加：公允价值变动净收益	0.00	0.00		
投资收益	18 341 213.00	4 298 003.00	14 043 210.00	3.27
三、营业利润	905 528 008.00	469 100 329.00	436 427 679.00	0.93

营业利润增减变动水平分析分析评价如下：

（1）营业利润分析。表中 2013 年实现营业利润 905 528 008 元，比上年增长了 436 427 679 元，增长率为 93.04%，增长幅度很大。从水平分析表上看，公司营业利润增长主要是由于投资收益比上年增长 14 043 210 元，增长率高达 326%，同时资产减值损失比上年减少 21 756 598 元，销售费用下降 251 006 489 元也是导致营业利润增长的有利因素。而营业成本的上升、营业毛利的下降、财务费用以及管理费用的上升，都会对营业利润的增长产生一定不利的影响。增减因素相抵，导致营业利润增长了 436 427 679 元。

（2）营业毛利分析。营业毛利是指企业营业收入与营业成本之间的差额。表中 HS 公司营业毛利比上年增长 185 557 254 元，增长率为−2.4%。最关键的因素是营业成本的上升高于营业收入上升的幅度。2013 年 HS 公司营业收入实现 21 263 700 581 元，较上年增长 2 857 145 785 元，增幅为 15.52%，而同时营业成本较上年增长 2 671 588 531 元，增幅达 17.92%，这对营业毛利造成不利影响。增减相抵，导致营业毛利增加 185 557 254 元。

2. 利润表垂直分析表的编制

将分析期的利润表各项目数值与基期（上年或计划、预算）数进行比较，计算出变动额、变动率以及该项目对利润及净利润总额的影响程度，如表 3-6 所示。

表 3-6   **HS 公司企业利润垂直分析表**

项目	2013 年	2012 年	2013 年	2012 年
一、营业收入	2 126 3700 581.00	18 406 554 796.00	100.00	100.00
减：营业成本	17 576 155 578.00	14 904 567 047.00	0.83	0.81
营业税金及附加	65 641 834.00	51 485 157.00	0.00	0.00
二、主营业务利润	0.00	0.00		
销售费用	2 260 127 770.00	2 511 134 259.00	0.11	0.14
营业费用	0.00	0.00		
管理费用	369 691 035.00	365 560 268.00	0.02	0.02
财务费用	51 772 484.00	34 124 058.00	0.00	0.00
资产减值损失	53 125 084.00	74 881 682.00		
加：公允价值变动净收益	0.00	0.00		
三、营业利润	905 528 008.00	469 100 329.00	0.04	0.03
投资收益	18 341 213.00	4 298 003.00	0.00	0.00
其中：对联营企业和合营企业的投资收益	13 641 446.00	0.00		
营业外收入	80 057 621.00	169 652 701.00	0.00	0.01
以前年度损益调整	0.00	0.00		
营业外支出	6 183 934.00	24 524 380.00	0.00	0.00
其中：非流动资产处置净损失	4 801 186.00	19 538 281.00	0.00	0.00
四、利润总额	979 401 695.00	614 228 650.00	0.05	0.03
所得税	140 015 154.00	112 355 436.00	0.01	0.01
少数股东损益	4 481 179.00	3 643 947.00	0.00	0.00
五、净利润	834 905 362.00	498 229 267.00	0.04	0.03
归属于母公司所有者的净利润	834 905 362.00	498 229 267.00	0.04	0.03
含少数股东损益的净利润	839 386 541.00	501 873 214.00	0.04	0.03

从表 3-9 中可以看出 HS 公司本年度各项财务成果的构成情况。其中，营业利润占营业收入的比重为 4.26%，比上年的 2.55%增加了 1.71%；本年利润总额的构成为 4.61%，比上年 3.34%增加了 1.27%；本年净利润的构成为 3.93%，比上年的 2.71%增加了 1.22%。可见，从利润的构成情况来看，HS 公司盈利能力较上年均有较大幅度提高。HS 公司各项财务成果结构变化的原因，从营业利润结构看，主要是营业成本、营业税金及附加以及财务费用的结构上升所致，说明营业成本及税金和财务费用是降低营业利润构成的根本原因。但是利润总额构成增长的主要原因，还在于营业外支出的下降。另外，营业外收入的大幅下降，管理费用、销售费用等的变动，对营业利润、利润总额和净利润的结构都带来一定的影响。

【例 3-2】利用比较利润表分析企业经营情况。表 3-7 为华晨公司的比较利润表。

表 3-7 　　　　　　　　华晨公司比较利润表（2012—2014 年度）　　　　　　　单位：元

项目	2012 年	2013 年	2014 年
一、营业收入	1 008 838 950.00	851 437 730.84	770 699 194.72
减：营业成本	666 982 348.00	558 398 884.14	482 182 883.35
营业税金及附加	72 706 107.00	61 976 932.63	69 535 744.19
销售费用	101 693 335.00	94 459 797.59	103 891 450.97
管理费用	61 149 863.00	48 836 146.26	55 675 001.38
财务费用	22 658 054.00	8 041 145.38	8 426 248.85
资产减值损失	16 656 400.00	1 362 754.63	5 231 011.51
加：公允价值变动			−10 096 844.02
投资收益	3 483 104.00	51 281.06	118 942 712.07
其中：对联营企业和合营企业的投资收益	14 936.00	51 261.06	76 036.16
二、营业利润	70 275 948.00	72 413 361.27	154 800 689.52
加：营业外收入	8 351 961.00	5 758 098.95	4. 662 924.25
减：营业外支出	4 816 916.00	735 406.30	4 083 401.45
其中：非流动资产处置损失	6 463.00	−538 007.33	
三、利润总额	73 810 993.00	77 434 043.92	155 380 212.32
减：所得税费用	13 603 944.00	10 474 681.80	23 695 032.03
四、净利润	60 207 049.00	66 959 362.12	131 685 180.29
归属于母公司所有者的净利润	30 098 642.00	30 418 677.75	101 721 642.46
少数股东损益	30 108 407.00	36 540 684.37	29 963 337.83

　　[分析] 比较利润表分析企业经营情况如下：

　　（1）营业收入变化分析。营业收入 2013 年为 851 437 730.84 元，比 2012 年减少了 157 401 219.2 元，降低了 15.6%；2014 年为 770 699 194.72 元，比 2013 年减少了 80 738 536.l 元，降低了 9.5%。

　　（2）成本费用变化分析。营业成本 2013 年为 558 398 884.14 元，比 2012 年减少了 108 583 463.9 元，降低了 16.28%；2014 年为 482 182 883.35 元，比 2013 年减少了 76 216 000.8 元，降低了 11.43%。营业税金及附加 2013 年为 61 976 932.63 元，比 2012 年减少了 10 729 174.37 元，降低了 14.76%；2014 年为 69 535 744.19 元，比 2013 年增加了 7 558 811.56 元，增长了 12.20%。销售费用、管理费用和财务费用三项费用之和 2013 年为 151 337 089.2 元，比 2012 年减少了 34 164 162.77 元，降低了 18.42%；2014 年三项费用之和为 16 655 611.9 元，比 2013 年三项费用之和减少了 134 681 477.3 元，降低了 88.99%。

　　（3）利润变化分析。营业利润 2013 年为 72 413 361.27 元，比 2012 年增加了 2 137 413.27 元，增长了 3.04%；2014 年为 154 800 689.52 元，比 2013 年增加了 82 387 337.23 元，增长了 113.77%。利润总额 2013 年为 77 434 043.92 元，比 2012 年增加了 3 623 050.92 元，增长了 4.91%；2014 年为 155 380 212.32 元，比 2013 年增长了 77 946 168.38 元，增长了 100.66%。税后净利润 2013 年为 66 959 362.12 元，比 2012 年增加了 6 752 313.12 元，增长了 11.22%；

2014 年为 131 685 180.29 元，比 2013 年增加了 64 725 818.08 元，增长了 96.67%。

从以上分析可知，虽然 2013 年的营业收入出现负增长，比 2012 年降低了 15.6%，但是净利润增加的很多，这是 2012 年的企业所得税率减少所致，2013 年成本费用减少的较快，尤其是三项费用减少速度过快，达到了 18.42%，这是造成净利润增长快速的主要原因。2014 年得净利润高于营业收入增长速度，主要是成本费用减少过快所致。

总的来看，该公司的财务状况不大稳定，财务风险有增加的趋势。但是，公司净利润增长速度非常快。所以，应加强公司管理，努力深化主营业务，控制各种负债的增加，这样才有可能使公司的财务风险降低。

第三节　利润表项目阅读与分析

一、利润表的阅读

利润表项目的阅读以华晨公司为例，表 3-8 为华晨公司利润表，表 3-9 为华晨公司的利润表变动情况表。

表 3-8　　　　　　　　　　　　　利　润　表

单位：华晨公司　　　　　　　　　　2014 年　　　　　　　　　　　　单位：元

项　　目	本期数	上年同期数
一、营业收入	783 027 675.40	618 087 466.27
减：营业成本	633 224 765.34	500 938 948.94
营业税金及附加	2 550 720.65	1 753 126.38
销售费用	46 719 056.36	28 541 170.02
管理费用	28 325 883.65	28 921 141.19
财务费用	7 389 036.46	5 641 656.50
资产减值损失	3 203 113.79	1 484 899.07
加：公允价值变动收益（损失以"–"号填列）		
投资收益（损失以"–"号填列）	–4 117 708.61	180 787.23
二、营业利润（亏损以"–"号填列）	57 497 390.54	50 987 312.40
加：营业外收入	5 741 289.19	1 395 776.51
减：营业外支出	1 988 396.40	1 210 782.10
三、利润总额（亏损总额以"–"号填列）	61 250 283.33	51 172 306.81
减：所得税费用	13 392 465.19	14 009 085.25
四、净利润（净亏损以"–"号填列）	47 857 818.14	37 163 221.56
归属于母公司所有者的净利润	47 857 818.14	37 163 221.56
五、每股收益：		
（一）基本每股收益	0.69	0.66
（二）稀释每股收益	0.69	0.66

表 3-9　　　　　　　　　　　利 润 表 变 动 情 况 表

单位：华晨公司　　　　　　　　　　　2014 年　　　　　　　　　　　单位：元

项　　目	本期数	上年同期数	变动情况
一、营业收入	783 027 675.40	618 087 466.27	164 940 209.13
减：营业成本	633 224 765.34	500 938 948.94	132 285 816.40
营业税金及附加	2 550 720.65	1 753 126.38	797 594.27
销售费用	46 719 056.36	28 541 170.02	18 177 886.34
管理费用	28 325 883.65	28 921 141.19	−595 257.54
财务费用	7 389 036.46	5 641 656.50	1 747 379.96
资产减值损失	3 203 113.79	1 484 899.07	1 747 379.96
投资收益（损失以"−"号填列）	−4 117 708.61	180 787.23	−4 298 495.84
汇兑收益（损失以"−"号填列）			
二、营业利润（亏损以"−"号填列）	57 497 390.54	50 987 312.40	6 510 078.14
加：营业外收入	5 741 289.19	1 395 776.51	4 345 512.66
减：营业外支出	1 988 396.40	1 210 782.10	777 614.3
三、利润总额（亏损总额以"−"号填列）	61 250 283.33	51 172 306.81	10 077 976.52
减：所得税费用	13 392 465.19	14 009 085.25	−616 620.06
四、净利润（净亏损以"−"号填列）	47 857 818.14	37 163 221.56	10 694 596.58
归属于母公司所有者的净利润	47 857 818.14	37 163 221.56	10 694 596.58
五、每股收益：			
（一）基本每股收益	0.69	0.66	0.03
（二）稀释每股收益	0.69	0.66	0.03

1. 营业收入的阅读

营业收入项目反映的是企业的主营业务收入和其他业务收入的总和，阅读时应结合利润表附表进行，从而了解营业收入中主营业务收入和其他业务收入各自的金额，帮助读者分析企业主营业务发展趋势，进而做出合理的决策。通过对比不同期间本项目的变化，可以掌握企业经营前景和未来发展态势。若与基期比较该项目增加，说明企业经营状况良好，经营前景乐观，投资者可以考虑投资计划。但具体决策还需通过进一步分析。

华晨公司 2014 年度利润表、利润表变动情况表显示 2014 年营业收入总额为 783 027 675.40元，比 2013 年 618 087 466.27 元净增 164 940 209.13 元，说明该公司 2014 年经营情况平稳上升，经营前景广阔。

2. 营业成本项目的阅读

营业成本项目与营业收入相对应，反映的是企业的主营业务成本和其他业务成本的和。阅读时应结合利润表附表进行，以了解营业成本中注意业务成本和其他业务成本各自的数额，看是否与营业收入相互配比。同时，还应比较报告期与基期的成本变化，分析成本变化的趋势则需通过进一步借助财务分析方法才能进行。

华晨公司 2014 年度利润表、利润表变动情况表显示 2014 年营业成本为 633 224 765.34

元，比 2013 年 500 938 948.94 元净增 132 285 816.40 元，与营业收入增加的幅度基本平衡，具体情况需要进一步分析解读。

3. 营业税金及附加项目的阅读

营业税金及附加项目反映的是企业主营业务和其他业务应交的营业税、消费税、城市维护建设税、教育费附加等税费，一般与营业收入成比例。通过阅读此项目的增加或减少即可知晓营业收入的增加或减少。

华晨公司 2014 年度利润表、利润表变动情况表显示 2014 年营业税金及附加为 2 550 720.65 元，比 2013 年 1 753 126.38 元净增 797 594.27 元，与营业收入的增加基本保持平衡。具体而详细的情况需待进一步分析解读。

4. 销售费用项目的阅读

销售费用项目反映的是企业销售商品和材料、提供劳务的过程中发生的各种费用，包括包装费、保险费、展览费、广告费、商品维修费、预计产品质量保证损失、运输费、装卸费等以及为销售本企业商品而专设的销售机构的职工薪酬、业务费、折旧费等经营费用，此外企业发生的与专设销售机构相关的固定资产修理等后续支出也在此项列示。阅读时应关注其变化情况，是否与营业收入成比例变动，至于导致变化的因素，还需结合利润表附表进行收入的研读。

华晨公司 2014 年利润表、利润表变动情况表显示 2014 年销售费用为 46 719 056.36 元，比 2013 年 28 541 170.02 元净增 18 177 886.34 元。基本与营业收入的变化保持平衡。如果企业欲研究进一步节约开支、提高效益的措施，仍需进一步分析和研究。

5. 管理费用项目的阅读

管理费用项目反映的是企业为组织和管理企业生产经营发生的管理费用，包括企业在筹建期间内发生的开办费、董事会和行政管理部门在企业的经营管理中发生的或者应由企业统一负担的公司经费、工会经费、董事会费、诉讼费、业务招待费、房产税、车船使用税、土地使用税、印花税、技术转让费、矿产资源补偿费、研究费用、排污费等支出。阅读时一般通过比较掌握其变动情况，分析其变化是否合理，有无可降低的空间。

华晨公司 2014 年利润表、利润表变动情况表显示 2014 年管理费用为 28 325 883.65 元，比 2013 年 28 921 141.19 元降低了 595 257.54 元，在企业营业收入持续上升的形式下，企业的管理费用反而下降，说明企业重视节约开支，至于具体有哪些影响因素，还应进一步结合相关资料深入分析。

6. 财务费用项目的阅读

财务费用项目反映的是企业为筹集生产经营所需资金而发生的筹资费用，包括利息支出、汇兑损益以及相关的手续费、企业发生的现金折扣或收到的现金折扣等。为构建或生产资本化条件的资产而发生的借款费用中不能资本化的部分也应在此列示。阅读时主要关注其变化情况，进而分析节约开支的可能性。

华晨公司 2014 年利润表、利润表变动情况表显示 2014 年财务费用为 7 389 036.46 元，比 2013 年 5 641 656.50 元净增 1 747 379.96 元。这一变化应结合企业资金筹集和分析资本市场综合分析是否属合理变动。

7. 资产减值损失项目的阅读

资产减值损失项目反映的是企业计提各项资产减值准备所形成的损失。企业应提供减值损失的相关证明材料。对于其变化，必须结合相关证明材料进行相应的分析，才能解读其变化的具体原因，从而采取相应的对策。

华晨公司 2014 年利润表、利润表变动情况表显示 2014 年该项目为 3 203 113.79 元，比 2013 年 1 484 899.07 元增加了一倍之多，应进一步取得相关证明材料深入分析，合理规划。

8. 公允价值变动损益项目的阅读

公允价值变动损益反映的是企业交易性金融资产、交易性金融负债，以及采用公允价值模式计量的投资性房地产、衍生工具、套期保值业务等公允价值变动形成的应计入当期损益的利得或损失。该项目阅读时应结合利润表附表相关具体项目的明细资料具体分析，帮助企业作出合理的投资决策。

华晨公司 2014 年利润表、利润表变动情况表无此项目列示。

9. 投资收益项目的阅读

投资收益项目反映的是企业进行对外投资发生的投资损失或投资收益。本项目应结合企业的具体投资项目进行阅读和分析，以便企业作出合理的投资决策。

华晨公司 2014 年利润表、利润表变动情况表显示 2014 年本项目为－4 117 708.61 元，说明是投资损失，企业应分析发生损失的原因，今后作出合理的投资决策。

10. 汇兑收益项目的阅读

汇兑收益反映的是企业发生的外币交易因汇率变动而产生的收益或损失，损失以负数列示。阅读时结合企业外币业务和国际形式及外币汇率等认真仔细的分析和研究，以期取得理想的回报。

11. 营业利润项目的阅读

营业利润项目等于营业收入减去各项营业成本和营业支出加投资收益等综合计算的结果。阅读时应通过对比不同期间的变化，找出节约增效的途径和措施。

华晨公司 2014 年利润表、利润表变动情况表显示 2014 年营业利润为 57 497 390.54 元，比 2013 年 50 987 312.40 元净增 6 510 078.14 元，说明企业经营顺畅，但是否有更大的利润空间，还应进一步分析研究。

12. 营业外收入项目的阅读

营业外收入项目反映的是企业发生的营业外的收入，主要包括非流动资产处置利得、非货币性资产交换利得、债务重组利得、政府补助、盘盈利得、捐赠利得等。阅读时应结合利润表附表进行。

华晨公司 2014 年利润表、利润表变动情况表显示 2014 年该项目为 5 741 289.19 元，应进行进一步的分析和研究。

13. 营业外支出项目的阅读

营业外支出项目的反映的是企业发生的各项营业外支出，包括非流动资产处置损失、非货币性资产交易损失、债务重组损失、公益性捐赠支出、非常损失、盘亏损失等。阅读时应结合利润表附表进行。

华晨公司 2014 年利润表、利润表变动情况表显示 2014 年该项目为 1 988 396.40 元，应根据利润表附表具体分析。

14. 利润总额项目的阅读

利润总额项目反映的是企业的营业利润与营业外收支净额的和，通过阅读此项目可总括地了解企业利润的总量，并通过对比分析，找出进一步提高利润的途径和方法。

华晨公司 2014 年利润表、利润表变动情况表显示 2014 年利润总额为 61 250 283.33 元，比 2013 年 51 172 306.81 元净增 10 077 976.52 元，说明企业经营形势比较乐观，至于还能否进一步提高，仍需进行详细分析和研读。

15. 所得税费用项目的阅读

所得税费用是企业应纳税所得额与所得税税率的乘积，反映企业确认的应从当期利润总额中扣除的所得税费用。本项目实质上是应纳税所得额的反映。阅读时应结合相关资料综合评价。

华晨公司 2014 年利润表、利润表变动情况表显示 2014 年所得税费用为 13 392 465.19 元，可以结合所得税纳税申报表进行阅读与分析。

16. 净利润项目的阅读

净利润是利润总额与所得税费用的差，不需特别注意。但通过阅读该项目可以了解企业净利润的总体水平。

华晨公司 2014 年利润表、利润表变动情况表显示 2014 年净利润为 47 857 818.14 元，与 2013 年比较有大幅度提高。至于提高的原因应进一步运用财务分析的专门方法查找。

17. 每股收益项目的阅读

每股收益反映的是企业归属于普通股股东的净利润除以发行在外普通股股票的加权平均数。作为投资者来说，他们比较关注的首先应是这一项目，通过该项目股东可以计算自身在报告企业净利润中拥有的份额。

华晨公司 2014 年利润表、利润表变动情况表显示 2014 年每股收益为 0.69 元，比 2013 年增加 0.03 元，这是相当不容易的事情，作为企业的管理者应该引以为荣。但仍需具体分析增加的真实因素，探讨持续增加的途径和方法。

二、利润表分析

1. 利润表分析的类型

（1）总体分析，分析企业的盈利状况和变化趋势。

（2）结构分析，通过利润构成的结构分析，分析企业持续产生盈利的能力，利润形成的合理性。

（3）财务比率分析，利用财务比率指标分析（详见第六章）。

（4）项目分析，对企业经营成果产生较大影响的项目和变化幅度较大的项目进行具体分析。主要的项目有营业收入、营业成本、销售费用、管理费用、财务费用、投资收益、所得税费用等项目。

本章主要阐述利润表结构分析。

2. 利润表结构分析

结构分析是财务报表常用的一种技术分析方法，它主要以会计报表中的某个总体指标为100%，计算出个体项目占总体指标百分比，再比较每项个体指标百分比的增减变动情况，以此判断有关财务指标变动趋势及变化规律。如 2012～2013 年华晨公司主营业务利润、其他业务利润等项目如表 3-10 所示。

表 3-10   2012～2013 年华晨公司利润表数据   单位：万元

项目	2013 年	2012 年	增减变动
主营业务利润	262	466	−204
其他业务利润	756	3349	−2593

项目	2013 年	2012 年	增减变动
利润总额	−464	−1921	1457
净利润	−464	−1921	1457

根据利润表构成分析表，该公司的主营业务利润、其他业务利润是盈利的，但是利润总额和净利润都是亏损的，由此这可以看出该公司是具备盈利能力的，但由于费用较大，导致公司亏损。

3. 利润表构成变动分析

利润表的构成变动分析基于华晨公司开展，表 3-11 为 2012～2013 年华晨公司利润表的构成变动表。

表 3-11　　　　　　　　　　　2012～2013 年华晨公司利润表构成变动表

项目	2013 年（万元）	构成（%）	2012 年（万元）	构成（%）	增减变动（万元）	结构变动率（%）
一、主营业务收入	8713	100.00	10 591	100.00	−1878	0.00
减：销售折扣与折让	8	0.09	23	0.22	−15	−0.13
主营业务收入净额	8705	99.91	10 569	99.79	−1864	0.12
减：主营业务成本	8063	92.54	9561	90.27	−1498	2.27
销售费用	337	3.87	335	3.16	2	0.70
营业税金及附加	43	0.49	206	1.95	−163	−1.45
二、主营业务利润	262	3.01	466	4.40	−204	−1.39
加：其他业务利润	756	8.68	3349	31.62	−2593	−22.94
减：管理费用	1901	21.82	3845	36.30	−1944	−14.49
财务费用	994	11.41	1916	18.09	−922	−6.68
三、营业利润	−1877	−21.54	−1946	−18.37	69	−3.17
加：投资收益	1468	16.85	0	0.00	1468	16.85
营业外收入	84	0.96	43	0.41	41	0.56
减：营业外支出	19	0.22	19	0.18	0	0.04
加：以前年度损益调整	−120	−1.38	0	0.00	−120	−1.38
四、利润总额	−464	−5.33	−1921	−18.14	1457	12.81
减：所得税费用	0	0.00	0	0.00	0	0.00
五、净利润	−464	−5.33	−1921	−18.14	1457	12.81

从利润表构成变动分析表可看出企业各项财务成果的构成情况，本年主营业务成本占主营业务收入的比重为 92.54%，比上年同期的 90.27% 增长了 2.27 个百分点；营业税金及附加占主营业务收入的比重为 0.49%，比上年同期的 1.95% 降低了 1.45 个百分点；销售费用占主营业务收入的比重增加了 0.7 个百分点，但管理费用、财务费用占主营业务收入的比重都有所降低，两方面相抵的结果是营业利润占主营业务收入的比重降低了 3.17 个百分点；由于本

年实现投资收益 1468 万元,导致净利润占主营业务的比重比上年同期增加了 12.81 个百分点。从以上的分析可以看出,本年净利润比上年同期亏损额度小,并不是由于企业经营状况好转导致的,相反本年的经营状况较上年有所恶化。虽然公司通过努力降低管理费用和财务费用的方式提高公司盈利水平,但对利润总额的影响不是很大。

4. 收入盈利能力分析

收入盈利能力分析分析基于华晨公司开展,表 3-12 为 2012~2013 年华晨公司反映收入盈利能力的指标表。

表 3-12　　　　　　　　　　2012~2013 年华晨公司收入盈利能力指标表　　　　　　　单位:%

项目	2013 年	2012 年	变动率
销售毛利率	7.47	9.72	−2.26
营业利润率	−19.72	−13.69	−6.03
销售利润率	−4.88	−13.52	8.64
销售净利率	−4.88	−13.52	8.64

其中:

销售毛利率=(主营业务收入−主营业务成本)/主营业务收入

营业利润率=营业利润/营业收入

销售利润率=利润总额/营业收入

销售净利率=净利润/营业收入

通过表 3-12 可知,该公司本年销售毛利率、营业利润率指标比上年同期降低了,这表明公司的获利能力降低了。公司获利能力降低主要是由于经营规模和利润空间缩减导致的。

5. 成本费用盈利能力分析

成本费用分析分析基于华晨公司开展,表 3-13 为 2012~2013 年华晨公司成本费用利润率表。

表 3-13　　　　　　　　　　2012~2013 年华晨公司成本费用利润率表　　　　　　　单位:%

项目	2013 年	2012 年	变动率
成本费用利润率	−4.09	−12.06	7.97

成本费用利润率的计算公式为

成本费用利润率=利润总额/成本费用

其中:成本费用=主营业务成本+其他业务成本+营业费用+管理费用+财务费用

利润总额=营业利润+投资收益+补贴收入+营业外收入−营业外支出

成本费用利润率反映了公司成本费用和净利润之间的关系,公司本年成本费用利润率比上年同期有所增长,表明公司耗费一定的成本费所得的收益增加不少,它直接反映出了公司增收节支、增产节约效益,降低成本费用水平,以此提高了盈利水平。

6. 资产盈利能力分析

资产盈利能力分析基于华晨公司开展,表 3-14 为 2012~2013 年华晨公司资产盈利能力分析表。

表 3-14	2012～2013 年华晨公司资产盈利能力分析表		单位：%	
项目	2013 年	2012 年	变动率	
资产净利率	-0.71	-2.93	2.22	

资产净利率的计算公式为

$$资产净利率=净利润/资产平均总额$$

$$净资产收益率=税后利润/所有者权益$$

该公司 2013 的年资产净利率比 2012 年的增长了 2.22%，这表明公司的资产利用的效益变动率有所好转，利用资产创造的利润增加。

在分析公司的盈利能力时，应重点分析公司的净资产收益率，因为该指标是最具综合力的评价指标，是被投资者最为关注的指标。但从公司的资产负债表可以看出，公司的股东权益已经为负数，分析净资产收益率已经没有任何意义。

综合以上分析，可判断出公司现在的盈利能力极弱，随着行业内部竞争压力增大，利润空间呈下滑的趋势，公司先要生存下去只有做到：

（1）扩大经营规模，实现薄利多销，才能扭转亏损的趋势。

（2）努力拓展其他业务，寻找新的经济增长点，否则企业会存在经营费用过高，发展后劲不足的风险。

三、利润表质量的分析

利润表项目质量分析是指分析利润形成的真实与合理性，以及对现金流转的影响。

（1）营业收入分析，主要包括：①营业收入的品种结构；②营业收入的地区结构；③与关联方交易实现的收入占总收入的比例；④地方或部门保护主义对企业业务收入实现的影响。

（2）营业成本的质量分析，主要包括：①成本计算是否真实？②存货计价方法的选择是否稳健？③折旧是否正常计提？④营业成本水平的下降是否为暂时性因素所致？⑤关联方交易和地方或部门保护主义对企业"低成本"的影响。

（3）营业费用、管理费用的质量分析，主要包括：①折旧及其他摊销性费用是否作正常处理？②企业营业及管理费用的控制是否具有短期行为？

（4）财务费用的质量分析，主要包括：①企业是否"过少"地负债？②企业是否过分依赖于短期借款？③企业是否过分依赖于自然负债？

（5）企业利润质量恶化的特征，包括：①经营上的短期行为或决策失误导致的未来收入下降趋势；②成本控制上的短期行为导致的效率损伤；③纯粹的利润操纵行为导致的账面利润虚增；④过度负债导致的与高利润相伴的财务高风险；⑤企业利润过分依赖于非主营业务；⑥资产（尤其是存货与应收款）周转效率偏低；⑦非正常的会计政策变更；⑧审计报告出现异常（保留意见、否定意见、拒绝表达意见）。

【例 3-3】2013～2014 年华晨公司利润表主要项目如表 3-15 所示。

表 3-15	2013～2014 年华晨公司利润表主要项目				
利润表主要项目	2013 年	2014 年	利润表主要项目	2013 年	2014 年
主营业务收入（万元）	52 603.81	90 898.87	营业利润（万元）	11 686.94	44 658.45
主营业务利润（万元）	20 858.01	57 825.96	投资收益（万元）	-43.09	-2720.52
其他业务利润（万元）	77.11	-12.19	利润总额（万元）	12 567.06	42 337.94

[分析] 根据各年利润表主要项目得出的指标，分析得出该公司经营非常好（见表 3-16）。

表 3-16   2013～2014 年华晨公司利润表分析项目

指标	2013 年	2014 年
主营业务利润率（%）	39.65	63.62
总资产报酬率（%）	5.26	13.25
净资产收益率（%）	13.56	34.56

但是，通过分析该公司的利润表和资产负债表项目之间的关系后，我们发现其利润的真实性值得怀疑。如表 3-17 为 2013～2014 年华晨公司利润表及资产负债表部分内容。

表 3-17   2013～2014 年华晨公司利润表及资产负债表部分内容

利润表主要项目	2013 年	2014 年
主营业务收入（万元）	52 603.81	90 898.87
主营业务成本（万元）	20 858.01	57 825.96
其他业务利润（万元）	77.11	−12.19
营业利润（万元）	11 686.94	44 658.45
投资收益（万元）	−43.09	−2720.52
利润总额（万元）	12 567.06	42 337.94
总资产（万元）	182 328.70	315 129.53
应收账款（万元）	22 435.26	54 419.49

因此，不能简单地根据几个固定的指标的数值高低来打分，应当根据一个指标的数值高低来寻找下一个需要判断的问题，直到能够回答我们所关心的问题。经营业绩不仅表现在利润表上，还表现在资产负债表和现金流量表上。

第四节 利润分配表分析

一、利润分配表

利润分配表是反映企业一定期间对实现净利润的分配或亏损弥补的会计报表，是利润表的附表，说明利润表上反映的净利润的分配去向。利润分配表包括在年度会计报表中，是利润表的附表。通过利润分配表，可以了解企业实现净利润的分配情况或亏损的弥补情况，了解利润分配的构成，以及年末未分配利润的数据。

利润分配表是反映企业在一定时期利润分配情况和年末未分配利润结余情况的报表。利润分配表按月编制，是利润表的附表，利润表反映企业利润的形成情况，而利润分配表则是用来反映企业的利润分配情况。

二、利润分配表的结构

利润分配表一般有表首、正表两部分。其中，表首说明报表名称、编制单位、编制日期、报表编号、货币名称、计量单位等；正表是利润分配表的主体具体说明利润分配表的各项内容，每项内容通常还区分为"本年实际"和"上年实际"两栏分别填列。

如果上年度利润，分配表与本年度利润分配表的项目名称和内容不一致，则按编报当年的口径对上年度报表项目的名称和数字进行调整，填入本表"上年实际"栏内（见表 3-18）。

表 3-18　　　　　　　　　　　　　利 润 分 配 表

编制单位：　　　　　　　　　　年度：　　　　　　　　　　　　单位：元

项　　目	行次	本年实际金额	上年实际金额
一、净利润	1		
加：年初未分配利润	2		
其他转入	3		
二、可供分配的利润	4		
减：提取法定盈余公积金	5		
提取职工奖励及福利基金	6		
提取储备基金	7		
提取企业发展基金	8		
利润归还投资	9		
三、可供投资者分配的利润	10		
减：应付优先股股利	11		
提取任意盈余公积金	12		
应付普通股股利	13		
转作资本（或股本）的普通股股利	14		
四、未分配利润	15		

企业负责人：　　　　主管财务人员：　　　　制表人：　　　　填报日期：　　　年 月 日

三、利润分配表项目

利润分配表的填列方法，如表 3-19 所示。

表 3-19　　　　　　　　　　　　　利 润 分 配 表

编制单位：　　　　　　　　　　年度：　　　　　　　　　　　　单位：元

项　　目	行次	本 年 实 际
一、净利润	1	净利润项目，根据"本年利润"账户年终结转入"利润分配——未分配利润"账户的发生额填列。如为净亏损，应以负数填列，且其数字与利润表中"本年累计数"栏的净利润项目一致
加：年初未分配利润	2	年初未分配利润、未分配利润项目，分别根据"利润分配——未分配利润"账户的年初、年末余额填列
其他转入	4	"其他转入"项目，应根据"利润分配"账户所属该明细账户的本年贷方发生额填列
二、可供分配的利润	8	可供分配的利润=净利润+年初未分配利润+其他转入
减：提取法定盈余公积	9	各项目应分别根据"利润分配"账户所属各该明细账户的本年借方发生额填列
提取法定公益金	10	各项目应分别根据"利润分配"账户所属各该明细账户的本年借方发生额填列
提取职工奖励及福利基金	11	各项目应分别根据"利润分配"账户所属各该明细账户本年借方发生额填列

项　目	行次	本　年　实　际
提取储备基金	12	各项目应分别根据"利润分配"账户所属该明细账户的本年借方发生额填列
提取企业发展基金	13	各项目应分别根据"利润分配"账户所属该明细账户的本年借方发生额填列
利润归还投资	14	各项目应分别根据"利润分配"账户所属该明细账户的本年借方发生额填列
三、可供投资者分配的利润	16	可供投资者分配的利润=可供分配的利润−（提取法定盈余公积+提取法定公益金+提取职工奖励及福利基金+提取储备基金+提取企业发展基金+利润归还投资）
减：应付优先股股利	17	各项目应分别根据"利润分配"账户所属该明细账户的本年借方发生额填列
提取任意盈余公积	18	各项目应分别根据"利润分配"账户所属该明细账户的本年借方发生额填列
应付普通股股利	19	各项目应分别根据"利润分配"账户所属该明细账户的本年借方发生额填列
转作资本（或股本）的普通股股利	20	各项目应分别根据"利润分配"账户所属该明细账户的本年借方发生额填列
四、未分配利润	25	未分配利润=可供投资者分配的利润−[应付优先股股利+提取任意盈余公积+应付普通股股利+转作资本（或股本）的普通股股利]

四、利润分配表的阅读

1. "净利润"项目的阅读

净利润直接源自利润表中的"净利润"项目，阅读时的方法与利润表相同，这里不再赘述。

2. "年初未分配利润"项目的阅读

"年初未分配利润"项目反映的是报告年度企业年初未分配利润，该项目是企业以前年度滚存下来的累计未分配利润，通过该项目的阅读可以了解企业过去的经营成果，通过对比本年实际与上年实际，又可知道报告年度上一年的经营成果，进而可以进一步分析企业经营的潜力及发展的前景。

3. "其他转入"项目的阅读

"其他转入"项目反映企业由盈余公积弥补亏损等转增的未分配利润的金额，除盈余公积弥补亏损外，还有也可以用资本公积弥补亏损，本项目反映用净利润之外的其他自有资金弥补亏损而转入的资金。

4. "可供分配的利润"项目的阅读

可供分配的利润项目反映企业在报告年度可供投资者分配的利润，由年度净利润加年初未分配利润和其他转入计算得出。通过阅读这一项目股东可以了解企业能够支配的留给投资者的净利润。并通过比较本年实际与上年实际，了解报告年度企业新增净利润。进而对是否继续投资或增加投资做出决策。但更为细致的分析，还应结合其他相关资料进行。

5. "提取职工奖励及福利基金"项目的阅读

"提取职工奖励及福利基金"项目反映的是外商投资企业从当年实现的净利润中提取的用于职工奖励和福利方面的基金，一般根据企业的规定按照一定的比例提取。阅读时，可对比其他相关企业资料，但还是应针对企业自身情况而定。

6. "提取储备基金"项目的阅读

"提取储备基金"项目反映的是外商投资企业从当年实现的净利润中提取的用于企业储备方面的基金，一般根据企业的规定按照一定的比例提取。阅读时，可对比其他相关企业资料，但还是应针对企业自身情况而定。

7. "提取企业发展基金"项目的阅读

"提取企业发展基金"项目反映的是外商投资企业从当年实现的净利润中提取的用于企业储备方面的基金，一般根据企业的规定按照一定的比例提取。阅读时，可参照其他相关企业资料，但还是应针对报告企业自身情况而定。

8. "利润归还投资"项目的阅读

"利润归还投资"项目反映的是中外合作企业以企业实现的利润归还外方投资者的投资金额，本项目应根据合作各方的协议而定。

9. "可供投资者分配的利润"项目的阅读

"可供投资者分配的利润"项目是由上述项目进行计算得出的，反映企业的净利润中能够直接分配给投资者的部分。对于投资者而言，一般希望越多越好。对于经营者而言，可能不尽然。尤其当企业筹集资金不畅的情况下，经营者更希望将净利润留存下来，以降低筹资风险。

10. "应付优先股股利"项目的阅读

"应付优先股股利"项目反映的是企业根据约定的条件或公司的章程的规定，应分配给优先股股东的股利。优先股股东希望这一指标越多越好，但只能按照相关规定享有应得的部分。普通股股东希望此项目越少越好。因此，阅读时应结合公司章程和相关协议进行。

11. "提取任意盈余公积"项目的阅读

"提取任意盈余公积"项目反映的是企业根据公司章程的规定，由股东大会表决通过的按照当年实现的净利润的一定比例计算提取的非法定盈余公积。

12. "应付普通股股利"项目的阅读

"应付普通股股利"项目反映的是企业进行上述分配后留待普通股股东享有的按照股东大会表决通过的比例应得的股利部分。

13. "转作股本的普通股股利"项目的阅读

"转作股本的普通股股利"项目反映的是企业在利润分配时发放的股票股利部分。

 小阅读

股份制企业利润分配表的具体编制方法

利润分配表一般根据"利润分配"账户有关明细账户的发生额进行编制。股份制企业利润分配表的具体编制方法如下。

1. 报表各栏目的填列方法

报表中的"本年实际"栏，根据当年"利润"及"利润分配"账户及其所属各明细账户的记录分析填列。

"上年实际"栏根据上年度的利润分配表填列。如果上年度利润分配表的项目名称和内容与本年度利润分配表不相一致，则应对上年度报表项目的名称和数字按本年度的规定进行调整，填入报表的"上年实际"栏内。

2. 报表各项目的填列方法

（1）"净利润"项目，反映企业全年实现的净利润，如为净亏损，则以"–"号填列。本项目的数字应与利润表中"净利润"项目的"本年累计数"一致。

（2）"年初未分配利润"项目，反映企业上年年末的未分配利润；如为未弥补的亏损，则以"−"号填列。本项目的数字应与上年利润分配表中"未分配利润"项目的"本年实际"数一致。

（3）"其他转入"项目，反映企业按规定用盈余公积弥补亏损等转入的数额。

（4）"提取法定盈余公积"项目和"提取法定公益金"项目，分别反映企业按照规定提取的法定盈余公积和法定公益金。

（5）"提取的职工奖励及福利基金"项目，反映外商投资企业按规定提取的职工奖励及福利基金。

（6）"提取储备基金"项目和"提取企业发展基金"项目，分别反映外商投资企业按照规定提取的储备基金和企业发展基金。

（7）"利润归还投资"项目，反映中外合作经营企业按规定在合作期间以利润归还投资者的投资。

（8）"应付优先股股利"项目，反映企业应分配给优先股股东的现金股利。

（9）"提取任意盈余公积"项目，反映企业提取的任意盈余公积。

（10）"应付普通股股利"项目，反映企业应分配给普通股股东的现金股利。企业应分配给投资者的利润，也在本项目反映。

（11）"转作股本的普通股股利"项目，反映企业分配给普通股股东的股票股利。企业以利润转增的资本，也在本项目反映。

（12）"未分配利润"项目，反映企业年末尚未分配的利润。如为未弥补的亏损，则以"−"号填列。

本章小结

本章主要介绍利润表的作用、结构，利润表的水平分析和垂直分析，以及利润表主要项目的阅读。利润表是反映企业在某一时期（如月末、季末、年末）经营情况变动的会计报表，它表明企业在某一时期生产经营成果。利润表的整体分析，可通过编制水平分析表及垂直分析表进行比较分析，以得出对于企业生产经营成果的评价。在整体分析的基础之上，再进行利润表的项目分析，以揭示各项目变动的根本原因及其变动是否合理。

思考题

1. 利润表的结构有什么特点？
2. 利润表的编制基础是什么？
3. 进行利润表水平分析时应注意什么问题？
4. 分析主营业务收入、主营业务成本时应注意什么问题？
5. 分析期间费用时应注意什么问题？

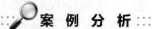 案 例 分 析

S公司为一家上市公司，该公司2012～2014年的利润表如表3-20所示。

表 3-20 　　　　　　　　　　　　　2012～2014 年 S 公司利润表

编制单位：S 公司　　　　　　　　　　　　　　　　　　　　　　　　　　　　单位：元

项目	2014 年	2013 年	2012 年
一、营业总收入	1 366 052 247.61	982 171 058.79	768 807 889.51
二、营业总成本	1 141 942 214.54	969 420 220.29	857 254 570.88
其中：营业成本	890 201 306.77	776 976 209.97	633 402 754.04
营业税金及附加	9 575 318.67	4 664 698.73	3 369 224.88
销售费用	46 360 544.10	47 534 089.38	27 855 652.88
管理费用	172 818 324.06	107 113 917.48	69 390 048.58
财务费用	11 956 638.69	35 519 719.37	27 899 293.54
资产减值损失	11 030 082.25	−2 388 414.64	95 337 596.96
加：公允价值变动收益			
投资收益	21 046 961.17	16 356 341.65	−55 640 337.13
其中：对联营企业和合营企业的投资	16 947 743.98	17 979 995.03	56 429 475.03
三、营业利润	245 156 994.24	29 107 180.15	144 087 018.50
加：营业外收入	9 069 137.37	4 298 211.57	7 454 721.21
减：营业外支出	4 418 909.32	2 163 421.55	999 091.82
其中：非流动资产处置损失	3 933 307.78	263 429.91	522 387.10
四、利润总额	249 807 222.29	31 241 970.17	137 631 389.11
减：所得税费用	26 126 155.66	3 079 309.14	958 224.41
五、净利润	223 681 066.63	28 162 661.03	138 589 613.52
六、每股收益：			
（一）基本每股收益	0.4309	0.0557	0.2659
（二）稀释每股收益	0.4309	0.0557	0.2659

要求：

（1）编制利润表水平分析表，并作出分析评价。

（2）编制利润表垂直分析表，并作出分析评价。

（3）尝试用 Excel 编制上述报表。

第四章 现金流量表分析

【引 例】

经营活动现金流量短缺，MN 公司紧急求援银行

2008 年 10 月 29 日，《每日经济新闻》从银行业内权威人士处获得独家消息，未来 3 个月，MN 公司还存在 30 亿元的资金缺口用以支付奶农奶款，日前已向中国建设银行申请了 8 亿元贷款，剩下的资金缺口还将向多家银行求援。

不久前，三聚氰胺就像一场"瘟疫"一样席卷了绝大部分乳品企业，MN 公司也未能幸免，据 MN 公司新闻发言人赵远花透露，在三聚氰胺事件发生最开始时，产品销售受到了严重阻碍，在 2008 年 9 月 19 日达最低值，销售量降低了 90% 以上。知情人士透露，"毒奶"事发后，MN 公司内销外售数量均现大幅下滑，部分生产线停产，加之召回"问题奶"及消费者退货，MN 公司销售回款由原来的月回款 30 亿元下降为月回款 10 亿元，目前 MN 公司已经出现经营活动现金流量短缺现象。

此外，为保护奶农利益，减少奶农损失，相关部门规定，只要检测合格的奶源必须予以接收——对以销售收入为主要奶款来源的乳品企业来说，支付奶农的奶款也成为了负担。

"三聚氰胺事件对 MN 公司经营造成影响是肯定的，公司的资金、销售都受到了影响。正常的资金周转不一样了，现金流更大了，这是企业内部需要调整的。"MN 公司集团新闻发言人赵远花昨日向《每日经济新闻》表示。

赵远花称，公司在资金、营销各方面都会采取相应的措施，以尽快走出危机，今后还将加强奶源的建设和监控。记者了解到，日前，为加强相关环节的检测及检控，MN 公司集团斥资 8000 万元购入 64 台能快速有效检测三聚氰胺的设备及药品，增加对三聚氰胺的检测，并实施"三重"检测措施。

对于销量能否恢复三聚氰胺事件前的水平，赵远花称，目前为止 MN 公司已恢复正常销量 70%～80% 的水平，但其表示，这是整个行业的问题，市场的完全恢复要受很多因素影响。

据悉，目前 MN 公司集团近 50% 的液态奶生产线已经开始运行，已逐步进入到全面恢复生产的阶段。

（资料来源：http://finance.qq.com/a/20081030/000905.htm）

❶ 思考

（1）如果你是银行的负责人，你是否愿意提供贷款给 MN 公司？试说明理由以支持你的决定。

（2）如果你拒绝贷款给 MN 公司，你认为它应采取哪些行动，才能使你改变这一决定？

（3）除了通过银行筹措资金，是否还有别的渠道来帮助 MN 公司解决资金短缺的困境？

第一节　现金流量表分析概述

现金流量表是反映　定时期现金及现金等价物流入和流出信息的财务状况变动表。资产负债表反映某一特定日期企业的资产规模及保值和增值情况，即是否"财大气粗"；利润表反映一定时期企业的经营成果，即"净赚多少"或效益如何。由于资产负债表和利润表是以权责发生制原则为基础编制的，因此无法提供资产能否实现、确认的收入是否真实、资金链上的资金运转是否正常、资金运用去向是否合理和有效等信息。而现金流量表是以收付实现制为基础编制的，因此依据资产负债表和利润表编制现金流量表时，必须将按照权责发生制确认的收益与费用、资产与负债等项目，转化为按照收付实现制确认的现金流入和现金流出。从这一点上看，现金流量表能够弥补资产负债表和利润表的不足，反映企业这一会计主体实实在在的资金存量，提供企业的收益质量和运营的真实水平，对其进行分析具有重要意义。

一、企业生命周期与收益流量、现金流量的关系

现金流量表是反映企业现金及现金等价物流动性的报表，是企业的重要报表之一。财务报表分析者如果忽视企业所处的生命周期来讨论收入、利润和现金流量，那么，其意义不大。为了能更好地反映现金流量表的内容，加深对现金流量表的理解，可以从企业的收入、利润和现金流量与生命周期的关系来进行探讨，如图 4-1～图 4-3 所示。

图 4-1 表明，刚开始收入随着产品生命周期的推进（从导入期到成长期）而逐步增加，到了成熟期，收入开始逐渐减少。

图 4-2 表明，描述了利润在整个生命周期的变化趋势。在产品的导入期和成长期的前期阶段，通常会发生亏损。因为现有产品带来的销售收入不足以弥补产品设计及新产品推广所花费的成本。在成熟期，净利润达到最高峰。随后，随着产品进入衰退期，净利润也开始下降。

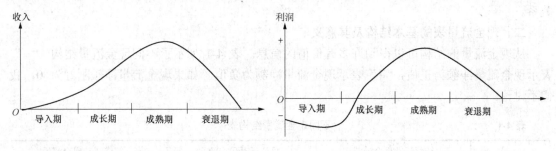

图 4-1　收入与生命周期的关系　　　　　图 4-2　利润与生命周期的关系

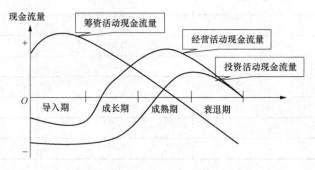

图 4-3　现金流量与生命周期的关系

图 4-3 显示企业在产品生命周期的 4 个阶段从经营活动、投资活动和筹资活动中获得现金流量。在导入期和成长期的早期阶段，经营活动现金流量和投资活动现金流量通常为负值，因为企业为推出新产品需要支付大量的现金，同时企业还要投资于生产设施的建设。投资活动现金流量负值的大小取决于企业相应业务的资本密集程度。因此，在导入期和成长期的早期阶段，企业必须从外部渠道（负债或所有者权益）获得现金，以支持企业的经营活动和投资活动。随着成长期的深入发展，经营活动盈利状况不断改善，并开始产生正值的现金流量。然而，企业预期会有更多的销售收入，企业需要更多的销售收入，企业需要更多的现金来支持应收账款和存货的增加。因此，净利润通常比经营活动现金流量更早地由负值转向正值。随着企业的产品进入成熟期，现金流量格局发生了变化，经营活动现金流量为正值并成为现金流量的主要提供者。这是因为市场已经接受了企业的产品，企业对营运资本的需求趋向平稳，同时随着销售收入的增加，企业只需要使用和维持而不是增加生产能力。在成熟期的后期阶段，投资活动现金流量甚至可能变成正值。因为企业可能会出售不再需要的厂房和设备。企业从经营活动获得了充裕的现金流量（在某种程度上，企业也从投资活动获得了充裕的现金流量），从而，企业可以用这些现金流量归还在导入期和成长期借入的债务和发放股利。随着时间的推移，产品进入衰退期，随着销售收入的减少，经营活动现金流量和投资活动现金流量都逐渐减少，企业急需归还其剩余的债务。如此周而复始，不断循环。

值得指出的是，尽管上述的讨论从产品生命周期的视角梳理了具体产品的销售收入、净利润和现金流量之间的关系，但是，只生产一种产品的企业毕竟是少数，许多企业会同时生产处于不同生命周期的一系列产品。现金流量表所披露的现金流量是企业所有产品的现金流量，而不是针对每一个具体产品的现金流量。因此，财务报表分析者还需要立足于企业内部更详细的数据，才能进一步分析多种产品的销售收入、净利润、现金流量与生命周期之间的关系。

二、现金流量表的基本结构及其意义

从现金流量的结构可以得到许多有价值的信息。表 4-1 列示了不同现金流量结构，"+"表示现金流量净额为正值，"–"表示现金流量净额为负值。如果现金流量净额刚好为 0，我们不讨论。

表 4-1　　　　　　　　　　　　　不同现金流量结构表

序号	经营活动现金流量	投资活动现金流量	筹资活动现金流量
1	+	+	+
2	+	+	–
3	+	–	+
4	+	–	–
5	–	+	+
6	–	+	–
7	–	–	+
8	–	–	–

由表 4-1 可以大体推测：

（1）经营活动现金流量为正值，投资活动现金流量为正值，投资活动现金流量为正值，筹资活动现金流量力正值。这表明企业主营业务在现金流量方面不仅能够自给自足，而且还有富余，说明企业的产品有比较好的市场反应，有一定的竞争力。同时，企业还有一定的投资项目。如果投资活动现金流量主要来自投资收益特别是实业投资收益，说明企业有一定有多元化经营，且效果不错。筹资活动现金流量为正值，说明企业还在继续筹资。

（2）经营活动现金流量为正值，投资活动现金流量为正值，筹资活动现金流量为负值。这时，企业与第一种情形不同的是筹资活动现金量为负值，说明企业的筹资规模并不大，主要在偿还以前的债务或支付股利。

（3）经营活动现金流量为正值，投资活动现金流量为负值，筹资活动现金流量为正值。企业有良好的主营业务活动，但企业依然在筹资，用于投资活动。这说明企业集中各方面资金进行投资活动。

（4）经营活动现金流量为正值，投资活动现金流量为负值，筹资活动现金流量为负值。这时，企业与第三种情形非常相似，其差别就是筹资活动现金流量为负值。但是，企业维系现金正常周转的纽带是经营活动现金流量。也就是说，企业的命运在一定程度上取决于企业的经营活动现金流量。资活动现金流量是来自投资收益还是投资收回。如果投资活动现金流量来自投资收回，形势非常严峻。

（5）经营活动现金流量为负值，投资活动现金流量为正值，筹资活动现金流量为正值。企业可能开始走向衰退期。这个时期的特征是：市场萎缩，产品销售的市场占有率下降，经营活动现金流入小于流出，同时企业为了应付债务不得不收回投资以弥补现金的不足。筹资活动现金流量为正值，说明企业还在大规模继续筹资。

（6）经营活动现金流量为负值，投资活动现金流量为正值，筹资活动现金流量为负值。企业经营活动已经发出危险信号，如果投资活动现金流量主要来自投资收回，那么，可能处于破产的边缘，需要高度警惕。

（7）经营活动现金流量为负值，投资活动现金流量为负值，筹资活动现金流量为正值。企业依靠借债维持日常经营和生产规模扩大，财务状况很不稳定。如果企业处于导入期，一旦渡过难关，还可能有发展空间；如果企业处于成长期或成熟期，则非常危险。

（8）经营活动现金流量为负值，投资活动现金流量为负值，筹资活动现金流量为负值。企业财务状况非常危急，必须及时扭转。这种情况通常发生在高速扩张时期，由于市场变化导致经营状况恶化，加上扩张时投入大量资金，使企业陷入进退两难的境地。

企业现金流量安排应该力求合理地安排现金的流量和流向，使得企业的现金流入量与现金流出量在数额、时间、币种和利率结构形式上相匹配。如果将企业视为一个人，那么，现金流量就是企业的血液。企业现金流量安排就是安排血管（流向），调节血管里的血的流量和流速。

流量是一个动态过程，流量导致存量，存量是一个结果。现金流动过程就是流量与存量相互联系、相互转化的过程。在会计账户上，流量就是发生额，存量表现为余额。现金流量表是企业现金流动的结果，它体现了"发展中求平衡"的思想。

从长远的观点看，企业的长短期偿债能力和盈利能力都必须立足于企业创造现金流量的能力。企业创造现金流量能力的分析以现金流量分析为基础。现金流量分析是在现金流量表出现之后发展起来的分析思维，其方法体系还处于进一步完善之中。

第二节　现金流量表整体分析

现金流量表是反映企业现金及现金等价物流动性的报表，是企业的重要报表之一。为了能更好地反映现金流量表的内容，加深对现金流量表的理解，可以从多个不同角度进行分析。

一、现金流量表总体分析

现金流量表准则将企业的日常生产经营活动分为三大类：经营活动、投资活动和筹资活动。现金流量表总体分析就是直接运用现金流量表中的各项数据，分析各项目变动对上述 3 类活动形成的现金流量产生的影响，以及企业在生产经营活动中运用现金的能力，借以了解企业的总体财务状况。同时通过对不同时期的各类经济活动产生的现金流量进行数值上的比较分析，可以反映出企业当期的现金流量水平及其变动特点，进而揭示出企业的整体情况。

二、现金流量表结构分析

现金流量表结构分析是通过计算企业的经营活动、投资活动和筹资活动产生的现金流入量、现金流出量和净流量，分别占现金流入总量、现金流出总量和净流量总额的比例，揭示某项活动产生现金流量的大小和所占的比例，从中发现问题，加以解决。

三、现金流量表比率分析

针对现金流量表中的数据，不仅要进行总体性和结构性的分析，还要将相关数据进行对比，对其进行获利能力、偿债能力及支付能力等分析。通过这种分析，让会计报表使用者从不同角度了解企业的盈利能力、举债经营能力和短期支付能力。

四、现金流量表一般分析

（一）企业持有现金的动机

现金具有较强的流动性，是可以直接用于支付的款项。这里所说的现金是指企业库存现金及可以随时用于支付的存款，包括库存现金、银行存款、银行本票和银行汇票，不能随时用于支付的存款不属于现金。由于有价证券持有期限短、变现能力强，可以随时兑换成已知金额的现金，是价值变动风险很小的投资，因此可以将有价证券视作现金的替代品，构成广义现金的一部分。总的来说，企业持有现金的动机包括以下 4 个方面。

（1）交易性需要。在企业的日常活动中，各种付款通常需要以现金支付，各种收款通常都要以现金的形式收回。

（2）预防性需要。企业的生产经营会伴有一定的风险，有时会发生意想不到的开支，如通货膨胀、金融危机、企业原材料供应、技术条件发生改变等内外部因素的影响，使得现金开支的量具有不确定性。由于企业无法预知未来可能发生的各种资金需求，因此应有足够的现金收入以备急需。如果企业拥有良好的借款环境，预防性现金就会减少。

（3）筹资性需要。企业在连续不断的经营过程中，难免会发生资金短缺，需向银行等金融机构借款。而银行等金融机构为降低风险，维护自身利益，往往要求企业在银行账户上保有一定的存款余额。否则，出于风险方面的考虑，银行可能不会提供贷款。

（4）营运性需要。在经营过程中，企业若拥有充裕的资金，当销售企业为加快资金回笼，采取商业折扣、现金折扣等促销手段时，就可以及时支付货款，降低进货的成本，享受折扣带来的好处。同时，拥有一定量的机动资金，也便于企业把握住有利的投资机会，在市场经济中获得更多的收益，以逐步壮大自己。

由此可见，现金对于企业是非常重要的。因此，加强现金管理，使企业的现金存量能保持在最佳的水平，确保现金存量适当，是企业经营管理者的重要责任。作为企业会计报表分析主体的投资者、债权人、管理者及政府管理机构等，自然会关注企业的现金及其流量，据以分析、判断企业的收益水平和收益质量等。

现金流量表整体分析就是根据现金流量表中的相关数据，对企业各类经济活动产生现金流量的变动情况进行分析与评价，说明其变动的原因，从而了解企业现金流动的整体情况。

现以 YN 公司为例，对该公司 2013 年度现金流量表进行分析，如表 4-2 所示。

表 4-2	YN 公司现金流量表	单位：万元
项　　目	2013 年	2012 年
一、经营活动产生的现金流量		
销售商品、提供劳务收到的现金	1 666 306.80	1 550 440.68
收到的其他与经营活动有关的现金	11 628.99	6699.89
经营活动现金流入小计	1 677 935.79	1 557 140.57
购买商品、接受劳务支付的现金	1 273 253.76	1 145 815.96
支付给职工以及为职工支付的现金	68 646.10	60 724.59
支付的各项税费	111 504.15	101 598.43
支付的其他与经营活动有关的现金	190 364.62	169 503.69
经营活动现金流出小计	1 643 771.63	1 477 645.68
经营活动产生的现金流量净额	34 164.16	79 494.89
二、投资活动产生的现金流量		
收回投资所收到的现金		15 541.97
取得投资收益所收到的现金	4225.49	155.20
处置固定资产、无形资产和其他长期资产所收回的现金净额	10.36	1201.30
处置子公司及其他营业单位收到的现金净额	64 158.42	13.87
收到的其他与投资活动有关的现金	0	660.12
投资活动现金流入小计	68 394.27	17 572.45
购建固定资产、无形资产和其他长期资产所支付的现金	7513.61	11 824.18
投资所支付的现金	22 588.50	15 490.00
取得子公司及其他营业单位支付的现金净额	9224.36	0.00
投资活动现金流出小计	39 329.47	27 314.18
投资活动产生的现金流量净额	29 064.80	−9744.72
三、筹资活动产生的现金流量		
取得借款收到的现金	1000.00	1000.00
收到其他与筹资活动有关的现金	538.76	0.00
筹资活动现金流入小计	1538.76	1000.00
偿还债务支付的现金	1000.00	1000.00
分配股利、利润或偿付利息所支付的现金	31 314.51	11 185.15

续表

项　　目	2013 年	2012 年
支付其他与筹资活动有关的现金	131.73	0.00
筹资活动现金流出小计	32 446.24	12 185.15
筹资活动产生的现金流量净额	−30 904.48	−11 185.15
四、汇率变动对现金及现金等价物的影响	−132.77	−2.75
五、现金及现金等价物净增加额	32 188.70	58 562.26
加：期初现金及现金等价物余额	176 106.45	114 270.95
六、期末现金及现金等价物余额	208 295.15	172 833.22
补充资料	2013 年	2012 年
1．将净利润调节为经营活动的现金流量		
净利润	232 145.38	158 251.58
加：资产减值准备	18 366.86	1015.26
固定资产折旧、油气资产折耗、生产性物资折旧	7784.48	5926.52
无形资产摊销	819.63	852.42
长期待摊费用摊销	582.17	2202.17
处置固定资产、无形资产和其他长期资产的损失（收益以"−"号填列）	−664.07	24.48
固定资产报废损失（收益以"−"号填列）		
公允价值变动损失（收益以"−"号填列）		
财务费用（收益以"−"号填列）	72.52	76.89
投资损失（收益以"−"号填列）	−68 486.50	−64.00
递延所得税资产减少（收益以"−"号填列）	−5438.67	−1065.58
递延所得税负债增加（收益以"−"号填列）		
存货的减少（收益以"−"号填列）	−111 862.94	−82 279.19
经营性应收项目的减少（收益以"−"号填列）	−126 541.81	−14 889.14
经营性应付项目的增加（收益以"−"号填列）	89 909.72	11 368.77
其他	−2522.63	−1925.00
经营活动产生现金流量净额	34 164.16	79 494.89
2．不涉及现金收支的投资和筹资活动		
债务转为资本		
一年内到期的可转换公司债券		
融资租入固定资产		
3．现金及现金等价物净变动情况		
现金的期末余额	208 295.15	172 833.22
减：现金的期初余额	176 106.45	114 270.95
加：现金等价物的期末余额		
减：现金等价物的期初余额		
现金及现金等价物的净增加额	32 188.70	58 562.26

　　从总体上看，YN 公司 2013 年度的现金流量为 208 295.15 万元，比 2012 年度量净增加

35 461.94 万元。其中，经营活动产生的现金净流量为 34 164.16 万元；投资活动产生的现金净流量为 29 064.80 万元；筹资活动产生的现金净流量为-30 904.48 万元。

其次，分析经营活动产生的现金净流量。YN 公司 2013 年经营活动产生的现金净流量 34 164.16 万元中，由于企业当年净利润增加，引起经营活动现金净流量增加 232 145.38 万元；同时，由于企业日常经营活动中，计提折旧、无形资产摊销、资产减值准备等业务会导致企业费用增加，但并不需要实际支付现金。因此，导致经营活动现金净流量增加 27 556.15 万元（18 366.86+7784.48+819.63+582.17）；而企业经营性应收项目和应付项目减少的共同作用，导致经营活动现金净流量减少-36 632.09 万元（-126 541.81+89 909.72）；再考虑存货、财务费用减少等其他项目变动的影响，使经营活动现金净流量减少-114 980.12 万元（-664.07+72.52-111 862.94-2522.63），最终形成该公司 2013 年经营活动现金净流量 34 164.16 万元。

再次，分析投资活动产生的现金流量，投资活动现金净流量的增加，主要是处置子公司及其他营业单位收到的现金净额 64 158.42 万元，处置的这个子公司是在 2013 年 4 月公开转让全资子公司 YN 置业 100%股权，而 YN 置业的价值在 64 600 万元左右。2013 年取得投资收益所收到的现金为 4225.49 万元，主要原因是 2013 年取得国债回购投资收益和购买银行理财产品取得投资收益。处置固定资产、无形资产和其他长期资产所收回的现金净额为 10.36 万元；扣除本期购置固定资产等长期资产引起的，该公司本期在固定资产等长期资产方面共投资 7513.61 万元，投资所支付的现金 22 588.50 万元，取得子公司及其他营业单位支付的现金净额 9224.36 万元，产生现金流出 39 329.47 万元。投资活动产生的现金净流量为 29 064.80 万元。

最后，分析筹资活动产生的现金流量。该公司筹资活动本期形成的现金流入量为 1538.76 万元，而现金流出量合计为 32 446.24 万元，明显高于现金流入量，使得筹资活动现金净流量为负值。其原因主要是根据公司 2012 年度利润分配预案，公司本期可供股东分配利润 31 314.51 万元，拟以 2012 年年末总股本 694 266 479 股为基数，向全体股东按每 10 股派发现金股利 4.5 元（含税），共拟派发现金股利 31 241.99 万元。两项相抵后，筹资活动产生现金净流出量为 30 904.48 万元。

第三节　现金流量表项目阅读与分析

一、现金流量表水平分析

进行现金流量表一般分析，不仅说明了企业当期现金流量各项目发生金额的大小，而且说明了各项目形成的原因，但未能够揭示本期现金流量与前期或预计现金流量变动的差异。因而应对现金流量表进行水平分析，以反映出前后各期现金流量的变化。

现金流量表水平分析，也称增减变动或趋势分析，就是将企业某一时期现金流量表各项目与前期各相同项目数据进行比较，计算出它们的差额，以揭示企业前后各期现金流量的变化情况。利用表 4-2，可以直接编制现金流量表的水平分析表，如表 4-3 和表 4-4 所示。

表 4-3　　　　　　　　　　　　YN 公司现金流量比较分析表　　　　　　　　　　单位：万元

项　　目	2013 年	2012 年	变动额	增减百分比（%）
一、经营活动产生的现金流量				
销售商品、提供劳务收到的现金	1 666 306.80	1 550 440.68	115 866.12	4.47

续表

项　　　目	2013 年	2012 年	变动额	增减百分比（%）
收到的其他与经营活动有关的现金	11 628.99	6699.89	4929.11	73.57
经营活动现金流入小计	1 677 935.79	1 557 140.57	120 795.22	4.76
购买商品、接受劳务支付的现金	1 273 253.76	1 145 815.96	127 434.80	11.12
支付给职工以及为职工支付的现金	68 646.10	60 724.59	7918.50	13.04
支付的各项税费	111 504.15	101 598.43	9905.72	9.75
支付的其他与经营活动有关的现金	190 364.62	169 503.69	20 863.94	12.31
经营活动现金流出小计	1 643 771.63	1 477 645.68	166 125.95	11.24
经营活动产生的现金流量净额	34 164.16	79 494.89	−45 330.73	−54.02
二、投资活动产生的现金流量				
收回投资所收到的现金		15 541.97	−15 541.97	−100
取得投资收益所收到的现金	4225.49	155.20	4070.29	2622.61
处置固定资产、无形资产和其他长期资产所收回的现金净额	10.36	1201.30	−1190.94	2622.61
处置子公司及其他营业单位收到的现金净额	64 158.42	13.87	64 144.54	−99.14
收到的其他与投资活动有关的现金	0	660.12	−660.12	−100
投资活动现金流入小计	68 394.27	17 572.45	50 821.81	462 448.21
购建固定资产、无形资产和其他长期资产所支付的现金	7513.61	11 824.18	−4313.57	−100.00
投资所支付的现金	22 588.50	15 490.00	7098.50	289.21
取得子公司及其他营业单位支付的现金净额	9224.36	0.00	9224.36	−36.47
投资活动现金流出小计	39 329.47	27 314.18	12 012.29	45.83
投资活动产生的现金流量净额	29 064.80	−9744.72	38 809.52	−398.26
三、筹资活动产生的现金流量				
吸收投资收到的现金				
取得借款收到的现金	1000.00	1000.00	0.00	0
收到其他与筹资活动有关的现金	538.76	0.00	538.76	
筹资活动现金流入小计	1538.76	1000.00	538.76	53.88
偿还债务支付的现金	1000.00	1000.00	0.00	0.00
分配股利、利润或偿付利息所支付的现金	31 314.51	11 185.15	20 129.36	179.97
支付其他与筹资活动有关的现金	131.73	0.00	131.73	
筹资活动现金流出小计	32 446.24	12 185.15	20 261.09	166.28
筹资活动产生的现金流量净额	−30 904.48	−11 185.15	−19 722.33	176.33
四、汇率变动对现金及现金等价物的影响	−132.77	−2.75	−130.02	4721.45
五、现金及现金等价物净增加额	32 188.70	58 562.26	−26 373.56	−45.04
加：期初现金及现金等价物余额	176 106.45	114 270.95	61 835.50	54.11
六、期末现金及现金等价物余额	208 295.15	172 833.22	35 461.94	20.52

表 4-4   **YN 公司现金流量表附表水平分析表**   单位：万元

补 充 资 料	2013 年	2012 年	变动额	增减百分比(%)
1．将净利润调节为经营活动的现金流量				
净利润	232 145.38	158 251.58	73 893.79	46.69
加：资产减值准备	18 366.86	1015.26	17 351.60	1709.08
固定资产折旧、油气资产折耗、生产性物资折旧	7787.48	5926.52	1860.96	31.40
无形资产摊销	819.63	852.42	−32.79	−3.85
长期待摊费用摊销	582.17	2202.17	−1619.99	−73.56
处置固定资产、无形资产和其他长期资产的损失（收益以"−"号填列）	−667.07	27.48	−694.54	−2527.88
固定资产报废损失（收益以"−"号填列）				
公允价值变动损失（收益以"−"号填列）				
财务费用（收益以"−"号填列）	72.52	76.89	−4.37	−5.68
投资损失（收益以"−"号填列）	−68 486.50	−67.00	−68 419.50	102 122.70
递延所得税资产减少（收益以"−"号填列）	−5438.67	−1065.58	−4373.08	410.39
递延所得税负债增加（收益以"−"号填列）				
存货的减少（收益以"−"号填列）	−111 862.94	−82 279.19	−29 583.75	35.96
经营性应收项目的减少（收益以"−"号填列）	−126 541.81	−14 889.14	−111 652.67	749.89
经营性应付项目的增加（收益以"−"号填列）	89 909.72	11 368.77	78 540.95	690.85
其他	−2522.63	−1925.00	−597.63	31.05
经营活动产生现金流量净额	34 164.16	79 494.89	−45 330.73	−57.02
2．不涉及现金收支的投资和筹资活动				
债务转为资本				
一年内到期的可转换公司债券				
融资租入固定资产				
3．现金及现金等价物净变动情况				
现金的期末余额	208 295.15	172 833.22	35 461.94	20.52
减：现金的期初余额	176 106.45	114 270.95	61 835.50	54.11
加：现金等价物的期末余额				
减：现金等价物的期初余额				
现金及现金等价物的净增加额	32 188.70	58 562.26	−26 373.56	−45.04

    从表 4-3 中"现金及现金等价物净增加额"项目可以看出，YN 公司现金净流量状况较 2012 年现金的拥有量净减少 26 373.56 万元，减少 45.04%，主要原因是 2013 年经营活动现金流出高于经营活动现金流入。

    该公司 2013 年实现现金净减少额 26 373.56 万元，是由于企业在正常经营活动、投资活动及筹资活动的整个过程中综合作用的结果。从经营活动来看，2013 年度的现金净流量增加 34 164.16 万元，而 2012 年度净增加 79 494.89 元，两者在相互抵消后，2013 年度的现金流量净额较上年净减少 45 330.73 万元。在经营活动中，现金净流量的减少与经营活动产生的现金流出量的增加有关。其中销购买商品、接受劳务支付的现金增加 127 434.80 万元，支付给职工以及为职工支付的现金增加 7918.50 万元，支付的各项税费增加 9905.72 万元，支付的其他与经营活动有关的现金增加 20 863.94 万元。而同期经营活动产生的各项现金流入合计仅增加了 120 795.22 万元，最终使经营活动现金净流量减少了 45 330.73 元。

在企业的投资活动方面，由于该公司 2013 年在处置子公司及其他营业单位收到的现金净额较 2012 年增加 64 144.54 万元，投资现金流入量 2013 年较 2012 年增加 50 821.81 万元，而 2013 年投资活动现金流出量大于 2012 年投资现金流出量。但是，从总体上看 2013 年较 2012 年投资活动现金流入的增加额大于现金流出量的增加额，使两年的投资活动产生的现金净流量之差为正数，即投资活动提供了现金净流量。

在企业的筹资活动方面，2013 年该公司筹资活动产生的现金流入量较 2012 年度仅收到其他与筹资活动有关的现金增加 538.76 万元，根据报表数据可以发现，这主要是由于 2013 年"中药冻干制剂及软袋输液中试研究技术平台"、"质量标准体系研究"、"其他与资产相关的政府补助"等项目构成。此外，2013 年度公司筹资活动产生的现金流出量较 2012 年增加了 20 261.09 万元，主要是拟派发现金股利 31 314.51 万元较上一年度大幅增加。因此，从筹资活动的最终结果来看，2013 年度筹资活动产生现金净流量比上年增加 19 722.33 万元。

表 4-4 是对表 4-3 的补充说明。通过表 4-4 提供的补充信息，可以更深入地理解经营活动产生现金净流量及其增减变动的原因。

其一，该公司 2013 年经营性应收项目增加了 111 652.67 万元，2013 年尚未收回 126 541.81 万元，而该项目 2012 年度仅为 14 889.14 万元，存货增加 29 583.75 万元，几项综合作用的结果，使 2013 年度比 2012 年度的经营活动现金净流量减少 45 330.73 万元。分析其原因，主要是公司经营性应收账款项目金额 2013 年度比 2012 年度大幅度增加所致。

其二，该公司 2013 年净利润比 2012 年增加 73 893.79 万元，而 2013 年较 2012 年现金及现金等价物的减少额为 26 373.56 万元。这是该公司经营活动产生的现金净流量减少的另一个非常重要的因素。

其三，该公司 2013 年较 2012 年经营性应付项目的增加 78 540.95 万元，使经营活动产生的现金净流量增加 137 360 万元，这也是使现金净流量增加的原因之一。

其四，该公司 2013 年某些项目的发生会对本年度经营活动的现金净流量起冲减与抵消作用，例如，处置固定资产、无形资产和其他长期资产的损失在 2013 年形成的净收益是 667.07 万元，而在 2012 年形成的净支出是 27.48 万元，从纵向分析来看，两者相抵后，使经营活动现金净流量增加 694.54 万元；再如，投资收益的变化使经营活动现金净流量增加了 68 419.50 万元，递延所得税资产的变化使经营活动现金净流量增加了 4373.08 万元，长期待摊费用摊销的变化使经营活动现金净流量增加了 1619.99 万元。

二、现金流量表结构分析

现金流量表结构分析是根据现金流量表中的数据，计算某项活动的现金流入量占该类现金流入总量的比例，或者是计算某项活动的现金流出量占该类现金流出总量的比例，以此来反映企业某项活动产生的现金流量的大小、特征及合理性等，具体包括现金流入结构分析、现金流出结构分析、现金净流量结构分析和现金流量结构变化趋势分析四 4 个方面。

（一）现金流入结构分析

现金流入结构是指企业经营活动、投资活动和筹资活动产生的现金流入量占企业全部现金流入总量的比例，以及这 3 类活动中，不同现金流入渠道流入现金占该类别现金流入量和现金流入总量的比例。

通常情况下，经营活动是企业的主要经济活动。因此，在企业现金流入量中，来自于经营活动的现金流入量应当占有相当大的比例，尤其是其主要经营活动产生的现金流入量会明显高于其他经营活动产生的现金流入量。当然，对经营性质、经营范围不同的企业，现金流入量的比例也会存在很大的差别。对于经营业务比较单一的企业，其主要经营业务创造的现金流入量可能要占到整个企业经营活动现金流入总量的绝对比例。例如一个保守型企业，通常着眼于自身既定经营范围内的业务发展，就算有一定量的闲置资金，也不愿意投资于经营范围以外的领域，尽可能避免负债经营。在这种情况下，经营活动产生的现金流入量所占的比例较高，相应地，由投资活动和筹资活动产生的现金流入量偏少。

在市场经济快速发展的今天，特别是随着集团化、规模化企业的建立，许多企业呈现出了积极活跃、多元化发展的势头。经营范围和所涉及的领域不断扩大，其筹资活动和投资活动自然显得频繁。在一定时期内，筹资活动和投资活动产生的现金流入和流出量可能会高于经营活动产生的现金流入和流出量。表 4-5 反映了 YN 公司 2013 年的现金流入结构情况。

表 4-5　　　　　　　　　　　　　　YN 公司现金流入结构表　　　　　　　　　　　单位：万元

项　　目	现金流入额（万元）		比例（%）	
	2013 年	2012 年	2013 年	2012 年
一、经营活动产生的现金流量				
销售商品、提供劳务收到的现金	1 666 306.80	1 550 440.68	95.33	98.40
收到的其他与经营活动有关的现金	11 628.99	6699.89	0.67	0.43
经营活动现金流入小计	1 677 935.79	1 557 140.57	96.00	98.82
二、投资活动产生的现金流量				
收回投资所收到的现金		15 541.97	0.00	0.99
取得投资收益所收到的现金	4225.49	155.2	0.24	0.01
处置固定资产、无形资产和其他长期资产所收回的现金净额	10.36	1201.30	0.00	0.08
处置子公司及其他营业单位收到的现金净额	64 158.42	13.87	3.67	0.001
收到的其他与投资活动有关的现金	0	660.12	0.00	0.04
投资活动现金流入小计	68 394.27	17 572.45	3.91	1.12
三、筹资活动产生的现金流量				
吸收投资收到的现金				
取得借款收到的现金	1000.00	1000.00	0.06	0.06
收到其他与筹资活动有关的现金	538.76	0	0.03	0.00
筹资活动现金流入小计	1538.76	1000.00	0.09	0.06
合计	1 747 868.82	1 575 713.02	100.00	100.00

从表 4-5 可以看出，YN 公司 2013 年经营活动产生的现金流入量占现金流入总量的 96.00%，与 2012 年的 98.82%相比降低了 2.82%。该公司经营活动产生现金流入量主要来源于销售商品、提供劳务收到现金，2013 年和 2012 年分别占现金流入总量的 95.33%和 98.40%，占经营活动现金流入量的 99.31%、99.57%；投资活动产生金现流入量甚微且 2013 年有所增加；来自公司筹资活动产生的现金流入量 2013 年占现金流入总量的 0.09%，较 2012 年增加了 0.03%。综合来看，该公司采用的是比较稳健、传统的经营方式，虽然有利用外部资金的尝试，但是量不大，其原因或是对投资前景不太看好、不乐观，或是信誉不高，偿债能力不强等。

（二）现金流出结构分析

现金流出结构是指企业经营活动、投资活动和筹资活动产生的现金流出量占企业现金流出总量的比例。

一般情况下，在经营活动中所发生的诸如购买商品、接受劳务和支付税费等项支出产生的现金流出量占现金流出总量的比例较大，而投资活动和筹资活动现金流出量占现金流出总量比例的大小与企业的风险导向、企业融资能力和资金的使用方向有关。这就使得不同企业之间在进行横向比较时，相同项目的现金流出数额会有很大的不同。即使是同一企业，在不同时期，也会因企业经营政策的变化而存在较大的差异。有些企业的投资和筹资活动现金流出较少，在总的现金流出中所占比例甚微；而有些企业则可能很大，甚至超过经营活动的现金流出。总的来讲，在企业正常的经营活动中，其经营活动的现金流出应当具有一定的稳定性，各期变化幅度一般不会相差很大，但投资活动与筹资活动现金流出的稳定性相对较差，甚至具有偶发性和随意性，究其原因，主要是投资活动和筹资活动风险较大。因此，在分析企业的现金流出结构时，应结合企业的具体情况进行分析。表 4-6 反映了 YN 公司 2013 年的现金流出情况。

表 4-6   **YN 公司现金流入结构表**

项　　目	现金流出额（万元）		比例（%）	
	2013 年	2012 年	2013 年	2012 年
一、经营活动产生的现金流量				
购买商品、接受劳务支付的现金	1 273 253.76	1 145 815.96	74.22	75.52
支付给职工以及为职工支付的现金	68 646.10	60 724.59	4.00	4.00
支付的各项税费	111 504.15	101 598.43	6.50	6.70
支付的其他与经营活动有关的现金	190 364.62	169 503.69	11.10	11.17
经营活动现金流出小计	1 643 771.63	1 477 645.68	95.82	97.40
二、投资活动产生的现金流量				
购建固定资产、无形资产和其他长期资产所支付的现金	7513.61	11 824.18	0.44	0.78
投资所支付的现金	22 588.50	15 490.00	1.32	1.02
取得子公司及其他营业单位支付的现金净额	9224.36	0	0.54	0.00
投资活动现金流出小计	39 329.47	27 314.18	2.29	1.80
三、筹资活动产生的现金流量				
偿还债务支付的现金	1000.00	1000.00	0.06	0.07

项　　目	现金流出额（万元）		比例（%）	
分配股利、利润或偿付利息所支付的现金	31 314.51	11 185.15	1.83	0.74
支付其他与筹资活动有关的现金	131.73	0	0.01	0.00
筹资活动现金流出小计	32 446.24	12 185.15	1.89	0.80
合计	1 715 547.34	1 517 145.01	100.00	100.00

由表 4-5 和 4-6 可以看出，在 2013 年度和 2012 年度，YN 公司的现金流入总量分别为 1 747 868.82 万元和 1 575 713.02 万元，现金流出总量分别为 1 715 547.34 万元和 1 517 145.01 万元。在表 4-5 中，经营活动产生的现金流出量在 2013 年和 2012 年分别为 1 643 771.63 万元和 1 477 645.68 万元，分别占 2013 年和 2012 年现金流出总量的 95.82% 和 97.40%，2013 年较 2012 年降低了 1.58%，表明企业的现金流出主要用于经营活动，是正常的；投资活动产生的现金流出量 2012 年与 2013 年均较低，且 2013 年投资活动产生的现金流出量的比例较 2012 年增高了 0.49%；筹资活动产生的现金流出量 2013 年 2012 年分别为 32 446.24 万元和 12 185.15 万元，占现金流出量的比例分别为 1.89% 和 0.80%，2013 年较 2012 年增加了 1.09%。从总体上看，该公司发生的现金流出量与其形成的现金流入量较匹配，现金流量比较稳定。与 2012 年相比，2013 年筹资活动、投资活动形成的现金流入、流出量占企业现金流入、流出总量的比例均有所增加，而经营活动产生的现金流入、流出量占企业现金流入、流出总量的比例均有所降低，表明企业经营从主要依赖经营活动向部分依赖筹资、投资活动取得现金净流量转化。

（三）现金净流量结构分析

所谓企业现金净流量结构，就是指企业经营活动、投资活动和筹资活动取得的现金净流量分别占现金净流量总额的比例，即三类活动各自对现金净流量的贡献程度。

通过现金净流量结构分析，可以明确体现本期的现金净流量主要由哪类活动产生，哪类活动导致现金净流量较少，并据此判断现金净流量的形成是否科学、合理，是否存在较大的经营风险与财务风险等。表 4-7 反映出了 2013 年度 YN 公司现金净流量的大体情况。

表 4-7 现金净流量结构表

项　　目	现金净流量（万元）		比例（%）	
	2013 年	2012 年	2013 年	2012 年
经营活动产生的现金流量净额	34 164.16	79 494.89	105.70	135.73
投资活动产生的现金流量净额	29 064.8	−9741.7	89.92	−16.63
筹资活动产生的现金流量净额	−30 907.48	−11 185.15	−95.63	−19.10
合计	32 321.48	58 568.01	100.00	100.00

从表 4-7 中可以看到，YN 公司 2013 年产生的现金净流量总共为 32 321.48 万元，经营活动和投资活动产生的现金净流量均为正数，且占现金净流量总额的 195.62%；而筹资活动的现金净流量为负数，所占比例也比较大。从整个净流量来看，该公司的周转现金流主要依靠经营活动和投资活动，并为筹资活动造成的资金短缺"埋单"。整个现金流的形成具有合理性。另一方面，观察公司 2013 年度分配股利、利润或偿付利息所支付的现金，支付其他与筹资活

动有关的现金数较大。整个现金流的形成仍缺乏科学性。

（四）现金流量结构变化趋势分析

如果把不同时期的现金流量放在一起进行比较，可以了解到企业现金流量结构的变化及未来的发展趋势。

表 4-8 YN 公司现金流入结构趋势变化表 单位：%

项　　目	2011 年	2012 年	2013 年
经营活动产生的现金流入	98.76	98.82	96.00
投资活动产生的现金流入	1.15	1.12	3.91
筹资活动产生的现金流入	0.09	0.06	0.09
合计	100.00	100.00	100.00

从表 4-8 可以看出，在 YN 公司的现金流入中，经营活动取得的现金不仅比例很大，而且比例基本呈逐年上升趋势，而 2013 年略有下降；从 2011 年到 2013 年，企业筹资活动产生的现金流入量所占比例明显较低，投资活动的现金流入所占比例也发生巨大的起伏呈现明显增长趋势。这些情况说明，该公司的现金拥有量很少依赖于从筹资渠道取得的现金流入；相反，该公司更多地依赖于从经营活动取得的现金流入，以满足本企业的要求。

从表了 4-9 可以看到，在 YN 公司的全部现金流出中，经营活动现金流出的比例 2011 年到 2012 年呈现增长的趋势，而企业 2013 年略有下降。企业的投资活动和筹资活动现金流出比例虽然 2012 年呈现下降趋势，但是 2013 年又开始呈现出增长的状态。

表 4-9 YN 公司现金流出结构趋势变化表 单位：%

项　　目	2011 年	2012 年	2013 年
经营活动产生的现金流出	90.56	97.40	95.82
投资活动产生的现金流出	3.55	1.80	2.29
筹资活动产生的现金流出	5.90	0.80	1.89
合计	100.00	100.00	100.00

投资活动比例上升说明企业在保证现有生产经营的基础上，把更多的资金用于设备投资和对外进行金融资产投资，从而使企业进一步发展壮大；而筹资活动现金流出的比例上升，则说明企业以前时期举借的债务到期，因而企业用来偿还债务的现金流出上升，如偿还贷款本金、利息，偿付债券本息等。

三、现金流量表比率分析

通过对现金流量表的分析，一方面有助于预测企业未来的现金流量；另一方面有助于分析企业收益质量、再造现金能力及影响现金净流量的因素。此外，通过现金流量表还可以进行相关的比率分析，有助于评价企业的利润质量、支付能力和偿债能力。

（一）利润质量分析

利润是企业在一定时期内的经营成果，是企业追求的最终目标之一。它反映企业在一定期间内盈利或亏损的实际情况。利润表中的净利润是根据权责发生制原则计算进来的，而现金流量表中的现金及现金等价物则是根据收付实现制原则来反映企业的现金来源和运用去向的。从理论上讲，企业的净营业利润应当与经营活动的现金净流量相一致，但是由于利润表与现金流量表的编制基础不同；企业销货与收款在时间上可能会发生脱节，而且脱节时间较长（超过一年），则企业净营业利润与企业经营活动产生现金净流量就会出现背离。然而，在现实生活中，销货与收款时间脱节超过一年的情况时有发生，因此利润与现金净流量会经常出现背离。为了能够更真实地反映企业对现金的拥有水平，在企业的净营业利润与经营活动现金净流量出现不一致时，按照收付实现制基础计算出来的经营净收益即经营活动现金净流量，就显得比利润值更加真实、可靠。

基于现金流量表的特殊编制基础，可以进行以下与利润相关指标的设计和分析。

1. 销售净现率

$$销售净现率=\frac{年度实现经营活动现金净流量}{年度营业收入}×100\%$$

该指标可以用来反映企业在一个会计期间内，每实现 1 元的营业收入所能产生的经营活动现金净流量，它体现了企业因销售商品、提供劳务等取得的变现收益水平。销售净现率以大于同期的营业利润率指标数值为好。

根据 YN 公司 2013 年的报表资料，可以计算出该公司 2013 年的销售净现率为 2.16%，表明公司在经营中，每取得 1 元的营业收入，可以实现的现金净流量为 0.0216 元。

2. 总资产净现率

$$总资产净现率=\frac{年度实现经营活动现金净流量}{年度平均资产总额}×100\%$$

企业的生产经营离不开资产的投入与运作。资产的使用可以为企业带来未来的经济权益。总资产净现率表明企业已拥有或控制的资产在经营活动中获得现金流量的能力，它反映了企业资产的实际创现能力。如果把若干时期的该指标数值进行比较，可以看出该企业对于经营性资产的利用效果和未来的变化趋势。YN 公司 2013 年总资产净现率为 2.90%，它表明公司每 100 元的资产可以产生 2.90 元的经营现金净流量。

3. 收益现金比率

$$收益现金比率=\frac{经营活动现金净流量}{净收益}×100\%=\frac{每股经营活动现金净流量}{每股净收益}$$

该指标实际上可以看作是由两个财务指标组成的。它反映了每股净收益中拥有的经营活动净现金流量的比例。该指标反映每股收益中变现收益的高低。通常来说，该指标若大于 1，则表明企业在获取 1 元的每股净收益时，也为企业带来了超过 1 元的净现金；相反，若该指标小于 1，则表明企业取得的净收益中，有一部分没有形成现金。YN 公司 2013 年的收益现金比率为 14.72%，该指标值小于 1，说明公司在实现 1 元净收益的同时，有一部分没有形成现金。

4. 现金获利指数

$$现金获利指数=\frac{年度净利润额}{年度经营活动现金净流量}$$

该指标反映企业每实现 1 元的经营活动现金净流量所实现的收现性利润额，用以衡量经营活动现金流量的获利能力。YN 公司 2013 年的现金获利指数为 6.79，这表明公司在实现 1 元的经营性现金净流量的同时，可以实现的收现性利润额为 6.79 元。

5. 每股净现金流量

$$每股净现金流量 = \frac{现金及现金等价物净增加额}{总股本}$$

$$现金获利指数 = \frac{经营活动现金净流量}{总股本}$$

$$现金获利指数 = \frac{经营活动现金净流量 - 优先股股利}{流通中的普通股股数}$$

该指标反映企业全体股东投入的总股本中，单位股本所能创造的现金净流量的能力，它也反映了企业股本的现金获利水平。对于以获取现金股利为主要投资目标的投资者来说，该指标显得尤为重要。

（二）现金流量的偿债能力分析

举债经营是企业在正常的生产经营过程中通常采用的做法，企业现金流量的偿债能力是衡量企业能否按期归还到期债务本金和利息的能力。按期清偿债务是企业应尽的义务，关系到企业的信誉和形象；及时清偿债务，有利于在业界培养企业的商业道德。企业清偿债务可以动用流动资产，也可以动用非流动资产。当然，在资金紧张、借款条件允许的情况下，还可以采取举新债还旧债的方法来清偿，但最终用于偿还债务的是现金流量。

企业现金流量的偿债能力归根结底是以企业现金流量和存量应付企业经营、偿债和投资需要的能力。这个能力越强，企业经营和理财的风险就越小，发生财务困难和危机的可能性就越小。在现金流量表中讨论企业的偿债能力，既包括短期偿债能力，也包括长期偿债能力。企业的短期偿债能力，即企业可以立即动用的流动资产，故有时也称企业的短期偿债能力为支付能力，它表明企业现金及现金等价物的拥有量或存量，即可以立即动用的现金水平。当然，严格来讲，企业的支付能力不完全等同于短期偿债能力。本节主要分析现金流量长期偿债能力，至于支付能力将在 4.3.3 节另行讨论。

1. 影响现金流量长期偿债能力的因素

现金流量长期偿债能力是指企业到期以现金流量偿还长期债务本息的能力，主要包括长期借款、应付债券、长期应付款和其他长期负债的本金和利息。其影响因素主要包括以下几个方面。

（1）盈利能力影响因素。短期偿债能力主要考虑流动资产和流动负债结构、企业变现能力及流动资产和流动负债的对比关系，它是从资产变现的角度来进行分析。而长期偿债能力由于债务期较长，一般为一年或一个营业周期以上，财务风险较大，需要考虑的内素也较多，很难根据资产变现情况作出判断。

企业需要偿还的债务，不仅包括应该偿付的本金，而且包括以此为基础计算出来的利息。企业的长期负债多数用于长期资产的投资，以更新企业设备或形成新的生产能力。在正常持续的生产经营状况下，企业长期债务的偿还，不可能依靠出售长期资产作为现金来源，而应依靠企业生产经营所得，即通过提高企业的盈利能力，增加现金流入量，实现到期长期债务的偿还。企业之所以举债经营，就是为了利用资金成本较低的负债现金，以获得财务杠杆利益，增加企业的收益。因此，企业的长期偿债能力与企业的盈力能力有着密切的联系。一般来讲，企业的盈利能力越强，质量越高，现金流入量越多，其长期偿债能力就越强；反之，其长期偿债能力就越弱。如果企业长期处于亏损状态，偿债艰难，则不得不通过变卖资产来清偿债务，这样就会影响企业的正常生产经营活动，最终会影响投资者和债权人的利益。因此，企业的盈利能力是影响长期偿债能力的最重要的因素。

（2）投资效果影响因素。企业举借的长期债务，多数情况下是为了满足固定资产等长期投资的需要。因此，投资运用的效果如何就决定了企业到期偿还长期债务的能力。特别是当某个具体投资项目所需资金来源全部依靠长期债务筹措时，投资效果对其偿债能力的影响更大。因为如果企业的投资不能达到预期目标，现金不能及时回笼，其偿债能力就会受到影响，进而损害债权人的利益。

（3）经营现金流量影响因素。清偿债务主要是依靠企业提供的现金来完成。尽管企业盈利是偿还债务的根本保证，但是盈利毕竟不同于现金。只有当企业变现能力较强，且有充裕的资金保证时，才有真正的偿债能力。从这个角度上说，企业的现金流量状况决定了其对偿债能力的保证程度。

（4）权益资金的规模和稳定性影响因素。企业的经营成果主要表现为利润，分配后形成的未分配利润则沉淀为企业的权益资金。权益资金的规模越大，则债权人利益的保障程度越充分；权益资金在数量上的稳定状况越好，企业偿债能力越强，债权人的财务风险越低。

2. 现金流量的长期偿债能力比率分析

由于现金流量表可以反映企业的获利质量，因此运用现金流量指标，将可以动用的现金流量与负债联系起来进行比较，用来评价企业的长期偿债能力，对于真实反映和评价企业偿债能力具有现实意义。这些指标主要有到期债务本息偿付比率、强制性现金支付比率等。

（1）到期债务本息偿付比率。到期债务本息偿付比率是经营活动现金流量净额与本期到期债务本息的比值。其计算公式为

$$到期债务本息偿付比率 = \frac{经营活动现金流量净额}{本期到期债务本息} \times 100\%$$

经营活动是企业主要的经济活动，其产生的现金流量净额是企业偿还债务的最稳定、最可靠的来源。如果该指标值大于 1，说明企业偿还本期债务本息的能力强；如果该指标的值小于 1，则说明企业经营活动产生的现金不足以偿付到期债务本金和利息支出，必须通过其他渠道筹措资金，才能清偿债务。这一指标值越大，表明企业长期偿债能力越强。

根据资料可以对 YN 公司 2013 年的到期债务本息偿付比率进行计算分析，如表 4-10 所示。

表 4-10　　　　　　　　　到期债务本息偿付比率计算分析表　　　　　　　　单位：万元

项目	2013 年	2012 年	差异
经营活动现金流量净额	34 164.16	79 494.89	−45 330.73
到期本金	1000.00	1000.00	0.00
利息支出	72.52	72.52	0.00
到期债务本息偿付比率/%	3185.40	7411.96	−4226.55

从表 4-10 可以看出，YN 公司在 2012 年、2013 年产生的经营活动现金流量净额均为正数，且远高于当年的本金及利息支出 1072.52 万元，2012 年、2013 年企业的经营活动的现金净流量完全能够满足偿债的需要。

（2）强制性现金支付比率。在企业的日常经营活动中，不可避免地会发生一些支出，如

支付职工的工资、机物料消耗、水电费、业务招待费等，这些支出带有一定的强制性。为了保证企业的正常运转，企业的现金流入必须满足这方面的要求，以保证企业良好的信誉。常用的反映企业是否有足够现金偿还债务、支付经营费用的指标是强制性现金支付比率。其计算公式为

$$强制性现金支付比率=\frac{现金流入总量}{经营活动现金流出量+偿还到期本期付现}\times100\%$$

该指标反映了企业现金流入总量对企业当期必需的现金支付的保证程度。该指标至少应等于 1，此时即表明现金流入量能够满足强制性项目的支付需要。这一指标越大，表明企业的偿债能力越强；超过 1 的部分，可以用来满足企业其他方面的现金需求。若该指标值小于1，则说明企业可用现金短缺，企业要想维持运转，必须增强"造血"功能。

根据 YN 公司相关资料，可以对其强制性现金支付比率进行分析，见表 4-11 所示。

表 4-11　　　　　　　　　　强制性现金支付比率计算分析表　　　　　　　　　单位：万元

项　　　目	2013 年	2012 年	差异
现金流入	1 747 868.82	1 575 713.02	172 155.80
经营活动产生的现金流入	1 677 935.79	1 557 140.57	120 795.22
投资活动产生的现金流入	68 394.27	17 572.45	50 821.82
筹资活动产生的现金流入	1538.76	1000.00	538.76
强制性现金流出	1 644 844.15	1 478 718.20	166 125.95
经营活动现金流出	1 643 771.63	1 477 645.68	166 125.95
偿还到期本金	1000.00	1000.00	0.00
利息支出	72.52	72.52	0.00
强制性现金支付比率（%）	106.26	106.56	0.00

根据表 4-11，YN 公司 2012 年强制性现金支付比率仅为 106.56%，表明该公司现金流入总量在满足经营活动税金流出和偿还债务本息的需要之后，基本没有多余的现金满足其他方面的需要。2013 年该指标略降低了 0.3%，说明现金流入总量在满足强制性现金流出需要之后，基本没有多余的现金满足其他方面的需要。虽然表面上看，现金流入总量 2013 年较 2012 年增加了 172 155.80 万元，但强制性现金支出 2013 年较 2012 年同样增加了 166 125.95 万元，两项综合作用的结果使 2013 年的强制性支出比率略有下降。如果将 2013 年度该指标与到期债务本息支付比率结合起来分析就可以看出，该公司到期债务本息支付比率为 3185.4%，偿债能力很强，而强制性现金支付比率为 106.26%，表明企业在满足强制性支付需要后还有剩余现金。当然，该公司 2013 年偿债能力差于 2012 年的根本原因，是经营活动产生的现金流大量有较大幅度的下降。

（三）支付能力分析

前面已提到，企业的短期偿债能力有时也被称为支付能力。支付能力的高低对企业的生产经营活动和财务状况有重要的影响。一个企业可能有较好的盈利能力和营运能力，如果支付能力不强，也会影响其正常运转。在这种情况下，企业往往会因为现金的持有量不足而发生现金短缺成本，若此情况长期存在下去，则企业不仅坐失良机，甚至最终会失去市场竞争

力。由此可见，支付能力对企业的影响至关重要，必须引起企业的高度重视。

1. 影响企业支付能力的因素

影响企业支付能力的因素是多方面的，主要有企业的经营状况、资产的流动性、利率水平、或有负债等。

（1）企业的经营状况。企业的支付能力主要依靠持续经营过程中形成的现金流入量。当企业的经济效益较好时，可能就会有较可观的收入来确保使用债务资金的能力。如果一个企业的经营业绩不佳，其运用债务资金的能力下降。经营中的资金链难以顺利连接，企业资金需要量缺口较大，其支付能力自然受到影响。

（2）企业资产的流动性。在企业的总资产构成中，流动资产的结构状况对企业的支付能力有着重大的影响。企业的短期负债主要是靠流动性较强的资产偿还。如果是非货币性的流动资产，则需要变现后才能进行偿还。然而，由于流动资产中的存货、预付账款等资产的支付能力较差，如果该类资产在流动资产中的比例过高，会导致企业支付能力下降。但如果能提高该类资产的周转速度，对支付能力的提高会起到推动或加速作用。

（3）银行的利率水平。当银行的利率水平较低时，企业借入一定量的短期资金，其承担的资金成本较低，对于增强短期支付能力无疑是有益的；反之，过高的资金成本，会使企业的财务风险增加。对提高企业的支付能力是不利的。

（4）或有负债事项。企业如果由于出现违法经营、未决诉讼、未决仲裁、大量的产品售后服务及票据贴现等事项而产生可能承担的债务（即或有负债）时，会给企业带来巨大的支付压力。在当今社会中，因纠纷等引发的或有事项已是屡见不鲜，企业只有加强自身的法治意识，才能规避由或有负债带来的支付能力不足问题。

2. 现金流量中支付能力的比率分析

现金流量表中分析企业的支付能力，是建立在现金流量比率分析的基础上，这些指标主要有现金流量比率、近期支付能力系数和速动资产够用天数。

（1）现金流量比率分析。现金流量比率是指经营活动现金流量净额与流动负债的比率，用来反映经营活动产生现金流量净额是本期流动负债的多少倍，体现了支付能力的保障程度。其计算公式为

$$现金流量比率 = \frac{经营活动现金流量净额}{平均流动负债} \times 100\%$$

若该指标大于 1，表明企业生产经营活动中产生的现金流量足以用来偿还其到期债务；若指标小于 1，则表明企业经营活动产生的现金流量不足以偿还到期债务，需要通过其他渠道筹集资金才能偿还债务。

根据 YN 公司的现金流量表和资产负债表中的数据资料，该公司 2013 年的现金流量比率为 9.6%。

计算结果表明，YN 公司 2013 年的现金流量比率为 0.096，单纯依靠经营活动产生的现金流量不能满足偿还到期债务的要求，必须采取其他筹资方式。

（2）近期支付能力系数分析。为了反映企业偿还近期到期债务的能力，可以计算近期支付能力系数指标。其计算公式为

$$现金流量比率 = \frac{近期内能够用来支付的资金}{近期内需要支付的各种款项} \times 100\%$$

该指标是反映企业有无足够的支付能力来偿还到期债务的指标。公式中，分子"近期内能够用来支付的资金"包括企业现有的货币资金、近期可以取得的收入和收回的应收款项等。"近期内需要支付的各种款项"包括近期内到期或逾期的应交款项和未付款项，如应付职工薪酬、银行借款、各项税金、应付的股利等。根据现金流量表准则。"近期"的时间以 3 个月为标准较合适，也较谨慎。

当该系数大于 1 时，表示近期支付能力较强；如果小于 1，则表明企业近期的支付能力不足，需要采取其他筹资方式加以解决。

（3）速动资产够用天数分析。速动资产够用天数指标是用营业开支水平来说明企业的支付能力。该指标可以作为企业速动比率的补充。其计算公式为

$$速动资产够用天数 = \frac{速动资产}{预计每天营业所需要的现金支出} \times 100\%$$

根据 YN 公司的现金流量表和资产负债表的数据：

　　YN 公司 2013 年初的速动资产=881 261.54–436 002.33=445 259.21（元）

　　YN 公司 2013 年末的速动资产=1 089 381.74–475 735.80=613 645.94（元）

　　YN 公司 2013 年平均速动资产=（445 259.21+613 645.94）/2=529 452.58（元）

假设 YN 公司预计的每天营业所需要的现金支出为 160 000 元，则

　　YN 公司 2013 年速动资产够用天数=33.1（天）

当企业的速动资产较多，每天营业所需的现金开支较少，速动资产够用天数就多，企业支付能力较强；反之，速动资产够用天数就少；企业支付能力较弱。

★ 本章小结

本章主要介绍现金流量表结构、现金流量表重点项目和现金流量分析。

现金流量表是综合反映企业一定会计期间内有关现金和现金等价物的流入和流出信息的会计报表。现金流量表主要告诉了我们本期现金从何而来，本期现金用向何方，以及现金余额发生了什么变化。

现金流量表反映企业的基本经济活动。企业基本经济活动包括经营活动、投资活动和筹资活动，根据企业基本经济活动的性质及其现金流量来源的关系，将企业一定期间的现金流量分为经营活动现金流量、投资活动现金流量和筹资活动现金流量。现金流量表综合反映了一定会计期间内企业经营活动、投资活动和筹资活动的现金及现金等价物的流入和流出信息。

现金流量表分析包括结构分析、趋势分析和比率分析。为了有助于评价企业的利润质量、支付能力和偿债能力，通过现金流量表可以进行销售净现率、总资产净现率、收益现金比率、现金获利指数、到期债务本息偿付比率、现金流量比率等相关的比率分析。

思考题

1. 从实际情况来看，企业持有现金的目的是什么？
2. 现金流量表分析的方法有哪些？

3．为什么要进行现金流量表的结构分析？

4．进行现金流量表的净流量结构分析和结构变化趋势分析的意义何在？

案 例 分 析

浩俊公司 2013 年和 2014 年的现金流量表资料如表 4-12 所示。

要求：

（1）对浩俊公司的现金流量表进行纵向分析。

（2）对浩俊公司 2013 年和 2014 年的现金流入、流出结构进行分析。

（3）对浩俊公司的现金流量表进行综合分析。

表 4-12　　　　　　　　　　　**浩俊公司现金流量表**

编制单位：浩俊公司　　　　　　　　　　　　　　　　　　　　　　单位：元

项　　　目	行次	2013 年	2014 年
一、经营活动产生的现金流量：			
销售商品、提供劳务收到的现金	1	198 380 324.26	165 708 578.63
收到的税费返还	3	1 605 000.00	1 605 000.00
收到的其他与经营活动有关的现金	8	96 038 267.49	16 770 099.60
现金流入小计	9	296 023 591.76	184 083 678.23
购买商品、接受劳务支付的现金	10	212 351 383.16	94 586 947.74
支付给职工以及为职工支付的现金	12	4 245 563.65	4 245 563.65
支付的各项税费	13	2 154 458.49	271 155.87
支付的其他与经营活动有关的现金	18	11 125 162.49	
现金流出小计	20	229 876 567.79	99 103 667.26
经营活动产生的现金流量净额	21	66 147 023.97	84 980 010.97
二、投资活动产生的现金流量：			
收回投资所收到的现金	22	42 797 177.42	0.00
取得投资收益所收到的现金	23	0.00	0.00
处置固定资产、无形资产和其他长期资产所收回的现金净额	25	0.00	0.00
收到的其他与投资活动有关的现金	28	0.00	0.00
现金流入小计	29	42 797 177.42	0.00
购建固定资产、无形资产和其他长期资产所支付的现金	30	171 822 382.06	20 627 013.13
投资所支付的现金	31	0.00	0.00
支付的其他与投资活动有关的现金	35	0.00	0.00
现金流出小计	36	171 822 382.06	20 627 013.13
投资活动产生的现金流量净额	37	−129 025 204.64	−20 627 013.13
三、筹资活动产生的现金流量：			
吸收投资所收到的现金	38	137 000 000.00	0.00

续表

项　　目	行次	2013 年	2014 年
借款所收到的现金	40	0.00	0.00
收到的其他与筹资活动有关的现金	43	0.00	0.00
现金流入小计	44	137 000 000.00	0.00
偿还债务所支付的现金	45	4 000 000.00	14 000 000.00
分配股利、利润或偿付利息所支付的现金	46	7 039 957.50	7 039 957.50
支付的其他与筹资活动有关的现金	52	0.00	0.00
现金流出小计	53	11 039 957.50	21 039 957.50
筹资活动产生的现金流量净额	54	125 960 042.50	−21 039 957.50
四、汇率变动对现金的影响	55		
五、现金及现金等价物净增加额	56	63 081 861.83	43 313 040.34

第五章　所有者权益变动表及报表附注分析

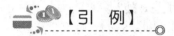 【引　例】

武汉健民的产生

武汉健民药业集团股份有限公司（以下简称"武汉健民"）成立于 1953 年 6 月 1 日，是在具有 360 多年经营历史的中国最古老的四大中药店之一的叶开泰参药店的基础上组建的。与国内中成药制药企业相比，武汉健民拥有全国驰名商标和国家一级中药保护品种，具有历史悠久的品牌影响力。公司生产"龙牡壮骨颗粒"、"健民咽喉片"等拳头产品。1993 年 3 月 18 日，武汉市经济体制改革委员会出具了武体改 [1993] 40 号文《市体改委关于组建武汉健民药业（集团）股份有限公司的批复》，同意在对武汉市健民制药厂整体改制的基础上，由武汉市健民制药厂、中国药材公司和中国医药公司共同发起，以定向募集方式设立股份有限公司。1996 年 12 月 31 日，被湖北省经济体制改革委员会出具的鄂体发 [1996] 601 号文确认为规范化的股份有限公司，并确认公司总股本为 4169.93 万股，其中国家股 3169.93 万股，占总股本的 76.02%；法人股 580 万股，占总股本的 13.91%；内部职工股 420 万股，占总股的 10.07%。公司于 1997 年 1 月 28 日在武汉市工商行政管理局依法办理了重新注册登记手续，同时更名为"武汉健民药业集团股份有限公司"，经中国证券监督管理委员会证监发行字 [2004] 37 号文核准，武汉健民药业集团股份有限公司于 2004 年 4 月 2 日公开发行 3500 万股人民币普通股（A 股）股票，证券简称为"武汉健民"，证券代码为"600976"，2004 年 4 月 19 日起在上海证券交易所上市交易。本次发行全部采用向二级市场投资者定价配售方式，发行价格 11.60 元/股，发行后的总股本为 7669.93 万股，摊薄的每股收益为 0.32 元，摊薄的每股净资产为 8.54 元，本次募集资金 43 086 万元，将投入颗粒剂生产线技改项目，片剂、胶囊剂生产线及配套前处理、仓储技改项目，中药外用药开发生产基地建设项目，液体制剂生产线技改项目，武汉健民集团随州制药公司片剂及新药慢肝宁产业化项目等。

武汉健民的成功上市，是武汉健民发展史上一座十分重要的里程碑，它为公司的进一步发展创造了良好的机遇和条件。公司本次发行募集资金提高了公司的竞争能力，具体体现在以下几个方面：①通过健民系列优质中药龙牡壮骨颗粒、健脾生血颗粒、便通胶囊、慢肝宁胶囊等高技术产业化，同时强化市场开发力度，选择和培育上规模品种，并以品种上规模，带动企业上规模，加快高新技术产业化；②通过建立我国华中地区道地中药材基地，保证药材质量符合规定，充分满足公司及国内外市场的需要，提高公司对中成药核心资源——道地药材的控制力，促进公司实现可持续发展；③系统集成湖北省乃至国内外最新的科研成果，为企业实现持续高速发展提供源源不断的品种和技术支撑，实现健民的可持续发展，增强企业核心竞争能力；④实施药品零售企业连锁经营，加强公司在市场终端的实力，建立和完善信息中心系统，保持物流、资金流和信息流的畅通，实现规模化、集约化经营，提商公司的市场控制力，壮大集团公司的竞争实力。

（资料来源 http://www.cwjy.net）

❖ 思考

（1）武汉健民药业集团股份有限公司的设立，资金的募集是否符合法律的规定？并说明理由。

（2）武汉健民药业集团股份有限公司的上市，为该公司带来哪些好处？

第一节　所有者权益变动表分析

一、所有者权益变动表的性质

所有者权益是企业资产扣除负债后由所有者享有的剩余权益。所有者权益变动表是反映企业本期（年度或中期）内至截至期末所有者权益变动情况的报表，即反映构成所有者权益的各组成部分当期的增减变动情况的报表。所有者权益变动表，既可以为报表使用者提供所有者权益总量增减变动的信息，也能为其提供所有者权益增减变动的结构性信息，特别是能够让报表使用者理解所有者权益增减变动的根源。所有者权益是企业自有资本的来源，它的数量多少、内部结构变动都会对企业的财务状况和经营发展趋势带来影响。

二、所有者权益变动表的作用

所有者权益变动表的作用变动表的作用表现在以下几个方面。

（1）反映企业利润分配政策及现金支付能力，为财务报表使用者的投资决策提供全面的信息。财务报表使用者可以通过该表了解到企业本年拟分配的利润，结合利润表中的净利润项目，便可知企业对于利润分配政策上的态度是否保守，这一点对于企业的投资者来说非常重要，因为他们将资金投入企业就是为了追求利润。同时，还可以结合现金流量表中的筹资活动产生的现金流量项目，判断企业的现金支付能力。因此，所有者权益变动表通过利润分配这一经济活动，将企业的主要财务报表联系在一起，为财务报表使用者全面地评价企业的财务状况提供了一个渠道。

（2）反映了所有者权益变动的来源，为财务报表使用者客观地评价企业的经营管理工作提供信息。在所有者权益变动表中，各权益项目在本期的增减变动额，都对应着相应的来源。如"实收资本"的增加，可能是由于"所有者投入资本"形成，或是"资本公积转增资本"形成，或是"盈余公积转增资本"形成，通过阅读所有者权益变动表，财务报表使用者就可以很清楚地了解到某项权益的变动来源。这样的信息可以帮助财务报表使用者判断企业自有资本的质量，客观地评价企业的经营管理工作。

（3）反映企业自身的经济实力，为财务报表使用者正确的评价企业的抗风险能力提供信息。在所有者权益变动表中，不仅反映了实收资本、资本公积、盈余公积和未分配利润的变动，还反映了各权益项目之间的转化情况。通过所有者权益各项目的增减变动及相互转化情况，财务报表使用者可以评价企业对债务的保障能力以及抵御财务风险的实力。

三、所有者权益变动表的内容

所有者权益变动表动态的反映了企业各项权益在一年内的变化，该表从左到右列示的是所有者权益各项目的本年金额和上年金额，从上到下列示的是所有者权益各项目在一年内发生增减变动的来源。从报表反映的时间来看，所有者权益变动表列示了两个会计年度所有者权益各项目的变动情况，便于报表使用者对前后两个会计年度的所有者权益总额和各组成项目进行动态分析。从报表反映的项目来看，所有者权益变动表反映的内容包括所有者权益各项目本年年初余额的确定，本年度取得的、影响所有者权益增减变动的收益、利得和损失，所有者投入和减少资本引起的所有者权益的增减变化，利润分配引起的所有者权益的增减变化，所有者权益内部项目之间的相互转化等。

对所有者权益变动表进行阅读和分析，需要关注的最重要的内容是本年增减变动金额。所有者权益变动表各个项目之间的关系具体见下列公式：

$$本年年末余额=本年年初余额+本年增减变动金额$$

其中：

$$本年年初余额=上年期末余额+会计政策变更+前期差错更正$$
$$本年增减变动金额=净利润+直接计入所有者权益的利得和损失$$
$$+所有者投入和减少资本+利润分配+所有者权益内部结转$$

所有者权益变动表的格式如表 5-1 所示。

表 5-1　　　　　　　　　　　　　　所有者权益变动表

会企 04 表

编制单位：　　　　　　　　　　年度　　　　　　　　　　单位：元

项目	本 年 金 额						上 年 金 额					
	实收资本（或股本）	资本公积	减：库存股	盈余公积	未分配利润	所有者权益合计	实收资本（或股本）	资本公积	减：库存股	盈余公积	未分配利润	所有者权益合计
一、上年年末余额												
加：会计政策变更												
前期差错更正												
二、本年年初余额												
三、本年增减变动金额（减少以"–"号填列）												
（一）净利润												
（二）其他综合收益												
上述（一）和（二）小计												
（三）所有者投入和减少资本												
1. 所有者投入资本												

项目	本　年　金　额						上　年　金　额					
	实收资本（或股本）	资本公积	减：库存股	盈余公积	未分配利润	所有者权益合计	实收资本（或股本）	资本公积	减：库存股	盈余公积	未分配利润	所有者权益合计
2.股份支付计入所有者权益的金额												
3.其他												
（四）利润分配												
1.提取盈余公积												
2.对所有者（或股东）的分配												
3.其他												
（五）所有者权益内部结转												
1.资本公积转增资本（或股本）												
2.盈余公积转增资本（或股本）												
3.盈余公积弥补亏损												
4.其他												
四、本年年末余额												

如表 5-1 所示，所有者权益变动表包括以下内容：

（1）"上年年末余额"项目，反映企业上年资产负债表中实收资本（或股本）、资本公积、盈余公积、未分配利润的年末余额。

（2）"会计政策变更"和"前期差错更正"项目，分别反映企业采用追溯调整法处理的会计政策变更的累积影响金额和采用追溯重述法处理的会计差错更正的累积影响金额。为了体现会计政策变更和前期差错更正的影响，企业应当在上期期末所有者权益余额的基础上进行调整得出本期期初所有者权益，根据"盈余公积"、"利润分配"、"以前年度损益调整"等账户的发生额分析填列。

（3）"本年增减变动额"项目分别反映如下内容：

①"净利润"项目，反映企业当年实现的净利润（或净亏损）金额，并对应列在"未分配利润"栏。

②"其他综合收益"项目，反映企业当年根据企业会计准则规定未在损益中确认的各项

利得和损失扣除所得税影响后的净额，并对应列在"资本公积"栏。

③"净利润"和"其他综合收益"小计项目，反映企业当年实现的净利润（或净亏损）金额和当年计入其他综合收益金额的合计额。

④"所有者投入和减少资本"项目，反映企业当年所有者投入的资本和减少的资本。其中："所有者投入资本"项目，反映企业接受投资者投入形成的实收资本（或股本）和资本溢价或股本溢价，并对应列在"实收资本"和"资本公积"栏；"股份支付计入所有者权益的金额"项目，反映企业处于等待期中的权益结算的股份支付当年计入资本公积的金额，并对应列在"资本公积"栏。

⑤"利润分配"下各项目，反映当年对所有者（或股东）分配的利润（或股利）金额和按照规定提取的盈余公积金额，并对应列在"未分配利润"和"盈余公积"栏。其中："提取盈余公积"项目，反映企业按照规定提取的盈余公积；"对所有者（或股东）的分配"项目，反映对所有者（或股东）分配的利润（或股利）金额。

⑥"所有者权益内部结转"下各项目，反映不影响当年所有者权益总额的所有者权益各组成部分之间当年的增减变动，包括资本公积转增资本（或股本）、盈余公积转增资本（或股本）、盈余公积弥补亏损等项金额。为了全面反映所有者权益各组成部分的增减变动情况，所有者权益内部结转也是所有者权益变动表的重要组成部分，主要指不影响所有者权益总额、所有者权益的各组成部分当期的增减变动。其中："资本公积转增资本（或股本）"项目，反映企业以资本公积转增资本或股本的金额；"盈余公积转增资本（或股本）"项目，反映企业以盈余公积转增资本或股本的金额；"盈余公积弥补亏损"项目，反映企业以盈余公积弥补亏损的金额。

▍小知识

新修订的财务报表准则涉及所有者权益变动的内容

2014年，财政部发布了关于印发修订《企业会计准则第30号——财务报表列报》的通知。通知中说明，为了适应社会主义市场经济发展需要，提高企业财务报表列报质量和会计信息透明度，根据《企业会计准则——基本准则》，财政部对《企业会计准则第30号——财务报表列报》进行了修订，并自2014年7月1日起在所有执行企业会计准则的企业范围内施行。修订后的《企业会计准则第30号——财务报表列报》涉及所有者权益变动表的内容如下：

第三十五条 所有者权益变动表应当反映构成所有者权益的各组成部分当期的增减变动情况。综合收益和与所有者（或股东，下同）的资本交易导致的所有者权益的变动，应当分别列示。与所有者的资本交易，是指企业与所有者以其所有者身份进行的、导致企业所有者权益变动的交易。

第三十六条 所有者权益变动表至少应当单独列示反映下列信息的项目：

（一）综合收益总额，在合并所有者权益变动表中还应单独列示归属于母公司所有者的综合收益总额和归属于少数股东的综合收益总额；

（二）会计政策变更和前期差错更正的累积影响金额；

（三）所有者投入资本和向所有者分配利润等；

（四）按照规定提取的盈余公积；

（五）所有者权益各组成部分的期初和期末余额及其调节情况。

四、所有者权益变动表的分析

所有者权益变动表的分析，可通过编制水平分析表及垂直分析表进行比较分析，以得出对于企业所有者权益变动的整体评价；其次可针对所有者权益变动表内的具体内容进行项目分析，并要关注从整体评价中得到的重点项目的变动情况，为报表使用者提供客观的可以信赖的分析结果。

1. 所有者权益变动表的水平分析

所有者权益表的水平分析是将所有者权益各个项目的本期数与基准进行对比（可以是上期数等），揭示公司当期所有者权益各个项目的金额及其变动情况，解释公司净资产的变动原因，借以进行相关决策的过程。所有者权益变动表的水平分析通常是通过编制所有者权益变动表水平分析表进行的，表 5-2 为 AG 公司的所有者权益变动表的水平分析表。

表 5-2　　　　　　　　为 AG 公司的所有者权益变动表的水平分析表

项　　目	2014 年（万元）	2013 年（万元）	变动额（万元）	变动率（%）
一、上年年末余额	55 345	53 798	1547	3
加：会计政策变更				
前期差错更正				
二、本年年初余额	55 345	53 798	1547	3
本期增减变动金（减少以"-"号填列）	−3040	1547	−4587	−297
（一）净利润	−2332	1950	−4282	−220
（二）其他综合收益	−69	11	−80	−727
上述（一）和（二）小计	−2395	1961	−4365	−223
（三）所有者投入和减少资本	463		463	0
所有者投入资本	463		463	0
1. 所有者投入资本				
2. 股份支付计入所有者权益的金额				
3. 其他				
（四）利润分配	−1085	−434	−651	150
1. 提取盈余公积				
2. 提取一般风险准备				
3. 对所有者（或股东）的分配	−1085	−434	−651	150
4. 其他				
（五）所有者权益内部结转				
1. 资本公积转增资本（或股本）				
2. 盈余公积转增资本（或股本）				
3. 盈余公积弥补亏损				
4. 其他				
（六）专项储备	−23	20	−43	−215

续表

项　　　目	2014 年（万元）	2013 年（万元）	变动额（万元）	变动率（%）
1．本期提取	33	30	3	10
2．本期使用	−56	−12	−44	367
（七）其他				
三、本期期末余额	52 305	55 345	−3040	−5

　　基于 AG 公司 2013 年与 2014 年的所有者权益变动表的水平分析表，我们可以得到以下分析结论：AG 公司 2014 年所有者权益比 2013 年减少了 3040 万元，减少幅度为 5%；从影响的主要项目看，最主要的原因是本年净利润大幅减少，同期减少了 4282 万元，减幅 220%，由此说明净利润是经营资本增减的源泉，也是所有者权益变动的重要途径。除上述原因，AG 公司其他综合收益减少了 80 万元，专项储备减少了 43 万元。公司上年虽处于亏损，但在其他方面有所增加，其中本年年初增加了 1547 万元，所有者投入资本增加了 463 万元。

　　通过进一步分析，股东权益比上年末减少人民币 3040 万元，一是未分配利润减少人民币 3231 万元（其中：本年度归属于上市公司股东亏损人民币 2146 万元，支付 2010 年度股利人民币 1085 万元）；二是资本公积减少人民币 63 万元（其中：可供出售金融资产公允价值变动减少人民币 65 万元，合营公司其他权益变动影响增加人民币 2 万元）；三是使用安全生产费减少专项储备人民币 23 万元；四是少数股东权益增加人民币 277 万元（其中：少数股东投资增加人民币 463 万元，公司的子公司 AGT 亏损，减少少数股东权益人民币 186 万元）。

　　2．所有者权益变动表的垂直分析

　　所有者权益表的垂直分析是将所有者权益各个子项目变动占所有者权益变动的比重予以计算，并进行分析评价，揭示公司当期所有者权益各个项目的比重及其变动情况，解释公司净资产构成的变动原因，借以进行相关决策的过程。如表 5-3 为 AG 公司的所有者权益变动表的垂直分析表。

表 5-3　　　　　　　　　　　为 AG 公司的所有者权益变动表的垂直分析表

项　　　目	2014 年（万元）	2013 年（万元）	2014 年末结构（%）	2013 年末结构（%）	差异（%）
一、上年年末余额	55 345	53 798	106	97	9
加：会计政策变更					
前期差错更正					
二、本年年初余额	55 345	53 798	106	97	9
三、本期增减变动金额（减少以"−"号填列）	−3046	1545	−6	3	9
（一）净利润	−2332	1950	−4	4	8
（二）其他综合收益	−69	11	0	0	0
上述（一）和（二）小计	−2401	1961	5	4	1
（三）所有者投入和减少资本	463		1		1
所有者投入资本	463		1		1

项　　目	2014 年（万元）	2013 年（万元）	2014 年末结构（%）	2013 年末结构（%）	差异（%）
1. 所有者投入资本					
2. 股份支付计入所有者权益的金额					
3. 其他					
（四）利润分配	−1085	−434	−2	−1	1
1. 提取盈余公积					
2. 提取一般风险准备					
3. 对所有者（或股东）的分配	−1085	−434	−2	−1	1
4. 其他					
（五）所有者权益内部结转					
1. 资本公积转增资本（或股本）					
2. 盈余公积转增资本（或股本）					
3. 盈余公积弥补亏损					
4. 其他					
（六）专项储备	−23	18	0	0	0
1. 本期提取	33	30	0	0	0
2. 本期使用	−56	−12	0	0	0
（七）其他					
四、本期期末余额	52 299	55 343	100	100	—

　　基于 AG 公司 2013 年与 2014 年的所有者权益变动表的垂直分析表，我们可以得到以下分析结论：

　　AG 股份有限公司 2014 与 2013 年相比，其所有者权益项目结构有所变化，年初比重增加了 9%，2014 年净利润比重下降 8%。另外，根据表 5-4 可知，可供出售金融资产产生的利得金额的变动是影响 AG 股份有限公司 2014 年所有者权益的重要因素。至于分析公司净利润变动的方法，将在利润表分析章节中介绍。

　　3. 所有者权益变动表主要项目的分析

　　（1）实收资本（股本）变动情况的分析。企业增加资本的途径一般有 3 条：一是将资本公积转为实收资本或者股本；二是将盈余公积转为实收资本或者股本；三是所有者（包括原企业所有者和新投资者）投入。3 种途径都可以增加企业的实收资本或者股本，但其经济意义却有很大的不同。前两条途径属于所有者权益内部各项目之间的相互转化，反映了企业通过自我发展，实现资本积累的过程。如果是上市公司，通过这两种途径的增资都会稀释股票的价格。当企业实收资本或股本的增加属于这两种情况时，分析时要注意权益各项目间的转化是否符合相关法规的规定。第三条途径是企业在原有实收资本的基础上吸纳新增资本，其形式可以是货币资金、实物及无形资产，所以对于企业财务报表的影响是既增加了实收资本，也增加了企业的资产，对企业下一步的发展是有利的变化。如果是上市公司，发行新股既能增加注册资本和股东权益，又可增加公司的现金资产，也是对公司发展有利的增股方式。

在有些情况下，实收资本或者股本也可能减少。减少的原因有以下3种：一是资本过剩；二是企业发生重大亏损而需要减少实收资本，企业因资本过剩而减资，一般要发还股款；三是公司股份公司发展到一定时期，资本结构须发生改变，通过股票回购的方式，来减少公司实收资本，达到调节资本结构的目的。

（2）资本公积变动情况的分析。由于资本公积是所有者权益的有机组成部分，而且它通常会直接导致企业净资产的增加，因此，资本公积信息对于财务报表使用者的决策十分重要。资本公积形成的来源按其用途主要包括以下两类。

一类是可以直接用于转增资本的资本公积，它包括资本（或股本）溢价、接受现金捐赠、拨款转入、外币资本折算差额和其他资本公积等。其中，资本（或股本）溢价，是指企业投资者投入的资金超过其在注册资本中所占份额的部分，在股份有限公司称之为股本溢价；接受现金捐赠，是指企业因接受现金捐赠而增加的资本公积；拨款转入，按规定转入资本公积的部分，企业应按转入金额入账；债权人豁免的债务等。

另一类是不可以直接用于转增资本的资本公积，如股权投资准备等。股权投资准备，是指企业对被投资单位的长期股权投资采用权益法核算时，因被投资单位接受捐赠等原因增加资本公积，从而导致投资企业按持股比例或投资比例计算而增加的资本公积。

资本公积的用途主要是转增资本，即增加实收资本或股本。虽然资本公积转增资本并不能导致所有者权益总额的增加，但资本公积转增资本，一方面可以改变企业投入资本结构，体现企业稳健、持续发展的潜力；另一方面，对股份有限公司而言，它会增加投资者持有的股份，从而增加公司的股票的流通量，进而激活股价，提高股票的交易量和资本的流动性。此外，对于债权人来说，实收资本是所有者权益最本质的体现，是其考虑投资风险的重要影响因素。所以，将资本公积转增资本不仅可以更好地反映投资者的权益，也会影响到债权人的信贷决策。如华晨公司2013年时，企业以资本公积转增股本69亿元，达股本变动总金额的70%，转增股本后，企业股价大幅上升，每股收益由0.14元增加到0.54元，证明该公司具有较好的投资价值。

（3）盈余公积变动情况的分析。盈余公积是指企业从税后利润中提取形成的、存留于企业内部、具有特定用途的收益积累。盈余公积是根据其用途不同分为公益金和一般盈余公积两类。公益金专门用于企业职工福利设施的支出，如购建职工宿舍、托儿所、理发室等方面的支出。一般盈余公积分为两种：一是法定盈余公积。上市公司的法定盈余公积按照税后利润的10%提取，法定盈余公积累计额已达注册资本的50%时可以不再提取。二是任意盈余公积。任意盈余公积主要是上市公司按照股东大会的决议提取。法定盈余公积和任意盈余公积的区别就在于其各自计提的依据不同。前者以国家的法律或行政规章为依据提取，后者则由公司自行决定提取。

盈余公积主要用于企业弥补以前年度亏损、转增资本及分配股利。由于盈余公积的增减变动情况可以直接反映出企业利润积累程度，所以在分析盈余公积时，主要关注其形成是否合法以及盈余公积的使用是否符合相关规定。仍以上述公司为例，2013年该企业从净利润中提取盈余公积0.16亿元，与2012年的0.05亿元相比，增加了220%，充分体现了企业利润积累的实力增强。

（4）利润分配的分析。未分配利润是指企业实现的净利润经过弥补亏损、提取盈余公积和向投资者分配利润后留存在企业的、历年结存的利润。未分配利润有两层含义：一是留待以后年度处理的利润;二是未指明特定用途的利润。相对于所有者权益的其他部分来说,企业对于未分配利润的使用有较大的自主权。未分配利润在一定程度上反映了企业获利能力,它在所有者权益中的比例越高,企业的获利能力越强。对未分配利润的分析要注意其增减变动额、变动原因和变动趋势,特别是由于净利润的变动对未分配利润的影响,以客观地评价企业持续获利能力。仍以上述公司为例,该企业 2013 年的未分配利润增减变动额中,提取的盈余公积占未分配利润总额的 44.70%,派发现金股利占 55.30%。当年每股未分配利润由往年的 0.61 元上升到 0.72 元,说明该企业有较强的继续分红能力。

▦ 小知识

其 他 综 合 收 益

在所有者权益变动表中,还有一条"其他综合收益",那么什么是"其他综合收益"?

《企业会计准则解释第 3 号》第七条中提出了"其他综合收益"的概念。其他综合收益,是反映企业根据企业会计准则规定未在损益中确认的各项利得和损失扣除所得税影响后的净额。其他综合收益一般包括以下内容:

一是可供出售金融资产的公允价值变动、减值及处置导致的其他资本公积的增加或减少,也包括将持有至到期投资重分类为可供出售金融资产时,重分类日公允价值与账面余额的差额计入"其他资本公积"的部分,以及将可供出售金融资产重分类为采用成本或摊余成本计量的金融资产的,对于原计入资本公积的相关金额进行摊销或于处置时转出导致的其他资本公积的减少。

二是确认按照权益法核算的在被投资单位其他综合收益中所享有的份额导致的其他资本公积的增加或减少。

三是计入其他资本公积的现金流量套期工具利得或损失中属于有效套期的部分,以及其后续的转出。

四是境外经营外币报表折算差额的增加或减少。

五是与计入其他综合收益项目相关的所得税影响。针对不确认为当期损益而直接计入所有者权益的所得税影响。

AG 公司的所有者权益变动表中其他综合收益的明细表如表 5-4 所示。

表 5-4   AG 公司所有者权益变动表中其他综合收益明细表   单位:万元

项 目	2014 年	2013 年
可供出售金融资产产生的利得金额	87	18
减:可供出售金融资产产生的所得税影响	22	5
小计	65	13
按照权益法核算的在被投资单位其他综合收益中所享有的份额	2	2
减:按照权益法核算的在被投资单位其他综合收益中所享有的份额产生的所得税影响		
小计	2	2
合计	63	11

4. 所有者权益变动表指标分析

所有者权益变动表指标分析的指标主要有资本保值增值率、所有者财富增长率、股利分配率和留存收益比率等。

（1）资本保值增值率。资本保值增值率是指企业期末所有者权益与期初所有者权益的比率。该比率是反映企业在一定会计期间内资本保值增值水平的评价指标，也是考核、评价企业经营效绩的重要依据。其计算公式为

资本保值增值率=（期末所有者权益/期初所有者权益）×100%

对于一个正常经营的企业，此比率应该大于1。也就是说，企业的所有者权益每年应该都有适量的增长，企业才能不断发展。

（2）所有者财富增长率。所有者（即股东）财富增长率是指在企业实收资本或股本一定的情况下，附加资本的增长水平。其计算公式为

所有者财富增长率=［（期末每元实收资本净资产−期初每元实收资本净资产）/
期初每元实收资本净资产］×100%

其中：

每元实收资本净资产=当期企业净资产/股本总额。

所有者财富增长率是企业投资者或潜在投资者最为关心的指标，与每股收益一样，该指标集中体现了所有者的投资效益，也可作为对经营者的考核指标。

（3）股利分配率。要评价一个企业的利润分配水平和利润分配策略，就要看企业实现的净利润中，有多大比例用于分配给股东，通常用股利分配率指标来反映。其计算公式为

股利分配率=（普通股每股股利/普通股每股净收益）×100%

在股利的分配上，通常有以下4种分配策略：

①固定股利分配政策，即每年支付给股东的股利是一个固定值。这种股利分配政策不利于企业按其盈利的多少来派发股利，当企业处于亏损状态时，其股利分配压力比较大。但是对于投资者而言，因为每年都能得到固定的胜利，所以比较受欢迎。

②固定股利支付率分配政策，即以净利润的一定比例来派发股利。例如，固定股利支付率为20%，当企业盈利100万元时，其可以用于派发股利的金额为20万元（100×20%）；当企业盈利500万元时，其可以用来派发股利的金额就是100万元（500×20%）。如果企业执行这一政策，由于各年的盈利会有波动，所以各年派发的股利波动也较大，这样的分配政策不利于股价的稳定。

③固定股利增长率分配政策，即在一定股利支付基数上，每年适量增加股利的分派。例如，第一年派发20万元股利，并且每年保持15%的增长，那么第二年起，以后备年需要派发的股利就分别是23万元（20×115%）、26.45万元（23×115%）、30.42万元（26.45×115%）等。这样的好处是，给投资者传递的信息是企业盈利似乎是连年增长的，有利于股价的稳定和增长。由于企业各年的盈利水平是波动的，而胜利却并不随之作调整，在盈利较少或亏损时，企业派发股利的压力就会比较大。

④固定股利加额外股利分配政策，即在低固定股利的基础上，依据企业的盈利状态，适当增加一些股利。这种分配股利的方式兼备"良好信息传递"和灵活的优点。由于每年都有固定股利发放，有利于股价的稳定，而这一固定股利数额较低，也不会给企业太高的压力。当企业盈利较好时，还可以增加派发股利。不管企业采用什么样的股利分配政策，只要有股

利支付，企业的所有者权益就会减少。

（4）留存收益比率。要评价各企业的资本积累水平，就是看其利润中有多大的比例用于扩大再生产，通常用留存收益比率指标来反映，其计算公式为

$$留存收益比率=（留存收益/净利润）\times 100\%$$

该指标反映了企业盈利积累的水平和由此产生的发展支持力。从公式我们也能看出来，留存收益比率+股利分配率=1，因为企业的净利润只有两种去向：要么以股利形式分配给股东，要么留存在企业内部作为发展用。

一般对于成长初期的企业而言，为了满足扩大生产规模的需要，考虑到外部融资的成本和风险，企业可能会多留存收益少分派股利，所以其留存收益比率会比较高；对于稳定发展的企业而言，该比例维持在 50%左右；而对于处于衰退期的企业而言，由于没有好的项目可以投资，故其留存收益率可能会比较低，企业可能会倾向于把大部分的净利润直接分配给股东。

所有者权益变动表的指标分析主要是通过报表本身期末与期初的比较，或本报表项目与利润表项目等的比较分析，来确认企业对股东权益的保值、增值的保障情况，同时了解企业的盈利水平。

五、股利决策对所有者权益变动影响的分析

1. 股票派现与送股对所有者权益的影响

股票派现就是说该股票进行现金分红，一般是上市公司的未分配利润作为股票派现的主要来源资金。上市公司派现一般有送股和送现金两种方式。例如，每 10 股派现 0.5 元转赠 10股，每 10 股派现金 0.5 元，再用公积金转成 10 股股票送给所有股东。派现会导致公司现金流出，减少公司的资产和所有者权益规模，降低公司内部筹资的总量，即影响所有者内部结构，也会影响整体资本结构。这一决策使公司的资产和所有者权益同时减少，股东手中的现金增加。通常情况下，上市公司决定派现主要出于以下几个动机：消除不确定性动机、传递优势信息动机、减少代理成本动机及返还现金动机。

送股，即股票股利，是指公司以股票形式向投资者发放股利的方式使流通在外的股份数增加，公司账面的未分配利润减少，股本增加，每股账面价值和每股收益稀释。它只影响所有者内部有关各项目及其结构的变化，即将未分配利润转化为股本。如表 5-5 为 AG 公司 2014年股本的构成情况。

表 5-5　　　　　　　　　　　　　AG 公司 2014 年股本构成情况

编制公司：AG 公司

项目	2013 年		本年增减变动（+、-）					2014 年	
	金额（万元）	比例（%）	发行新股	送股	公积金特股	其他（万元）	小计（万元）	金额（万元）	比例（%）
一、有限售条件股份国家持股	4341	60				4341	4341		
二、无限售条件股份									
1. 人民币普通股	1808	25				4341	4341	6149	85
2. 境外上市的外资股	1086	15						1086	15
三、股份总数	7235	100						7235	100

根据 2014 年 1 月 5 日 AG 公司董事会《AG 股份有限公司限售股份解除限售提示性公告》,自 2014 年 1 月 7 日,AG 公司控股股东 AG 集团公司持有本公司的有限售条件的流通股 4 340 884 709 股可上市流通,占总股本比例 60%。本次解除限售后,AG 集团公司所持本公司的股份全部转为无限售条件的流通股。虽然该公司股份总数未变,但由于流通股增加,可能会增加市场的抛售压力,影响股票价格。

2. 利润分配对所有者权益的影响

利润分配,是将企业实现的净利润,按照国家财务制度规定的分配形式和分配顺序,在企业和投资者之间进行的分配。利润分配可使企业所有者权益总量减少,投资者获得的收益增多。如表 5-6 为 AG 公司 2013 年利润分配表。

表 5-6   AG 公司 2013 年利润分配表

项 目	本年数（万元）	上年数（万元）	提取或分配比例（%）
调整前上年末未分配利润	11 672	10 280	
调整年初未分配利润合计数（调增+调减−）	11 672	10 280	
调整后年初未分配利润			
加：本年归属于母公司所有者的净利润			
盈余公积弥补亏损			
其他转入			
减：提取法定盈余公积		213	10
提取任意盈余公积			
应付普通股股利			
转作股本的普通股股利	1085	434	
年末未分配利润	8441	11 672	

AG 公司 2013 年度股东大会于 2014 年 5 月 30 议通过《2010 年度利润分配方案》,以 2013 年 12 月 31 日总股本 72 348 078 股为基数,每股派发现金红利 0.15 元,其中向 A 股股东派发 922 万元,向 H 股股东派发 163 万元,合计 1085 万元。

分配股利将减少公司的资产和留存收益,降低公司的财务弹性,并影响公司整体的投资与筹资决策。公司在派现时,可以消除 AG 公司在 2014 年亏损造成的股东收益不确定性,树立良好的形象,稳定投资者的心态。分配股利也可以向市场传递公司的绩优信息,从而提高公司的股价。

第二节 财务报表附注的分析

一、财务报表附注的性质

财务报表附注是对资产负债表、利润表、现金流量表和所有者权益变动表等报表中列示项目的文字描述或明细资料,以及对未能在这些报表中列示项目的说明等。可以使报表使用者全面了解企业的财务状况、经营成果和现金流量。财务报表附注不仅便于财务报表使用者理解财务报表的内容而对财务报表的编制基础、编制依据、编制原则和方法及主要项目等所作的解释，对其本身起补充说明的作用，也便于报表使用者作出更科学合理的决策。它是对财务报表的补充说明，是财务会计报告体系的重要组成部分。随着经济环境的复杂化以及人们对相关信息要求的提高，附注在整个报告体系中的地位日益突出。

二、财务报表附注的重要性与作用

财务附注是对报表正文信息的补充说明，它提供与会计报表反映的信息相关的其他财务信息，使财务报表使用者通过阅读会计报表及其相关的附注，为其决策提供更充分的信息。由于长期计划经济体制的影响和会计制度建设的落后，我国财务分析者侧重关注会计报表的分析，对于会计报表附注的分析则重视不足。

1. 财务报表附注的重要性

财务报表附注重要性主要体现在以下几个方面。

（1）提高会计信息的相关性和可靠性。会计信息既要相关又要可靠，相关性和可靠性是会计信息的两个基本质量特征。由于财务会计本身的局限，相关性和可靠性的选择犹如鱼与熊掌的选择，很多时候都是不可兼得的。但是，财务报表附注披露可以在不降低会计信息可靠性的前提下提高信息的相关性，如或有事项的处理。或有事项由于发生的不确定性而不能直接在主表中进行确认，但等到完全可靠或基本能够预期的时候，又可能因为及时性的丧失而损伤了信息的相关性。为此，可以通过在财务报表附注中进行披露，揭示或有事项的类型和影响，以此来提高信息的相关性。

（2）增强不同行业和行业内部不同企业之间信息的可比性。会计信息是由多种因素综合促成的，经济环境的不确定性，不同行业的不同特点，以及各个企业前后各期情况的变化，都会降低不同企业之间会计信息的可比性，以及企业前后各期会计信息的一贯性。财务报表附注可以通过披露企业的会计政策和会计估计的变更等情况，向投资者传递相关信息，使投资者能够"看透"会计方法的实质，而不被会计方法所误导。

（3）与财务报表主表的不可分割性。财务报表主表与财务报表附注的关系可概括为：主表是基础，附注是补充。没有主表的存在，附注就失去了依靠；而没有附注恰当的补充，财务报表主表的功能就难以有效地实现。

2. 财务报表附注的作用

编制财务报表附注的目的主要是为报表所使用者理解和分析报表的内容提供帮助，是对财务报表本身无法或难以充分表达的内容和项目所作的补充说明和详细解释，其作用上财务报告的其他部分所无法替代的。其具体作用表现在以下 3 个方面。

（1）帮助报表使用者深入理解财务报表提供的信息。由于报表使用者的层次、专业、使用报表的目的不同，其对会计信息披露的要求差别很大，单纯依靠资产负债表、现金流量表及损益表等提供的信息，无法满足要求。因此，有必要对报表中的有关数据进一步说明。例如，现有及潜在的投资者需要详细了解股东权益及盈利能力，仅靠财务报表无法满足其要求，则需要在附注中对股本结构及各项盈余、利润情况详细说明。

（2）提高财务报表信息的可比性。由于各公司或同家公司在不同时期可能采用不同的会计政策，降低了会计信息的可比性，而仅靠财务报表又无法避免这种情况的出现，因此需要通过在附注中详细说明会计政策的采用及其变更情况，尽量消除有关的不可比因素，提高信息的可比性。

（3）扩充财务报告所提供信息的容量。由于财务报表内容和形式严格的规定性，限制了财务报表披露的信息量，而财务报表附注却可以通过灵活的披露方式，丰富财务报告所提供信息的数量和内容，使其提供的信息更加完整和全面。

由于财务报表附注主要是对财务报表内容和项目的补充和解释，因此对它的解读和分析，必须紧密结合财务报表的数据，附注自身是无法全面反映报表提供者的整体财务情况的，只能针对某些方面进行详细说明或解释；另外，由于财务报表附注形式的随意性，它没有财务报表本身直观，披露信息的科学性和客观性也受到一定限制。

三、财务报表附注的内容

财务报表附注的内容包括以下几个方面。

（1）企业的基本情况：

①企业注册地、组织形式和总部地址。

②企业的业务性质和主要经营活动，如企业所处的行业、所提供的主要产品或服务、客户的性质、销售策略、监管环境的性质等。

③母公司以及集团最终母公司的名称。

④财务报告的批准报出者和财务报告批准报出日。

（2）财务报表的编制基础。

（3）遵循企业会计准则的声明。企业应当声明编制的财务报表符合企业会计准则的要求，真实、完整地反映了企业的财务状况、经营成果和现金流量等有关信息，以此明确企业编制财务报表所依据的制度基础。如果企业编制的财务报表只是部分地遵循了企业会计准则，附注中不得作出这种表述。

（4）重要会计政策和会计估计。根据财务报表列报准则的规定，企业应当披露采用的重要会计政策和会计估计，不重要的会计政策和会计估计可以不披露。

①重要会计政策的说明。由于企业经济业务的复杂性和多样化，某些经济业务可以有多种会计处理方法，也即存在不止一种可供选择的会计政策。例如，存货的计价可以有先进先出法、加权平均法、个别计价法等；固定资产的折旧，可以有平均年限法、工作量法、双倍余额递减法、年数总额法等。企业在发生某项经济业务时，必须从允许的会计处理方法中选择适合本企业特点的会计政策。企业选择不同的会计处理方法，可能极大地影响企业的财务状况和经营成果，进而编制出不同的财务报表。为了有助于报表使用者理解，有必要对这些会计政策加以披露。需要特别指出的是，说明会计政策时还需要披露下列两项内容：一是财务报表项目的计量基础。会计计量属性包括历史成本、重置成本、可变现净值、现值和公允价值，这直接显著影响报表使用者的分析，这项披露要求便于使用者了解企业财务报表中的项目是按何种计量基础予以计量的，如存货是按成本还是可变现净值计量等。二是会计政策的确定依据，主要是指企业在运用会计政策过程中所作的对报表中确认的项目金额最具影响的判断。例如，企业如何判断持有的金融资产是持有至到期的投资而不是交易性投资；又如，对于拥有的持股不足 50%的关联企业，企业为何判断企业拥有控制权因此将其纳入合并范围；再如，企业如何判断与租赁资产相关的所有风险和报酬已转移给企业，从而符合融资租赁的标准，以及投资性房地产的判断标准是什么等。这些判断对在报表中确认的项目金额具有重要影响。因此，这项披露要求有助于使用者理解企业选择和运用会计政策的背景，增加财务报表的可理解性。

②重要会计估计的说明财务报表列报准则强调了对会计估计不确定因素的披露要求，企

业应当披露会计估计中所采用的关键假设和不确定因素的确定依据，这些关键假设和不确定因素在下一会计期间内很可能导致对资产、负债账面价值进行重大调整。在确定报表中确认的资产和负债的账面金额过程中，企业有时需要对不确定的未来事项在资产负债表日对这些资产和负债的影响加以估计。例如，固定资产可收回金额的计算需要根据其公允价值减去处置费用后的净额与预计未来现金流量的现值两者之间的较高者确定，在计算资产预计未来现金流量的现值时需要对未来现金流量进行预测，并选择适当的折现率，应当在附注中披露未来现金流量预测所采用的假设及其依据、所选择的折现率为什么是合理的等。又如，为正在进行中的诉讼提取准备时最佳估计数的确定依据等。这些假设的变动对这些资产和负债项目金额的确定影响很大，有可能会在下一个会计年度内作出重大调整。因此，强调这一披露要求，有助于提高财务报表的可理解性。

（5）会计政策和会计估计变更以及差错更正的说明。企业应当按照《企业会计准则第28号——会计政策、会计估计变更和差错更正》及其应用指南的规定，披露会计政策和会计估计变更以及差错更正的有关情况。

（6）报表重要项目的说明。企业应当以文字和数字描述相结合、尽可能以列表形式披露报表重要项目的构成或当期增减变动情况，并且报表重要项目的明细金额合计，应当与报表项目金额相衔接。在披露顺序上，一般应当按照资产负债表、利润表、现金流量表、所有者权益变动表的顺序及其项目列示的顺序。

（7）其他需要说明的重要事项。这主要包括或有和承诺事项、资产负债表日后非调整事项、关联方关系及其交易等，具体的披露要求须遵循相关准则的规定，分别参见相关章节的内容。

小知识

财务报表列报准则涉及财务报表附注的内容

2014年，财政部发布了关于印发修订《企业会计准则第30号——财务报表列报》的通知。通知中说明，为了适应社会主义市场经济发展需要，提高企业财务报表列报质量和会计信息透明度，根据《企业会计准则——基本准则》，财政部对《企业会计准则第30号——财务报表列报》进行了修订，并自2014年7月1日起在所有执行企业会计准则的企业范围内施行。修订后的《企业会计准则第30号——财务报表列报》涉及财务报表附注的内容如下：

第三十七条　附注是对在资产负债表、利润表、现金流量表和所有者权益变动表等报表中列示项目的文字描述或明细资料，以及对未能在这些报表中列示项目的说明等。

第三十八条　附注应当披露财务报表的编制基础，相关信息应当与资产负债、利润表、现金流量表和所有者权益变动表等报表中列示的项目相互参照。

第三十九条　附注一般应当按照下列顺序至少披露：

（一）企业的基本情况。

1. 企业注册地、组织形式和总部地址。

2. 企业的业务性质和主要经营活动。

3. 母公司以及集团最终母公司的名称。

4. 财务报告的批准报出者和财务报告批准报出日，或者以签字人及其签字日期为准。

5. 营业期限有限的企业，还应当披露有关其营业期限的信息。

（二）财务报表的编制基础。

（三）遵循企业会计准则的声明。

企业应当声明编制的财务报表符合企业会计准则的要求，真实、完整地反映了企业的财务状况、经营成果和现金流量等有关信息。

（四）重要会计政策和会计估计。

重要会计政策的说明，包括财务报表项目的计量基础和在运用会计政策过程中所做的重要判断等。重要会计估计的说明，包括可能导致下一个会计期间内资产、负债账面价值重大调整的会计估计的确定依据等。

企业应当披露采用的重要会计政策和会计估计，并结合企业的具体实际披露其重要会计政策的确定依据和财务报表项目的计量基础，及其会计估计所采用的关键假设和不确定因素。

（五）会计政策和会计估计变更以及差错更正的说明。

企业应当按照《企业会计准则第 28 号——会计政策、会计估计变更和差错更正》的规定，披露会计政策和会计估计变更以及差错更正的情况。

（六）报表重要项目的说明。

企业应当按照资产负债表、利润表、现金流量表、所有者权益变动表及其项目列示的顺序，对报表重要项目的说明采用文字和数字描述相结合的方式进行披露。报表重要项目的明细金额合计，应当与报表项目金额相衔接。

企业应当在附注中披露费用按照性质分类的利润表补充资料，可将费用分为耗用的原材料、职工薪酬费用、折旧费用、摊销费用等。

（七）或有和承诺事项、资产负债表日后非调整事项、关联方关系及其交易等需要说明的事项。

（八）有助于财务报表使用者评价企业管理资本的目标、政策及程序的信息。

第四十条企业应当在附注中披露下列关于其他综合收益各项目的信息：

（一）其他综合收益各项目及其所得税影响；

（二）其他综合收益各项目原计入其他综合收益、当期转出计入当期损益的金额；

（三）其他综合收益各项目的期初和期末余额及其调节情况。

第四十一条 企业应当在附注中披露终止经营的收入、费用、利润总额、所得税费用和净利润，以及归属于母公司所有者的终止经营利润。

第四十二条 终止经营，是指满足下列条件之一的已被企业处置或被企业划归为持有待售的、在经营和编制财务报表时能够单独区分的组成部分：

（一）该组成部分代表一项独立的主要业务或一个主要经营地区。

（二）该组成部分是拟对一项独立的主要业务或一个主要经营地区进行处置计划的一部分。

（三）该组成部分是仅仅为了再出售而取得的子公司。

同时满足下列条件的企业组成部分（或非流动资产，下同）应当确认为持有待售：该组成部分必须在其当前状况下仅根据出售此类组成部分的惯常条款即可立即出售；企业已经就处置该组成部分作出决议，如按规定需得到股东批准的，应当已经取得股东大会或相应权力机构的批准；企业已经与受让方签订了不可撤销的转让协议；该项转让将在一年内完成。

第四十三条 企业应当在附注中披露在资产负债表日后、财务报告批准报出日前提议或宣布发放的股利总额和每股股利金额（或向投资者分配的利润总额）。

四、财务报表附注重点项目的分析

一般情况下，在对财务报表分析之前，应首先阅读和分析报表附注。在分析报表过程中，需要经常结合附注分析，寻找辨别财务报表真实程度的调查分析重点。

（一）会计政策、会计估计变更和会计差错更正

会计政策变更，是指企业对相同的交易或事项由原来采用的会计政策改用另一会计政策的行为。比较常见的会计政策变更有企业在对被投资单位的股权投资在成本法和权益法核算之间的变更、坏账损失的核算在直接转销法和备抵法之间的变更、外币折算在现行汇率法和时态法或其他方法之间的变更等本集团本年度未发生会计政策的变更事项。会计估计变更，是指由于资产和负债的当前状况及预期未来经济利益和义务发生了变化，从而对资产或负债的账面价值或资产的定期消耗金额进行的重估和调整。对于法律、法规强制要求发生的会计政策变更，主要关注其变更的合法性；对于非强制性会计政策变更，关注其变更的合理性。对会计估计变更的分析侧重于变更的合理性。

【例 5-1】AG 公司 2014 年度会计估计变更的说明。

根据 AG 公司固定资产的实际情况，相关部门对各类固定资产重新核定了实际使用年限，决定从 2011 年 10 月 1 日起调整固定资产折旧年限，并经公司 2011 年第一次临时股东大会表决通过，具体方案如表 5-7 所示。

表 5-7   AG 公司固定资产明细表

固定资产类别	变更前预计使用年限（年）	变更前年折旧率（%）	变更后预计使用年限（年）	变更后年折旧率（%）
房屋	20	4.75	30	3.17
建筑物	20	4.75	30	3.17
传导设备	15	6.33	15	6.33
机械设备	10	9.50	15	6.33
动力设备	11	8.64	10	9.50
运输设备	10	9.50	10	9.50
工具及仪器	7	13.57	5	19.00
管理用具	5	19.00	5	19.00

本次会计估计变更对集团业务的范围无影响，但减少公司 2014 年第四季度固定资产折旧额 4.91 亿元，增加所有者权益及净利润 3.68 亿元。

（二）关联方交易

我国上市公司关联交易普遍存在，特别是国有企业改制后的上市公司。关联交易与会计报表粉饰的关系，并不存在必然联系。但在关联方进行交易时，若按公允价格定价，一般来说没有问题；若交易价格非公允价格，则需要进一步分析。关联方交易会出于利润转移、包装上市公司及避税等原因操纵利润。

通过对来自关联企业的营业收入和利润总额的分析，判断企业的盈利能力在多大程度上依赖于关联企业，从而判断企业的营业收入和利润来源是否稳定。如果企业的营业收入和利润主要来源于关联企业，就应该特别关注关联交易的定价政策，例如，交易价格的确定是否与非关联方的交易价格相一致。据此来分析企业是否以不等价交换的方式与关联交易进行会计报表粉饰。

　　有些上市公司出于某种目的，可能故意隐瞒一些不公允的关联交易，此时，可以借助其他资料来识别企业当期是否存在关联方交易。可供参考的识别方法包括：①查阅股东大会、董事会会议及其他重要会议记录和公告，以及企业的重大事项公告，从中识别是否存在关联方交易的内容；②通过与前期报表进行比较，发现以前存在重大关联交易的对象本期是否又发生了新的关联方交易，因为大部分关联交易具有一定的连续性；③关注期末报表中数额较大的异常的及不经常的交易或金额。

　　【例5-2】截至2001年4月25日，通过对沪深两市1073家上市公司公布的2000年年报进行统计可以发现，有332家公司的关联交易存在侵害上市公司权益的现象，占公布年报的30.94%，即有三成上市公司受到来自大股东及其与之有关公司的侵害。在关联交易中，通过对定价的操纵，大股东很容易将质次的资产高价卖给上市公司。如A公司，该公司大股东B集团2005年将宣称（也是董事会公告的）为优质资产的上海C柑橘公司以89 197万元卖给A公司，但此后柑橘公司连年亏损，"优质资产"实乃劣质，最终A公司不得不于2007年以429 839万元退还大股东，一来一往大股东实际上拿走了452 131万元。

　　【例5-3】D股份有限公司的前身是D焊接公司，2005年进行股份化改造，2007年11月在深交所上市。自2008年7月以来，D股份有限公司长期借款给大股东使用，金额达8.91亿元，另有3.3亿元大金额银行借款不入账。2014年以来，又为大股东提供担保2.44亿元。因该公司对这些事实不入账、不披露，2014年6月20日，受到了深圳证券交易所公开谴责。2014年10月，因其大股东——D集团宣布破产，造成巨额坏账和连带责任，给D股份有限公司带来致命打击，一度陷入破产境地，也给投资者带来重大损失。D股份有限公司的股票已于2015年2月21日起被深圳证券交易所终止上市。

　　（三）或有事项

　　或有事项是指过去的交易或者事项形成的，其结果须由某些未来事件的发生或不发生才能决定的不确定事项。或有事项，尤其是或有负债的存在，会使得对公司未来的生产经营产生重大不确定性，甚至有可能危及企业的生存。分析时应特别注意对外担保等近年来对上市公司产生重大不利影响的事项，借此判断公司经营面临的风险大小。

　　【例5-4】A公司2013年年报显示，截至2013年12月31日，该公司净资产为−6.2亿元，银行借款余额为2.41亿元，已全部逾期；对外担保7.85亿元，其中7.74亿元已逾期；上述借款和对外担保中有6.53亿元已涉及诉讼。这些迹象表明，该公司持续经营能力存在重大不确定性。而公司在年报中未对其作明确披露。基于此，上海立信长江会计师事务所对其出具了保留意见的审计报告。

　　（四）资产负债表日后事项

　　资产负债表日后事项是指自年度资产负债表日至财务会计报告批准报告日之间发生的需要调整或说明的事项。资产负债表日后事项所涵盖的期间，是指报告年度次年的1月1日至董事会、经理（厂长）会议或类似机构对财务报告的批准报出日之间的期间。对于调整事项，必须进行相关的账务处理，并调整资产负债表日的会计报表；而对于非调整事项，只需要在会计报表附注中进行披露，无需调整资产负债表日的会计报表。因此，正确判断资产负债表日后事项是调整事项还是非调整事项是关键。

　　调整事项的主要特点在于它的"续发性"，亦即它的发生是以前已发生或存在事项或事件的延续和结束，因而也常被称为"续发事项"。非调整事项的主要特点在于"后发性"，即它在资产负债表日之后发生，不直接影响资产负债表日的财务状况和相关会计年度的经营成果。非调整事项并不影响会计报表金额，但可能影响对会计报表的正确理解。

（五）会计报表主要项目注释

会计报表主要项目注释可以向投资者以及其他会计报表使用者提供关于会计报表的更详细信息，类似应收款项账龄结构、短期投资构成、财务费用项下的利息收入与利息支出等等。根据这些信息，投资者可以判断相应的会计风险。

【例 5-5】华晨公司本期坏账准备是不区分账龄的统一比例计提的，但主要项目注释提供的账龄结构显示，虽然应收款项的合计金额没有明显增加，但 1 年以上特别是 2 年以上账龄的应收款项较年初大幅增加，表明实际的回收风险随账龄的延长而加大，继续采用不区分账龄的统一比例计提坏账准备是不公允的，应当调整为区分账龄的比例计提坏账准备。因此，为确保财务分析得出正确结论，必须关注会计报表主要项目注释列报。

1. 表内项目注释

需要注释的会计报表主要项目涉及资产负债表与利润表的所有项目，上市公司可以根据金额的多少、重要性加以取舍。但通常不能舍弃短期投资、应收账款、其他应收款、长期投资、固定资产原值、固定资产折旧、固定资产净值、待摊费用、长期待摊费用、股本、资本公积、资本公益、未分配利润、主营业务收入、主营业务成本、财务费用、投资收益、补贴收入、营业外收入与支出等。

（1）应收款项。公司还应就应收账款、其他应收款、预付账款项目分别列示欠款金额前 5 名的单位名称、所欠金额、欠款时间和欠款原因。应收账款中如持有本公司 5%以上股份的股东单位的欠款，应在关联方交易中披露，并在本项目附注予以说明；其他应收款中若有非关联往来款项的，欠款单位欠款额占其他应收款总额 10%以上的，还应详细披露各欠款单位所欠款项发生的原因、借款金额、借款日及期限和所得收益等。

①对重大的已核销的应收款项说明涉及的项目及催讨情况。

②应收票据如有贴现、抵押的应说明其出票单位、出票日期、到期金额和其他情况。

③应收股利、应收补贴款应分别列示各该项目的金额，对其中金额较大的，应说明其性质和内容。应收补贴款，还应说明有关批准文件。

④应全面披露坏账准备情况。

（2）存货。财务报表附注中存货的披露，包括：①材料、在产品、产成品等类存货的当期期初和期末账面价值及总额；②当期计提的存货跌价准备和当期转回的存货跌价准备两项内容，后者常在资产减值明细表中披露。

（3）长期股权投资。对于长期股权投资，若采用权益法核算，还应列示初始投资额、追加投资额、被投资单位权益增减额、分得的现金红利额和累积增减额、被投资单位与公司会计政策的重大差异、投资变现及投资收益汇回的重大限制。若实际投资比例与注册资本比例不一致，应予以披露并说明原因。若其他投资按权益法核算，还应列示本期权益增减额和累计权益增减额。对股权投资差额应按被投资单位列示初始金额及形成原因、摊销期限、本期摊削额、摊余金额。

（4）固定资产及折旧。固定资产及折旧，应根据有关财务制度的规定分类，固定资产若有在建工程转入、出售、置换、抵押和担保等情况的，应明确说明。

（5）在建工程。在建工程如有利息资本化的，还应分别列示期初和本期利息资本化金额；

资本来源应区分募股资金、公司贷款和其他来源等。

（6）短期借款。短期借款中的抵押贷款须说明用什么资产进行抵押，担保贷款须说明哪家单位为本公司担保。对短期贷款的增减变动情况进行说明。

（7）未分配利润。未分配利润要说明报告期利润分配比例以及未分配利润的增减变动情况：若对以前年度损益调整致使期初未分配利润发生变动，应对变动内容、变动原因、依据和影响作出说明。

（8）主营业务收入。企业的经营如涉及不同行业的业务，若业务收入占主营业收入 10%（含 10%）以上的，则应按行业类别披露有关数据。

（9）资产减值准备明细表。资产减值准备明细表是反映上市公司报告期各项资产减值准备及其增减变动情况的资产负债表附表。其中"本年增加数"是在年度内追加计提的准备金，这通常会同步增加企业的费用或者损失，"本年转回数"是指随着资产的出售或者价值回升而冲回的跌价准备或减值准备，这通常会同步冲减企业的费用或损失。

本章小结

本章主要介绍所有者权益变动表分析和财务报表附注的分析。

所有者权益变动表是反映企业本期（年度或中期）内至截止期末所有者权益变动情况的报表。该表能为财务报表使用者的投资决策提供全面的信息，客观地评价企业的经营管理工作，为正确评价企业的抗风险能力提供信息。所有者权益变动表分析包括水平分析、垂直分析和主要项目分析。

财务报表附注分析主要从重点项目入手进行分析。

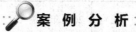

思考题

1. 所有者权益变动表主要项目分析包括几项内容？
2. 所有者权益变动表主要项目分析应重点关注哪些方面？
3. 股票派现与送股对所有者权益会产生哪些影响？
4. 财务报表附注在报表分析中有什么作用？
5. 财务报表附注重点项目分析有哪些内容？

案例分析

一、所有者权益变动分析

SY 公司所有者权益变动分析如表 5-8 和表 5-9 所示。

表 5-8　　　　　　　　SY 公司所有者权益变动水平分析表

项　　目	2014 年金额（元）	2013 年金额（元）	变动额（万元）	变动率（%）
一、上年年末余额	9 647 361 995.81	6 896 054 191.15	2 751 307 804.66	39.90
加：1. 会计政策变更			0.00	0.00
2. 前期差错更正			0.00	0.00

续表

项　　目	2014 年金额（元）	2013 年金额（元）	变动额（万元）	变动率（%）
二、本年年初余额	9 647 361 995.81	6 896 054 191.15	2 751 307 804.66	39.90
三、本期增减变动金额	2 271 160 684.97	2 751 307 804.66	−480 147 119.69	−17.45
（一）净利润	6 164 027 496.13	3 022 435 984.10	3 141 591 512.03	103.94
（二）其他综合收益	5 706 558.84	−6 288 179.44	11 994 738.28	−190.75
上述（一）和（二）小计	6 169 734 054.97	3 016 147 804.66	3 153 586 250.31	104.56
（三）股东投入和增减变动	975 966 740.00	3 000 000.00	972 966 740.00	32 432.22
1．股东投入股本	975 966 740.00	3 000 000.00	972 966 740.00	32 432.22
2．股份支付计入股东权益的金额			0.00	0.00
3．其他			0.00	0.00
（四）利润分配	−1 628 747 079.30	−267 840 000.00	−1 360 907 079.30	508.10
1．提取盈余公积			0.00	0.00
2．提取一般风险准备			0.00	0.00
3．对股东的分配	−1 628 747 079.30		−1 628 747 079.30	0.00
4．其他			0.00	0.00
（五）股东权益内部结转		−267 840 000.00	267 840 000.00	−100.00
1．资本公积转增资本			0.00	0.00
2．盈余公积转增资本股本			0.00	0.00
3．盈余公积弥补亏损			0.00	0.00
4．其他			0.00	0.00
（六）专项储备			0.00	0.00
1．本期提取			0.00	0.00
2．本期使用			0.00	0.00
（七）其他	−3 245 793 030.70		−3 245 793 030.70	0.00
四、本期期末余额	11 918 522 680.78	9 647 361 995.81	2 271 160 684.97	23.54

表 5-9　　　　　　　　　　　　　　SY 公司所有者权益变动垂直分析表

项　　目	2014 年金额（元）	2013 年金额（元）	2014 年构成（%）	2013 年构成（%）	构成的差异（%）
一、上年年末余额	9 647 361 995.81	6 896 054 191.15	80.94	71.48	9.46
加：1．会计政策变更			0.00	0.00	0.00
2．前期差错更正			0.00	0.00	0.00
二、本年年初余额	9 647 361 995.81	6 896 054　191.15	80.94	71.48	9.46
三、本期增减变动金额	2 271 160 684.97	2 751 307　804.66	19.06	28.52	−9.46
（一）净利润	6 164 027 496.13	3 022 435 984.10	51.72	31.33	20.39
（二）其他综合收益	5 706 558.84	−6 288 179.44	0.05	−0.07	0.11

项　　目	2014 年金额（元）	2013 年金额（元）	2014 年构成（%）	2013 年构成（%）	构成的差异（%）
上述（一）和（二）小计	6 169 734 054.97	3 016 147　804.66	51.77	31.26	20.50
（三）股东投入和增减变动	975 966 740.00	3 000 000.00	8.19	0.03	8.16
1．股东投入股本	975 966 740.00	3 000 000.00	8.19	0.03	8.16
2．股份支付计入股东权益的金额			0.00	0.00	0.00
3．其他			0.00	0.00	0.00
（四）利润分配	−1 628 747 079.30	−267 840 000.00	−13.67	−2.78	−10.89
1．提取盈余公积			0.00	0.00	0.00
2．提取一般风险准备			0.00	0.00	0.00
3．对股东的分配	−1 628 747 079.30		−13.67	0.00	−13.67
4．其他			0.00	0.00	0.00
（五）股东权益内部结转		−267 840 000.00	0.00	−2.78	2.78
1．资本公积转增资本			0.00	0.00	0.00
2．盈余公积转增资本股本			0.00	0.00	0.00
3．盈余公积弥补亏损			0.00	0.00	0.00
4．其他			0.00	0.00	0.00
（六）专项储备			0.00	0.00	0.00
1．本期提取			0.00	0.00	0.00
2．本期使用			0.00	0.00	0.00
（七）其他	−3 245 793 030.70		−27.23	0.00	−27.23
四、本期期末余额	11 918 522 680.78	9 647 361 995.81	100.00	100.00	0.00

从表 5-8 中可以看出，SY 公司 2014 年所有者权益比 2013 年增加了 2 271 160 684.97 元，增长幅度为 23.54%，从影响的主要项目看，最主要的原因是股东投资的股本大幅度增加，同期增长了 972 966 740.00 元，增加了超过 300 倍；此外本年净利润大幅度增长，效益明显提高，同期增加了 3 141 591 512.03 元，增幅达 103.94%；由此说明，价值是由股东通过经营而产生的，首先有投资，其次有盈利。除上述原因之外，还有年初余额增加 2 751 307 804.66 等影响。

从表 5-9 可以看出，SY 公司 2014 年与 2013 年相比，其所有者权益项目结构有所变化，年初余额比重上升了 9.46%；2014 年净利润比重上升了 20.39%，股东投入股本增加 8.16%；利润分配使得所有者权益下降 10.89%；其他的一些项目比 2013 年下降了 27.23%，这是 SY 公司所有者权益上升的四大因素。另外，股东权益内部结转的比重比 2013 年上升 2.78%。可以根据所有者权益变动表的主要项目的分析进一步分析其变动的原因及其合理性。

二、所有者权益变动表主要项目的分析

1. 直接计入所有者权益的利得与损失分析

（1）从 SY 公司的所有者权益变动表中数据可以看出，该公司本年度未对该公司的资产进行重估，因此在这方面不存在直接的利得和损失。

（2）SY 公司在许多国家拥有自己的分公司，同国外的业务往来必然涉及外币折算问题，近年来因人民币汇率升高的原因，该公司在 2013 年外币折算过程中，直接损失 3826.97 元。

2. 会计政策变更与前期差错更正的分析

2013 年，SY 公司根据新会计准则有关规定进行了一些会计政策的调整，如公司把以前按合同或协议规定的收款时间确认收入方式，改为分期收款方式销售产品，按合同或协议价款的公允价值一次性确认收入，使得 2013 年的股东权益总额收入增加。

2014 年，SY 公司依然采用 2013 年的会计政策，因此不存在会计政策变更对所有者权益的影响。SY 公司本期无主要会计政策、会计估计变更事项及会计差错更正事项的发生。会计政策的变更能提供更为准确、可靠的会计信息，但 SY 公司本期无合并给其带来明显影响的其他企业公司或业务，其各类会计处理方法也并没有发生变化，这一会计期间和前后均保持一致，故在此不做分析。

三、股利决策对所有者权益变动影响的分析

表 5-10 为 2013～2014 年 SY 公司的资产负债表简表（季报）。

表 5-10 **2013～2014 年 SY 公司资产负债表简表（季报）** 单位：万元

截止日期	2014-09-30	2014-06-30	2014-03-31	2013-12-31	2013-09-30
货币资金	490 573.50	497 902.56	314 595.39	307 692.72	227 200.42
其他资产	2 498 675.46	2 376 444.08	1 988 999.93	1 276 007.28	1 361 855.81
资产总计	2 989 248.96	2 874 346.64	2 303 595.32	1 583 700.00	1 589 056.23
负债合计	1 873 272.97	1 900 267.73	1 291 169.28	755 232.43	813 681.95
所有者权益合计	1 115 975.99	974 078.91	1 012 426.03	828 467.57	775 374.28
负债和所有者合计	2 989 248.96	2 874 346.64	2 303 595.32	1 583 700.00	1 589 056.23

由表 5-10 可得，SY 公司 2014 年第一季度货币资金总额较上年末上升 6902.67 万元，第三季度货币资金总额较第二季度下降 7329.06 万元，负债总额显示相同方向的变化，所有者权益总额均有所上升。导致上述现象的原因如下：由 SY 公司公布的分红派息预案得出，2013 年 12 月 31 日实施的分配方案为，每 10 股送 2 股，每 10 股转增 3 股，每 10 股税前派现 1.6 元；而 2014 年 6 月 30 日实施的分配方案为每 10 股送 11 股，每十股税前派现 1.3 元。由此可见，两个年度所实施的分红方案中，2014 年度送股比例有所上升，派现比例有所下降。

派现会导致公司现金流出，减少公司的资产和所有者权益规模，2014 年派现比例的降低导致了 2014 年度较 2013 年度货币资金总额上升较多，负债与所有者权益上升。

送股后每股收益被稀释，送股还有避税、降低成本等有点。不会导致企业资产的流出或负债的增加，不影响公司的资产、负债及所有者权益总额的变化，所影响的只有所有者权益内部有关各项目及其结构的变化。

　　然而，如上所述，公司却不能过多地提高送股比例，降低派现比例。市场上的投资者是很不稳定的，他们只关心自己本期收到的实惠，公司必须通过合理的派现来树立良好的形象，吸引更多的投资者。公司需要通过派现来传递自己的绩效，从而提高公司的股票价格。将剩余现金流量以股利的形式发放给股东，可降低经营者控制企业资源的能力，从而降低因所有者和经营者之间冲突而产生的代理成本，通过派现稳定投资者的心态。

　　所以，从公司的角度来看，既不能大规模地派现导致公司资产与所有者权益的结构，也不能一味送股导致投资者信心动摇，从长远上影响公司利益。

　　SY 公司不断变化的分红方案足以体现，公司资产总额稳定上升，负债与所有者权益起伏升降，这便是分红方案随着公司业绩不断调整的结果，没有资产的明显上升，也无负债与所有者权益的明显下降。公司需照往常一样，及时分析公司业绩，及时制定分红方案，作出对公司有益的正确决策。

四、增发新股对所有者权益的影响

　　SY 公司 2014 年度利润分配以 5 062 470 758 股为基数，向全体股东每 10 股派发现金红利 0.6 元（含税），送 5 股，转增 0 股，扣税后每 10 股派发现金红利 0.04 元，共计派发股利 303 748 245.5 元。实施后总股本为 7 593 706 137 股，增 2 531 235 379 股。实施送转股方案后，按新股本 7 593 706 137 股摊薄计算的 2014 年度每股收益为 0.74 元。

　　SY 公司是国内行业龙头，管理层前瞻性的战略和可以复制的产品成功模式是公司核心竞争力所在。SY 公司股票属于成长型好股票，得益于高铁建设和西部大开发建设，受益战略布局，未来公司将继续超越行业增长。

　　SY 公司组织机构健全，运行良好，连续 3 个会计年度盈利，财务状况良好。增发新股有利于企业建立和完善自我约束、自我发展的经营管理机制，更有利于股份制企业筹集资金，满足生产建设的资金需要。而且由于股票投资的无期性，股份制企业对所筹资金不需还本，因此可长期使用，有利于股份制企业的经营和扩大再生产。还可以为投资者开拓投资渠道，扩大投资的选择范围，适应了投资者多样性的投资动机、交易动机和利益的需求，一般来说能为投资者提供获得较高收益的可能性。而且可以增强投资的流动性和灵活性，有利于投资者股本的转让出售交易活动，使投资者随时可以将股票出售变现，收回投资资金。股票市场的形成、完善和发展为股票投资的流动性和灵活性提供了有利的条件。

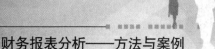

第六章 财务效率分析

第一节 财务效率分析概述

财务效率分析是以企业财务报告反映的财务数据为依据，通过财务指标的计算，对企业的财务状况和经营成果进行评价和剖析，以反映企业在运营过程中的利弊得失、财务状况及发展趋势，为改进企业财务管理工作和优化经济决策提供重要的财务信息。财务管理是企业内部管理的重要组成部分，而财务效率分析在企业的财务管理中又起着举足轻重的作用，对提高企业财务管理水平具有重要意义。

一、财务效率分析的内容

财务效率分析的内容主要根据信息使用者的不同而分为外部分析内容和内部分析内容，另可设置专题分析内容。具体来说，企业财务效率分析的具体步骤为：以企业财务报表等核算资料作为依据，采用专门的会计技术和方法，对企业的风险和营运状况进行分析。它是企业生产、经营、管理活动的重要组成部分，其主要内容包括以下几个部分。

1. 企业偿债能力分析

偿债能力指企业到期偿付债务本息和的能力，可分为短期偿债能力和长期偿债能力。短期偿债能力指企业支付一年或者超过一年的一个营业周期内到期债务的能力。常用到的财务指标有速动比率、流动比率及现金比率等。长期偿债能力是指企业对债务的承担能力和对偿还债务的保障能力。长期偿债能力分析是企业债权人、投资者、经营者和与企业有关联的各方面等都十分关注的重要问题。常用到的财务指标有资产负债率、产权比率及利息保障倍数等。

2. 企业营运能力分析

营运能力是指企业的经营运行能力，即企业运用各项资产以赚取利润的能力。企业的资产、负债和所有者权益从不同方面反映企业的生产规模、资金周转情况和企业经营的稳定程度。分析企业的财务状况包括资本结构、资金使用效率和资产使用效率等。其中，资产使用效率分析构成企业营运能力分析，是财务状况分析的重点。常用到的财务指标有总资产周转率、固定资产周转率及流动资产周转率等。这些指标揭示了企业资金运营周转的情况，反映了企业对经济资源管理、运用的效率高低。企业资产周转越快，流动性越高，企业的偿债能力越强，资产获取利润的速度就越快。

3. 企业获利能力分析

获利能力是指企业获取利润的能力，也称为企业的资金或资本增值能力，通常表现为一定时期内企业收益数额的多少及其水平的高低。获利能力就是指公司在一定时期内赚取利润的能力，利润率越高，获利能力就越强。对于经营者来讲，通过对获利能力的分析，可以发现经营管理环节出现的问题。对公司获利能力的分析，就是对公司利润率的深层次分析。

由于获利能力可反映出该企业经营业绩的好坏，企业的投资者和债权人也都非常重视和关心。常用到的财务指标有销售毛利率、营业利润率及营业净利率等。

4. 企业发展能力分析

企业发展能力是指企业扩大规模、壮大实力的潜在能力。企业的成长性，是企业通过自身生产经营活动，不断扩大和积累而形成的发展潜能，是投资者在选购股票进行长期投资时最为关注的问题。常用到的财务指标有销售增长率、资产增长率及资本增长率等。

二、财务效率分析在企业财务管理中的作用

1. 财务效率分析是评价企业经营业绩及财务状况的重要依据

通过企业财务效率分析，可了解企业偿债能力、营运能力、获利能力及发展能力，有利于管理者及其他相关人员客观评价经营者的经营业绩和财务状况，通过分析比较将可能影响经营成果和财务状况的微观因素和宏观因素、主观因素和客观因素加以区分，划清责任界限，客观评价经营者的业绩，促进经营管理者的管理水平提高。根据财务状况的分析结果可监督企业贯彻执行国家方针、政策、法令、法规及税金、利润的完成及上缴情况。近些年，我国改革不断深入，政府对企业的管理也已由微观管理转向宏观调控，因此，客观有效的财务效率分析数据对于国家相关部门制定经济政策及判断宏观经济运行情况有重要作用。

2. 财务效率分析是为债权人、投资者提供决策有效信息的工具

企业的投资者可通过财务效率分析，了解企业获利和偿债能力，预测投资后的风险程度及收益水平，从而作出正确决策。随着市场经济的发展，企业投资主体也逐渐多元化，债权人已不仅只局限于银行。此种情况下，各方面潜在的债权人和投资者在决策上就会考虑到企业的经营现状，他们的信贷和投资等决策就需要通过考察企业的财务状况，对其进行分析，之后作出决策。因此，财务效率分析成为市场经济条件下满足各类债权人和投资者所需信息的重要分析方法。

3. 财务效率分析为企业内部管理人员掌握经营情况及企业管理的薄弱环节提供依据

为了提高经济效益、加强管理、提供可靠资料，企业的管理人员通过对其成本利润的情况的了解，及时发现企业存在的问题，进而采取对应措施，改善其经营管理模式，使企业经济效益提高。

第二节　偿债能力分析

偿债能力是指企业用其资产偿还长期债务与短期债务的能力，是企业清偿到期债务的现金保障程度。企业有无支付现金的能力和偿还债务能力，是企业能否健康生存和发展的关键。企业偿债能力，静态地讲，就是用企业资产清偿企业债务的能力；动态地讲，就是用企业资产和经营过程创造的收益偿还债务的能力。实际上，影响企业偿债能力的因素有很多，我们对企业的偿债能力进行分析时，应考虑到各种因素的影响，从而对企业的偿债能力作出正确的分析和评价。

企业偿债能力分析包括短期偿债能力和长期偿债能力分析。由于影响企业短期偿债能力和长期偿债能力的因素不同，因此我们分别学习分析短期偿债能力和长期偿债能力的方法。

一、短期偿债能力分析

（一）短期偿债能力的含义

短期偿债能力是指企业用流动资产偿还流动负债的现金保障程度。分析一个企业的短期

偿债能力强弱，一方面要看企业流动资产的多少和质量如何，另一方面要看企业流动负债的多少和质量如何。

流动资产的质量是指其流动性和变现能力。流动性，是指流动资产转换为现金所需要的时间。资产转换为现金需要的时间越短，则资产流动性越强。变现能力是指资产能否很容易地、不受损失地转换为现金。如果流动资产的预计出售价格与实际出售价格的差额很小，则认为变现能力越强。

评价短期偿债能力应着重理解以下 3 点：

（1）评价流动负债和流动资产的数量关系。如果流动资产大于流动负债，说明资产转换所得现金超过流动负债，则认为偿债能力强。流动资产和流动负债的关系，有两个评价指标，一个是营运资金即两者的差额；另一个是流动比率即两者的比值。

（2）评价资产的流动性。只有不断流动的资产才能产生现金，只有取得现金才能偿债，因此资产流动性可以反映偿债能力（因此偿债能力分析有时也叫流动性分析）。资产的流动性有两个评价指标，一个是流动资产周转天数，另一个是流动资产周转率。

（3）比较一年内产生的债务和产生的现金流入。债务最终要用现金来偿还，因此可以通过一年内产生的现金流入和同期需要偿还的债务的关系评价偿债能力。

流动负债也有质量问题。一般说来，企业的所有债务都是需要偿还的，但是并非所有债务都需要在到期时立即偿还，债务偿还的强制程度和紧迫性被视为债务的质量，债务偿还的强制程度越高，紧迫性越强，债务的质量越高；反之，则越低。例如，对与企业有长期合作关系的供应商的债务，在企业财务困难时比较容易推迟或重新进行协商，其债务质量不高；有些债务则是到期必须偿还的，如应付税款，属于质量高的债务。大部分债务在这两个极端之间。

企业流动资产的数量和质量超过流动负债的数量和质量的程度，就是企业的短期偿债能力。短期偿债能力是企业的任何利益关系人都应重视的问题。

对企业管理者来说，短期偿债能力的强弱意味着企业承担财务风险的能力大小。短期偿债能力弱，企业获得商业信用的可能性降低，将使企业无法利用供货商给予的折扣好处，丧失获利机会。特别是当企业缺乏短期偿债能力时，为了还债，可能会强行出售资产，这种行为会大大降低企业的获利能力。当企业不能偿还到期债务时，将会面临债务诉讼；当资不抵债时，企业将破产清算。

对股东来说，短期偿债能力的强弱意味着企业获利能力的高低和投资机会的多少。企业短期偿债能力下降通常是获利水平降低和投资机会减少的先兆，这意味着资本投资的流失。因为，一般情况下，当企业投资机会多、获利水平高时，现金流大量也多；反之，则少。现金流入量多，资产的流动性就强，企业的短期偿债能力就强。

对债权人来说，企业短期偿债能力的强弱意味着债权人的本金与利息能否按期收回。企业短期偿债能力下降时，将导致债权人收回其本金与利息的延迟；当企业丧失短期偿债能力时，将导致债权人无法收回其本金与利息。

对企业的供应商和消费者来说，企业短期偿债能力的强弱意味着企业履行合同能力的强弱。当企业短期偿债能力下降时，企业将无力履行合同，供应商和消费者的利益将受到损害。

总之，短期偿债能力分析是十分重要的。当一个企业丧失短期偿债能力时，它的持续经营能力将遭到质疑。

（二）营运资金

1. 营运资金及其计量

营运资金是指流动资产总额减流动负债总额后的剩余部分，也称净营运资金。其计算公式为

$$营运资金=流动资产-流动负债$$

营运资金是偿还流动负债的缓冲垫，营运资金越多则偿债越有保障。营运资金是用于计量企业短期偿债能力的绝对值指标。企业能否偿还短期债务，要看有多少债务，以及有多少可以变现偿债的流动资产。当流动资产大于流动负债时，营运资金为正，说明营运资金出现溢余。此时，与营运资金对应的流动资产是以一定数额的长期负债或所有者权益作为资金来源的。营运资金数额越大，说明不能偿债的风险越小；反之，当流动资产小于流动负债时，营运资金为负，说明营运资金出现短缺。此时，企业部分长期资产似流动负债作为资金来源，企业不能偿债的风险很大。

【例6-1】YN药业公司2013年年末的流动资产是1 089 381.74万元，流动负债是365 935.79万元，依上式计算营运资金：

$$营运资金（2013年年末）=1 089 381.74-365 935.79=723 445.95（万元）$$

YN药业公司2013年年末的营运资金为723 445.95万元，它是流动资产偿还流动负债后的剩余，成为偿还流动负债的缓冲垫。即便有723 445.95万元的流动资产不能变现，仍然可以偿还流动负债。营运资金越多，流动负债越有偿还保障。

2. 营运资金的合理性

营运资金的合理性是指营运资金的数量以多少为宜。短期债权人希望企业营运资金越多越好，这样就可以减少风险。但是过多地持有营运资金，也不是什么好事。流动资产与长期资产相比，流动性强、风险小，但获利性差，过多的流动资产不利于企业提高获利能力。除短期借款以外的流动负债通常不需要支付利息，流动负债过少说明企业利用无息负债扩大经营规模的能力较差。因此，企业应保持适当的营运资金规模。

没有一个统一的标准用来衡量营运资金保持多少是合理的。由于营运资金与经营规模有联系，所以同一行业不同企业之间的营运资金也缺乏可比性。营运资金是一个绝对数，不便于不同企业间的比较，因此在实务中很少直接使用营运资金作为偿债能力分析的指标。

（三）短期偿债能力指标计算

1. 流动比率

流动比率是流动资产与流动负债的比值，是衡量企业短期偿债能力的核心比率。流动比率的内涵是每1元流动负债有多少元流动资产作保障。其计算公式为

$$流动比率=\frac{流动资产}{流动负债}$$

通常认为，流动比率越高，企业的偿债能力越强，短期债权人利益的安全程度也越高。这是因为较高的流动比率可以保障在流动负债到期日能够有较多的流动资产可供变现偿债。

【例6-2】表6-1为YN药业公司的资产负债表（简表），计算其流动比率，并进行简要评价。

表 6-1		YN 药业公司比较资产负债表		
项目	2013 年 12 月 31 日（万元）	2012 年 12 月 31 日（万元）	变动额（万元）	变动率（%）
资产总额	1 288 091.57	1 066 396.90	221 694.67	20.79
货币资金	208 295.15	172 833.22	35 461.93	20.52
应收票据	266 413.88	196 124.18	70 289.70	35.84
应收账款	53 646.71	46 110.98	7535.73	16.34
预付账款	38 965.43	23 425.66	15 539.77	66.34
其他应收款	46 175.29	6639.34	39 535.95	595.48
存货	475 735.80	436 002.33	39 733.47	9.11
流动资产	1 089 381.74	881 261.54	208 120.20	23.62
负债总额	385 212.55	363 667.25	21 545.30	5.92
流动负债	365 935.79	345 548.83	20 386.96	5.90
流动比率	2.98	2.55	0.43	16.73

$$2012年年末流动比率 = \frac{流动资产}{流动负债} = \frac{881\,261.54}{345\,548.83} = 2.55$$

$$2013年年末流动比率 = \frac{流动资产}{流动负债} = \frac{1\,089\,381.74}{365\,935.79} = 2.98$$

计算结果表明，该公司 2012 年年末每 1 元流动负债有 2.55 元的流动资产作保障，2013 年年末提高到 2.98 元，提高了 16.73%。分析原因，流动资产的总体上升幅度高于流动负债，最终使得 YN 药业公司的流动比率提高。这表明 YN 药业公司 2013 年的短期偿债能力比 2012 年略有上升，仍然保持在 2 以上，说明该公司的短期偿债能力还是不错的。从债权人角度看，债务的保障程度提高了，是一种好的趋势。

2. 流动比率的合理性

经验表明，流动比率在 2:1 左右比较合适。但是，对流动比率的分析应该结合不同的行业特点和企业流动资产结构等因素。有的行业流动比率较高，有的较低，不应该用统一的标准来评价各企业流动比率合理与否。只有和同行业平均流动比率、本企业历史的流动比率进行比较，才能知道这个比率是高还是低。因此，对流动比率的判断必须参考所在行业的平均标准、流动资产的结构和其他有关因素，例如，一般而言，商业流通领域流动性较高，而机器制造业及电力事业等行业流动性较差。我国近年来部分行业的流动比率参考值：汽车业为 1.1；房地产业为 1.2；制药业为 1.25；建材行业为 1.25；化工行业为 1.2；家电业为 1.5；计算机行业为 2；电子行业为 1.45；商业为 1.65；机械行业为 1.8。

3. 流动比率的局限性

流动比率虽然易于理解、计算简单、数据易于获取，但其评价企业资产流动性和短期偿债能力的作用是非常有限的。因为该指标本身存在一定的局限性。

（1）流动比率是一个静态指标。作为反映资产流动性的指标，流动比率只是说明了在资产负债表日企业偿还流动负债的保障程度，即在某一时点用于偿还流动负债的可用资源。然而，流动资产是不断周转的，它的存量是不断变化的；流动负债被不断偿还，又不断有新的流动负债产生。流动比率不能反映一年中有多少流动负债需要偿还，以及获得多少可供偿债的现金。因此，流动比率对偿债能力的反映是不完善的，需要用现金流量指标来补充。

（2）流动资产中包含了流动性较差的应收账款、存货、预付款项等，它们能否足额、迅速地转换为现金是有疑问的。因此，要对这些资产的流动性进行必要的评价，评价指标包括存货周转率、应收账款周转率等，以补充流动比率对偿债能力衡量的不足。

（四）速动比率

流动比率虽然可以用来评价企业的短期偿债能力，但人们还希望获得比流动比率更进一步的有关企业的短期偿债能力的比率指标。这个指标被称为速动比率，也被称为酸性测试比率。

1. 速动比率的计算

速动比率是速动资产与流动负债的比值。所谓速动资产，是流动资产扣除存货后的数额，速动比率的内涵是每 1 元流动负债有多少元速动资产作保障。该指标是流动比率的一个重要辅助指标，用于评价速动资产变现能力的强弱。速动比率的计算公式为

$$速动比率 = \frac{流动资产 - 存货}{流动负债}$$

该指标越高，表明企业偿还流动负债的能力越强。

为什么在计算速动比率时要把存货从流动资产中剔除呢？主要原因如下：首先，在流动资产中存货的变现速度最慢。原材料存货、半成品存货要经过加工才能转变成产成品存货。赊销情况下，产成品存货出售后，转为应收账款，然后才能收回现金，而能否出售是有风险的。其次，由于某种原因，存货中可能含有已损失报废但还没作处理的不能变现的存货。最后，部分存货可能已抵押给某债权人。

综合上述原因，把存货从流动资产总额中扣除而计算出的速动比率反映的短期偿债能力比流动比率更为准确、更加可信。

【例 6-3】表 6-2 为 YN 药业公司的资产负债表（简表），计算其速动比率，并进行简要评价。

表 6-2   YN 药业公司比较资产负债表

项目	2013 年 12 月 31 日（万元）	2012 年 12 月 31 日（万元）	变动额（万元）	变动率（%）
货币资金	208 295.15	172 833.22	35 461.93	20.52
存货	475 735.80	436 002.33	39 733.47	9.11
流动资产	1 089 381.74	881 261.54	208 120.20	23.62
流动负债	365 935.79	345 548.83	20 386.96	5.90
速动比率	1.68	1.29	0.39	30.14

$$2012年年末速动比率 = \frac{流动资产 - 存货}{流动负债} = \frac{881\,261.54 - 436\,002.33}{345\,548.83} = 1.29$$

$$2013年年末速动比率 = \frac{流动资产 - 存货}{流动负债} = \frac{1089\,381.74 - 475\,735.80}{365\,935.79} = 1.68$$

计算结果表明，该公司 2013 年年末速动比率提高到 1.68 元，提高了 30.14%。分析原因，

尽管存货增加了 9.11%，但是流动资产的总体上升幅度高于流动负债，最终使得 YN 药业公司的速动比率提高。这表明 YN 药业公司 2013 年的短期偿债能力比 2012 年略有上升，仍然保持在 1 以上，说明该公司的短期偿债能力还是不错的。

2. 速动比率的局限性

与流动比率相比，速动比率扣除了变现能力差的存货，弥补了流动比率的不足。但是，这个指标也有其局限性。

有观点认为，速动比率应当大于 1，以保证可以随时清偿到期债务。实际上这种看法未必正确。因为速动比率只是期末瞬时状态下比率，并不代表全年的速动资产与流动负债的关系。由于不同行业的速动比率会有很大差别，所以不存在统一的速动比率标准。例如，采用大量现金销售的商店，几乎没有应收账款，大大低于 1 的速动比率则是很正常的。相反，一些应收账款较多的企业，速动比率可能要大于 1。

（1）速动比率只是揭示了速动资产与流动负债的关系，是一个静态指标。作为反映资产流动性的指标，速动比率只是说明了在某一时点每 1 元流动负债的保障程度，即在某一时点用于偿还流动负债的速动资产，并不能说明未来现金流入的多少，而未来现金流入是反映流动性的最好指标。

（2）速动资产中包含了流动性较差的应收账款，使速动比率所反映的偿债能力受到怀疑。特别是当速动资产中含有大量不良应收账款时，必然会减弱企业的短期偿债能力。

（3）各种预付款项的变现能力也很差。预付款项需要经过一定时期变为存货以后，才能恢复其流动性。

3. 保守速动比率

在计算速动比率时，除扣除存货以外，还可以从流动资产中去掉其他一些可能与当期现金流量无关的项目，以计算更进一步地反映企业短期偿债能力的指标，如采用国际上较为流行的保守速动比率。所谓保守速动比率，是指保守速动资产与流动负债的比值，保守速动资产一般是指货币资金、交易性金融资产、应收票据和应收款项的总和。也可以在流动资产总额的基础上，分别减去存货、预付款项等。其计算公式为

$$保守速动比率 = \frac{货币资金 + 交易性金融资产 + 应收票据 + 应收款项}{流动负债}$$

$$保守速动比率 = \frac{流动资产 - 存货 - 预付账款等}{流动负债}$$

【例 6-4】表 6-3 为 YN 药业公司的资产负债表（简表），计算其保守速动比率，并进行简要评价。

表 6-3　　　　　　　　　　　　　　YN 药业公司比较资产负债表

项目	2013 年 12 月 31 日（万元）	2012 年 12 月 31 日（万元）	变动额（万元）	变动率（%）
资产总额	1 288 091.57	1 066 396.90	221 694.67	20.79
货币资金	208 295.15	172 833.22	35 461.93	20.52
交易性金融资产	14.98		14.98	
应收票据	266 413.88	196 124.18	70 289.70	35.84
应收账款	53 646.71	46 110.98	7535.73	16.34

项目	2013 年 12 月 31 日（万元）	2012 年 12 月 31 日（万元）	变动额（万元）	变动率（%）
预付账款	38 965.43	23 425.66	15 539.77	66.34
其他应收款	46 175.29	6639.34	39 535.95	595.48
存货	475 735.80	436 002.33	39 733.47	9.11
流动资产	1 089 381.74	881 261.54	208 120.20	23.62
负债总额	385 212.55	363 667.25	21 545.30	5.92
流动负债	365 935.79	345 548.83	20 386.96	5.90
保守速比率	2.98	2.55	0.43	16.73

$$2012年年末保守速动比率 = \frac{货币资金 + 交易性金融资产 + 应收票据 + 应收款项}{流动负债}$$

$$= \frac{172\,833.22 + 196\,124.18 + 46\,110.98}{345\,548.83} = 1.20$$

$$2013年年末保守速动比率 = \frac{货币资金 + 交易性金融资产 + 应收票据 + 应收款项}{流动负债}$$

$$= \frac{208\,295.15 + 14.98 + 266\,413.88 + 53\,646.71}{365\,935.79} = 1.44$$

计算结果表明，该公司 2013 年年末保守速动比率提高到 1.44 元，提高了 16.73%。分析原因，2013 年公司交易性金融资产增加了 14.98 万元，且各项资产的增加幅度均高于流动负债的增加，最终使得 YN 药业公司的保守速动比率提高。当然，该公司保守速动比率是高是低，要结合该公司的历史资料和行业平均水平来判断。

（五）现金比率

1. 现金比率的计算

现金比率是现金类资产与流动负债的比值。现金类资产是指货币资金和交易性金融资产。这两项资产的特点是随时可以变现。现金比率的计算公式为

$$现金比率 = \frac{货币资金 + 交易性金融资产}{流动负债}$$

【例 6-5】依例 6-4 资料，计算 YN 药业公司现金比率，并进行简要评价。

$$2012年年末现金比率 = \frac{货币资金 + 交易性金融资产}{流动负债} = \frac{172\,833.22}{345\,548.83} = 0.47$$

$$2013年年末现金比率 = \frac{货币资金 + 交易性金融资产}{流动负债} = \frac{208\,295.15 + 14.98}{365\,935.79} = 0.57$$

现金比率最能反映企业直接偿付流动负债的能力，这个比率越高，说明企业偿债能力越强。但是，如果企业保留过多的现金类资产，现金比率过高，说明企业支付能力强，就意味着企业流动负债未能合理地运用；如果这个指标过高，也不一定是好事。经常大量持有获利能力低的现金类资产会导致企业的机会成本增加。通常现金比率保持在 20% 以上为宜。

二、长期偿债能力分析

（一）长期偿债能力的含义

长期偿债能力是企业偿还长期债务的现金保障程度。企业的长期债务是指偿还期在一年或者超过一年的一个营业周期以上的负债，包括长期借款、应付债券、长期应付款等。企业对一笔债务总是负有两种责任：一是偿还债务本金的责任；二是支付债务利息的责任。分析一个企业的长期偿债能力，主要是为了确定该企业偿还债务本金和支付债务利息的能力。

由于长期债务的期限长，企业的长期偿债能力主要取决于企业资产与负债的比例关系以及获利能力，而不是资产的短期流动性。因此，分别可以利用资产负债表和利润表分析长期偿债能力。其中，利用资产负债表分析长期偿债能力的指标主要有资产负债率、产权比率、有形净值债务率和权益乘数；利用利润表分析长期偿债能力的指标主要有利息偿付倍数和固定支出偿付倍数。

（二）资本结构

资本结构是指企业各种长期资本来源的构成和比例关系。长期资本来源，主要是指权益筹资和长期债务。通常情况下，负债筹资成本较低，弹性较大，是企业灵活调剂资金余缺的重要手段。但是，负债是要偿还本金和利息的，无论企业的经营业绩如何，负债都会给企业带来财务风险；权益资本不需要偿还，可以在企业经营中永久使用。

资本结构对企业长期偿债能力的影响主要体现在以下两个方面。

（1）权益资本是承担长期债务的基础。对于公司制企业来说，股东对债务只承担有限责任，其责任以其出资额为限。如果借款不能按时归还，法院可以强制债务人出售财产偿债；如果企业的财产不足以偿债即没有净资产，法律则保护债务人使其不承担其他责任。权益资本是企业拥有的净资产，是股东承担民事责任的限度，也就成为借款的基础。因此，权益资本越多，债权人越有保障；权益资本越少，债权人越没有保障。在流动负债一定的情况下，如果企业长期负债比例高，企业不能偿债的可能性增大。在资金市场上，能否借入资金以及借入多少资金，取决于企业的权益资本实力。

（2）资本结构影响企业的财务风险，进而影响企业的偿债能力。由于负债的利息是固定的，不管企业是否盈利以及盈利多少，都要按约定的利率和借款数额计算并支付利息。借款越多，固定的利息越多，使得净利润的变化率大于息税前净收益的变化率，这就是财务杠杆原理。借款越多，净利润的稳定性越差，可以归还债务本金的现金流入就越不稳定，使得企业偿还债务能力变弱。

（三）长期偿债能力指标计算

1. 资产负债率

资产负债率是全部负债总额除以全部资产总额的百分比，也就是负债总额与资产总额的比例关系，也称为债务比率。资产负债率反映在资产总额中有多大比例是通过借债筹资的，用于衡量企业利用债权人资金进行财务活动的能力，同时也能反映企业在清算时对债权人利益的保护程度。其计算公式为

$$资产负债率 = \frac{负债总额}{资产总额} \times 100\%$$

公式中的负债总额指企业的全部负债，不仅包括长期负债，而且包括流动负债。这是因为，就一笔流动负债而言，企业要在短期内偿还，但在企业长期的经营活动中，流动负债总

是被长期占用。例如，一项应付账款在短期内要偿还，但由于经营的需要，企业总是要长期保持一定数量的应付账款，这部分应付账款就成为企业长期资本来源的一部分。因此，将流动负债包括在负债总额内，用于计算资产负债率是合理的。公式中的资产总额指企业的全部资产总额。

资产负债率是衡量企业负债水平及风险程度的重要标志。负债对于企业来说是一把"双刃剑"：一方面，负债增加了企业的风险，借债越多，风险越大。所有的负债都会增加债权人的索偿权，包括利息支付和约定时间的本金偿还。债务使企业背上了沉重的包袱，要在未来某一时刻支出一定数额的现金，而企业同期的现金流入受经营风险的影响并无保障，固定的现金流出与不确定的现金流入形成了企业的财务风险。借款的数额越大，企业的财务风险越大。另一方面，债务的成本低于权益资本的成本，增加债务可以改善企业的获利能力，提高股票价格，增加股东财富。既然债务同时增加企业的利润和风险，企业管理者的任务就是在利润和风险之间寻求平衡。

【例6-6】表6-4为YN药业公司的资产负债表（简表），计算其资产负债率，并进行简要评价。

表6-4   YN药业公司比较资产负债表   单位：万元

项　目	2013年12月31日	2012年12月31日	变动额	变动率（%）
资产总额	1 288 091.57	1 066 396.90	221 694.67	20.79
负债总额	385 212.55	363 667.25	21 545.30	5.92
资产负债率（%）	29.91	34.10	−0.04	−12.31

$$2012年年末资产负债率=\frac{负债总额}{资产总额}\times100\%=\frac{363\,667.25}{1\,066\,396.90}\times100\%=34.10\%$$

$$2013年年末资产负债率=\frac{负债总额}{资产总额}\times100\%=\frac{385\,212.55}{1\,288\,091.57}\times100\%=29.91\%$$

从上述计算结果可以看出，2013年YN药业公司的资产负债率有所下降。资产总额方面：2013年比2012年增加了221 694.67万元，同比增长20.79%。负债方面：2013年比2012年增加了21 545.30万元，同比增长5.92%。负债的增长幅度要小于资产的增长幅度，导致YN药业公司的资产负债率略有下降，偿债能力略有上升。

通常，资产负债率表明企业中由债权人提供的资金占资金总来源的比重。这一比重越小，企业资产对债权人权益的保障程度也就越高，企业的长期偿债能力越强。一般认为，资产负债率的适宜水平是40%～60%。对于经营风险比较高的企业，为减少财务风险，应选择比较低的资产负债率；对于经营风险低的企业，为增加股东权益，应选择比较高的资产负债率。

财务理论认为，存在所得税和市场不完善的情况下，企业存在一个最佳的资本结构。但至少目前人们还不能准确计算出一个企业的最佳资本结构。企业的目标资本结构，是根据成功企业的经验数据得出的。对于经营风险比较高的企业，为降低财务风险应选择比较低的资产负债率，如许多高科技企业的资产负债率都比较低；对于经营风险低的企业，为增加股东收益可以选择比较高的资产负债率。企业对债务的态度除了行业差别之外，不同国家或地区也有差别，产生差异的原因可能是金融市场环境、观念、文化和历史等因素作用的结果。

　　资产负债率反映债权人提供的资本占全部资本的比例。该指标对不同信息使用者的意义不同。

　　首先，从债权人的角度看，他们最关心的是贷给企业的款项是否能按期足额收回本金和利息。对债权人来说，资产负债率越低越好。因为，资产负债率低，债权人提供的资金与企业资本总额相比所占比例低，企业不能偿债的可能性小，企业的风险主要由股东承担，这对债权人来讲，是十分有利的。反之，资产负债率高，债权人提供的资金与企业资本总额相比所占比例高，企业不能偿债的可能性大，企业的风险主要由债权人承担，这对债权人来讲，是十分不利的。

　　其次，从股东的角度看，他们最关心的是投入资本能否给自身带来好处。原因如下：第一，由于负债利息是在税前支付的，通过负债筹资可以给企业带来税额庇护利益，使负债筹资的资本成本低于权益资本筹资的资本成本，企业可以通过负债筹资获得财务杠杆利益。从这一点看，股东希望保持较高的资产负债率水平。第二，在经营中，负债筹集的资金与股东投入的资金发挥同样的作用，只有当全部资本利润率超过借款利息率时，股东得到的利润才会增加。相反，如果全部资本利润率低于借款利息率，股东得到的利润会减少，因为，当借款利息率高于全部资本利润率时，借入资本多支付的利息要由属于股东的利润来偿还。站在股东的立场上，可以得出结论：在全部资本利润率高于借款利息率时，负债比例越高越好；反之，负债比例越低越好。第三，与权益资本筹资相比，增加负债不会分散原有股东的控制权。负债筹资只是改变了企业的资产负债比例，不会改变原有的股权结构，不改变股东的控制权。从这一点看，股东希望保持较高的资产负债率。

　　最后，从经营者的角度看，他们最关心的是在充分利用借入资本给企业带来好处的同时，尽可能降低财务风险。主要原因有 3 个：第一，由于负债利息可以在税前利润中抵扣，企业可以少纳所得税。资产负债率高。这种节税带来的收益就大。第二，当企业资产负债率过高，超出债权人的心理承受能力时，债权人会认为风险太大而不愿贷款，企业就借不到钱；如果企业不举债，或负债比例很小，说明企业采用保守的财务策略，或者对其前景信心不足，利用债权人资本进行经营活动的能力很差。在正常情况下，较高的资产负债率是企业快速发展的信号，显得企业活力充沛。第三，从财务管理的角度，在利用资产负债率进行借入资本决策时，企业应审时度势，充分估计预期的利润和增加的风险，在二者之间权衡利弊得失，把资产负债率控制在适度的水平。

　　2. 产权比率

　　产权比率是负债总额与所有者权益总额之间的比率，又称为债务权益比率。产权比率也是衡量企业长期偿债能力的主要指标之一。其计算公式为

$$产权比率 = \frac{负债总额}{所有者权益总额} \times 100\%$$

　　公式中的"所有者权益"在股份有限公司是指股东权益。

　　【例 6-7】表 6-5 为 YN 药业公司的资产负债表（简表），计算其产权比率，并进行简要评价。

表 6-5　　　　　　　　　　　　　　YN 药业公司比较资产负债表　　　　　　　　　　　单位：万元

项目	2013 年 12 月 31 日	2012 年 12 月 31 日	变动额	变动率（%）
资产总额	1 288 091.57	1 066 396.90	221 694.67	20.79

续表

项目	2013 年 12 月 31 日	2012 年 12 月 31 日	变动额	变动率（%）
负债总额	385 212.55	363 667.25	21 545.30	5.92
股东权益总额	902 879.02	702 729.65	200 149.37	28.48
产权比率（%）	42.66	51.75	–0.09	–17.56

$$2012年年末产权比率=\frac{负债总额}{所有者权益总额}\times100\%=\frac{363\,667.25}{702\,729.65}\times100\%=51.75\%$$

$$2013年年末产权比率=\frac{负债总额}{所有者权益总额}\times100\%=\frac{385\,212.55}{902\,879.02}\times100\%=42.66\%$$

从上述计算结果可以看出，2013 年 YN 药业公司的产权比率有所下降，主要原因是负债总额的增加幅度小于股东权益增幅。股东权益方面：2013 年比 2012 年增加了 200 149.37 万元，同比增长 28.48%。负债方面：2013 年比 2012 年增加了 21 545.30 万元，同比增长 5.92%。负债的增长幅度要小于股东权益的增长幅度，导致 YN 药业公司的产权比率略有下降，偿债能力略有上升。

这个指标是通过企业负债与所有者权益进行对比来反映企业资本来源的结构比例关系，主要是用于衡量企业的风险程度和对债务的偿还能力。这个指标越大，表明风险越大；反之，则越小。同理，该指标越小，表明企业长期偿债能力越强；反之，则越弱。如果认为资产负债率应当在 40%～60%，则意味着产权比率应当维持在 70%～150%。

反映企业长期偿债能力的核心指标是资产负债率，产权比率是对资产负债率的必要补充。产权比率主要反映了负债与所有者权益的相对关系，包括以下几个方面。

第一，产权比率指标反映了债权人提供的资本与股东提供的资本的相对关系，这一指标能反映企业基本财务结构的稳定性。一般来说，股东投入资本大于借入资本时比较好，但这并不绝对。站在股东的立场，在通货膨胀加剧时期，企业增加负债可以将财务风险和通货膨胀损失转嫁给债权人承担。在经济繁荣时期，多借债可以获得额外的利润。在经济衰退时期，少借债可以减少利息负担和财务风险。产权比率高，表明企业采纳了高风险、高报酬的财务结构；产权比率低，表明企业采纳了低风险、低报酬的财务结构。例 6-7 中 YN 药业公司的产权比率为 42.67%，说明该企业采纳了一种低风险、低报酬的财务结构。

第二，产权比率反映了债权人投入资本受所有者权益保护的程度，也可以表明当企业处于清算状态时，对债权人利益的保障程度。这是由于，法律规定债权人的索偿权先于股东。公司如果进入清算状态，债权人提供资本占所有者投入资本的比重较小时，债权人的利益受保护的程度就高。

第三，产权比率反映了管理者运用财务杠杆的程度。当该指标过低时，表明企业不能充分发挥负债带来的财务杠杆作用；反之，当该指标过高时，表明企业过度运用财务杠杆，增加了企业财务风险。

运用产权比率衡量企业长期偿债能力时，还应注意以下几点：

首先，产权比率与资产负债率都是用于衡量长期偿债能力的，具有共同的经济意义，两个指标可以互相补充。因此，对产权比率的分析可以参考对资产负债率的分析。资产负债率分析中应注意的问题，在产权比率分析中也应引起注意。

其次，尽管产权比率与资产负债率都是用于衡量长期偿债能力的，但两个指标之间还是有区别的。其区别是反映长期偿债能力的侧重点不同。产权比率侧重于揭示债务资本与权益资本的相互关系，说明企业财务结构的风险性，以及所有者权益对偿债风险的承受能力；资产负债率侧重于揭示企业总资本中有多少是靠负债取得的，说明债权人权益的受保障程度。

最后，所有者权益就是企业的净资产，产权比率反映的偿债能力是以净资产为物质保障的。但是，净资产中的某些项目，如无形资产等，其价值具有极大的不确定性，且不易形成支付能力。因此，在使用产权比率时，必须结合有形净值债务率指标，做进一步分析。

3. 有形净值债务率

有形净值债务率是所有者权益减去无形资产净值后的净值，即所有者具有所有权的有形资产净值。有形净值债务率用于揭示企业的长期偿债能力，表明债权人在企业破产时的被保护程度。其计算公式为

$$有形净值债务率 = \frac{负债总额}{所有者权益总额 - 无形资产净值} \times 100\%$$

【例 6-8】表 6-6 为 YN 药业公司的资产负债表（简表），计算其有形净值债务率，并进行简要评价。

表 6-6 YN 药业公司比较资产负债表 单位：万元

项目	2013 年 12 月 31 日	2012 年 12 月 31 日	变动额	变动率（%）
无形资产	22 316.54	22 897.20	221 694.67	20.79
资产总额	1 288 091.57	1 066 396.90	221 694.67	20.79
负债总额	385 212.55	363 667.25	21 545.30	5.92
股东权益总额	902 879.02	702 729.65	200 149.37	28.48
有形净值债务率（%）	43.75	53.49	−0.097 474 67	−18.22

$$2012年年末有形净值债务率 = \frac{负债总额}{所有者权益总额 - 无形资产净值} \times 100\%$$
$$= \frac{363\,667.25}{702\,729.65 - 22\,897.20} \times 100\% = 53.49\%$$

$$2013年年末有形净值债务率 = \frac{负债总额}{所有者权益总额 - 无形资产净值} \times 100\%$$
$$= \frac{385\,212.55}{902\,879.02 - 22\,316.54} \times 100\% = 43.75\%$$

从上述计算结果可以看出，2013 年 YN 药业公司的有形净值债务率有所下降，说明公司的债务负担有所下降，长期偿债能力提高。股东权益方面：2013 年比 2012 年增加了 200 149.37 万元，同比增长 28.48%。无形资产方面：2013 年比 2012 年增加了 221 694.67 万元，同比增长 20.79%。负债方面：2013 年比 2012 年增加了 21 545.30 万元，同比增长 5.92%。这一变化无论企业本身还是投资人或者是债务人都可以接受，公司的长期偿债能力风险有所降低。

有形净值债务率是通过企业负债总额与有形净值进行对比，来反映企业在清算时债权人投入资本受到股东权益的保护程度，主要是用于衡量企业的风险程度和对债务的偿还能力。

这个指标越大，表明风险越大；反之，则越小。同理，该指标越小，表明企业长期偿债能力越强；反之，则越弱。

对有形净值债务率的分析，可以从以下两个方面进行：

第一，有形净值债务率揭示了负债总额与有形资产净值之间的关系，最有意义的一点是指标计量了债权人在企业处于破产清算时能获得多少有形财产保障。可以看出，有形净值债务率实质上是产权比率指标的延伸，是更为谨慎、保守地反映债权人利益受保护程度的指标。

第二，有形净值债务率指标最大的特点是在可用于偿还债务的净资产中扣除了无形资产，包括商标、专利权及非专利技术等，这主要是由于无形资产的计量缺乏可靠的基础，不可能作为偿还债务的资源。

4. 利息保障倍数

利息保障倍数又称已获利息倍数或利息偿付倍数，是指企业生产经营所获得的息税前利润与利息费用的比率。它是衡量企业支付负债利息能力的指标，用以衡量偿付借款利息的能力。企业生产经营所获得的息税前利润与利息费用相比，倍数越大，说明企业支付利息费用的能力越强。因此，债权人要分析利息保障倍数指标，以此来衡量债权的安全程度。其计算公式为

$$利息保障倍数 = \frac{息税前利润}{利息支出} = \frac{税前利润总额 + 利息支出}{利息支出} = \frac{税后净利润 + 所得税 + 利息支出}{利息支出}$$

公式中的分子"息税前利润"是指利润表中未扣除利息支出和所得税之前的利润。它可以用"税前利润总额+利息支出"来测算，也可以用"税后净利润+所得税+利息支出"来测算。使用息税前利润的原因有两点：第一，如果使用税后利润，不包括利息支出，将会低估企业偿付利息的能力。因为利息是在税前支付的，故应将利息支出加回到税后利润中。第二，如果使用税后利润，不包括所得税，也会低估企业偿付利息的能力。因为，所得税是在支付利息后才计算的，将其加回对评价企业偿付利息能力不产生影响。

公式中的分母"利息支出"是指本期发生的全部利息支出，不仅包括计入财务费用的利息支出，还包括资本化利息。所谓资本化利息，是指计入固定资产成本的利息，即企业为购建某项固定资产而借入的专门借款所发生的利息。利息资本化的结果是将利息作为固定资产的增加额，而不是作为费用处理。虽然资本化利息不在利润表中作为费用扣除，但也是企业的一项负债，将来也要偿还。利息费用保证倍数是要衡量企业支付利息的能力，因此，利息支出应包括全部利息。但是，外部分析人员可能难以获得这部分数据。

一般工商企业利润表中不单独列示利息支出项目，而是混在财务费用项目中，外部报表信息使用者可以使用财务费用项目数据替代利息支出项目，也可以通过财务报表附注中的财务费用明细表查找利息支出项目数据。

【例 6-9】表 6-7 为 YN 药业公司的利润表（简表），计算其利息保障倍数，并进行简要评价。

表 6-7　　　　　　　　　　　　　YN 药业公司比较利润表　　　　　　　　　　　单位：万元

项目	2013 年 12 月 31 日	2012 年 12 月 31 日	变动额	变动率（%）
营业收入	1 581 480.00	1 368 680.00	212 800.00	15.55
营业成本	1 111 840.00	957 799.00	154 041.00	16.08

续表

项目	2013 年 12 月 31 日	2012 年 12 月 31 日	变动额	变动率（%）
销售费用	201 257.00	186 420.00	14 837.00	7.96
管理费用	46 189.40	186 420.00	−140 230.60	−75.22
财务费用	786.24	133.34	652.90	489.65
其中：利息费用	2135.54	1593.21	542.33	34.04
营业利润	263 893.00	180 378.00	83 515.00	46.30
营业外收支净额	6238.04	2606.61	3631.43	139.32
利润总额	270 131.00	182 985.00	87 146.00	47.62
所得税费用	37 985.70	24 733.00	13 252.70	53.58
净利润	232 145.00	158 252.00	73 893.00	46.69
利息保障倍数	127.49	115.85	11.64	10.05

$$2012年利息保障倍数=\frac{息税前利润}{利息支出}=\frac{税前利润总额+利息支出}{利息支出}$$

$$=\frac{182\,985.00+1\,593.21}{1\,593.21}=115.85$$

$$2013年利息保障倍数=\frac{息税前利润}{利息支出}=\frac{税前利润总额+利息支出}{利息支出}$$

$$=\frac{270\,131.00+2\,135.54}{2\,135.54}=127.49$$

从上述计算结果可以看出，2013 年 YN 药业公司的利息保障倍数比 2012 年有所增加，同比增长 10.05%，说明该公司 2013 年的长期偿债能力及盈利能力均有所增强。

利息保障倍数指标反映了当期企业经营收益是所需支付的债务利息的多少倍，从偿付债务利息资金来源的角度考查债务利息的偿还能力。该指标越高，表明企业的债务利息偿还越有保障；相反，则表明企业没有足够资金来源偿还债务利息，企业偿债能力低下。

利息保障倍数如果小于 1，则表明企业无力赚取大于借款成本的收益，企业没有足够的付息能力。借款给这种企业，连收取利息都没有保障，收回本金就会更困难。该指标如果刚好等于 1，则表明企业刚好能赚取相当于借款利息的收益，但是由于息税前利润受经营风险影响，收取利息仍然缺乏足够的保障。因此，利息保障倍数为 1 是不够的，必须大于 1。企业经营风险越大，要求的利息保障倍数越大。在经营风险相同的情况下，企业利息保障倍数越大，支付利息的能力越强。

在分析利息保障倍数时，还应特别注意以下几个问题。

（1）在利用利息保障倍数指标分析企业的偿债能力时，还要注意一些非付现费用问题。从长期看，企业必须拥有支付所有经营费用的资金。但从一个较短的时期来看，企业存在大量的非付现费用，如折旧费、无形资产摊销等，而这些都已列入本期费用，从当期的收入中扣除。因此，有些企业即使出现利息保障倍数指标小于 1 的情况，也不一定不能偿还债务利息。

（2）在运用利息保障倍数指标分析企业偿债能力时，如果企业长期负债比重较高，规模较大，还可以单独计算企业偿付长期债务利息的能力。该指标叫作长期债务与营运资金比率，是用企业的长期债务与营运资金相除计算的。其计算公式为

$$长期债务与营运资金比率 = \frac{长期负债}{营运资金}$$

正常情况下，长期债务不应超过营运资金。长期债务最终会转为流动负债，并动用流动资产偿还。保持长期债务不超过营运资金，就不会造成流动资产小于流动负债，使长期债权人和短期债权人的利益都能得到保护。此时，长期债权人和短期债权人才会认为他们的贷款是有安全保障的。

【例6-10】YN药业公司2013年年末长期负债为19 276.76万元，营运资金为723 445.95万元。计算长期债务与营运资金比率如下：

$$长期债务与营运资金比率 = \frac{长期负债}{营运资金} = \frac{19\ 276.76}{723\ 445.95} = 0.027$$

计算结果表明，YN药业公司长期债务只相当于营运资金的0.027倍，说明企业具有很强的偿债能力，债权人借钱给该公司基本上没有风险。

利息保障倍数指标在分析企业偿付长期债务能力方面是十分有用的，通常也是债权人十分关注的指标。但是，这项指标也存在一定的局限性，这是因为，这项指标是从利润额与利息支出之间的比例关系来衡量企业的偿债能力的。一般而言，企业利润越高，对债务的支付能力越强。但是，利润是一个会计数据，会计账面数据不能作为长期债务偿付手段。原因是决定利润大小的两个因素，即收入和费用，与现金流入和流出不同，利润不是企业可以动用的净现金流量。利用利润额和利息支出的关系衡量偿债能力并不是最好的方法。实际应用时，可以结合现金流量表数据。

三、影响偿债能力的其他因素

（一）短期影响因素分析

当出现以下情况时，会相应提高或降低企业短期偿债能力，企业的实际偿债能力可能好于或坏于财务报表项目反映的偿债能力。

（1）可动用的银行贷款额度。企业在与商业银行签订的银企合作协议中获得的信贷授信额度可以随时增加企业的现金，提高偿债能力。这一数据并不反映在企业的报表中，必要时，报表分析人员可以通过多渠道搜集相关信息。

（2）准备很快变现的长期资产。由于某种原因，企业可能将一些长期资产很快出售变为现金，增加短期偿债能力。这些长期资产包括企业持有的长期金融资产投资、闲置的固定资产等。

（3）偿债能力的良好声誉。如果企业的偿债能力一贯很好，有良好的声誉，在短期偿债方面出现困难时，可以很快地通过发行债券和股票等办法解决资金的短缺问题，提高短期偿债能力。这个增加变现能力的因素，取决于企业自身的信用声誉和当时的筹资环境。

（4）资产负债表日后事项。由于财务报告的编制需要一定的时间，因此，资产负债表日与财务报告的批准报出日之间往往存在时间差，这段时间发生的一些事项可能会对财务报告使用者产生重要影响。资产负债表日后事项是指资产负债表日与财务报告的批准报出日之间发生的有利或不利事项。资产负债表日后事项包括资产负债表日后调整事项和资产负债表日

后非调整事项。

（5）或有负债。或有负债有可能成为现实债务。一旦成为现实债务且偿还期在一年以内，就会降低企业的短期偿债能力。

（二）长期影响因素分析

在分析和评价企业长期偿债能力时，除通过资产负债表和利润表中有关项目之间的内在联系计算各种指标外，还有一些因素会影响企业的长期偿债能力，这些项目同样应该引起报表使用者的注意。

1. 长期资产和长期负债

利用资产负债表分析长期偿债能力，分析的侧重点是资产对长期负债的保障程度。一般情况下，长期负债是长期资产的主要资金来源，长期资产就成为偿还长期负债的资产保障。而长期资产的价值主要通过摊销的方法得到补偿，周转期长。长期资产的数量、结构、计价方法等都会影响企业的偿债能力。同时，长期资产与长期负债的对应关系也是影响长期偿债能力的重要因素。

（1）长期资产。长期资产主要包括：①可供出售金融资产；②持有至到期投资；③长期股权投资；④投资性房地产；⑤固定资产；⑥无形资产；⑦生物资产。

（2）长期负债。在资产负债表中，属于长期负债的项目有长期借款、应付债券、长期应付款、预计负债等项目。在分析长期负债规模和构成时，应特别注意以下问题：①对可转换债券通常作为负债来报告，但是债券的可转换性意味着这部分负债将可能被转换成普通股，具有部分权益属性；②递延所得税负债符合负债的报告标准，但是并不会引起未来现金流出。

（3）长期资产与长期负债的对应关系。长期资产的资金来源是长期负债和所有者权益。一方面，企业的长期偿债能力取决于长期负债与所有者权益的比例，即资本结构。长期负债的比例低，说明企业长期资产主要是靠所有者权益取得的，偿债能力就强。另一方面，长期资产是偿还长期负债的资产保障。长期资产的计价和摊销方法对反映偿债能力起着重要的作用。

2. 长期租赁

当企业急需某种设备或其他资产而又缺乏足够的购买资金时，可以通过租赁的方式解决，企业的财产租赁可以分为融资租赁和经营租赁两种形式。

3. 或有事项

或有事项分为或有资产和或有负债。或有资产是指过去的交易或事项形成的潜在资产，其存在要通过未来不确定事项的发生或不发生予以证实。例如，专利权被他人侵犯时向他人提出索赔形成的或有资产。或有负债是过去的交易或事项形成的潜在义务，其存在要通过未来不确定事项的发生或不发生予以证实。例如，已贴现商业承兑汇票形成的或有负债；未决诉讼、仲裁形成的或有负债。

4. 承诺

承诺是企业对外允诺的将要承担的某种经济责任和义务。企业为了经营的需要，常常要作出某些承诺，如对参与合资的另一方承诺为其提供银行担保；对参与合资的另一方或供应商承诺保证长期购买其产品；向客户承诺提供产品保证或保修等。这种承诺有时会大量增加企业的潜在负债，却没有通过资产负债表反映出来。在进行企业长期偿债能力分析时，报表分析者应根据报表附注及其他有关资料等，判断企业承诺责任带来的潜在长期负债，并作相应处理。

5. 金融工具

与偿债能力有关的金融工具主要是债券和金融衍生工具。企业为筹集资金发行的长期债券，包含以下两点承诺：第一，在约定日期偿还本金；第二，定期支付债券利息。一旦企业破产，债券持有人的求偿权先于股票持有人。金融衍生工具包括期货期权互换合同或带有类似特征的其他金融衍生工具。这种契约的义务在签约时在双方转移。例如，远期合同的持有人必须在契约合同指定的日期按指定的价格购买指定的资产。

金融工具对企业偿债能力的影响主要体现在两个方面：首先，金融工具的公允价值与账面价值发生重大差异，但并没有在财务报表或附注中揭示，因此，报表使用者不能利用该信息分析与之相关的潜在风险。其次，未能对金融工具的风险程度恰当披露。风险大小不同对企业未来损益变动的影响程度也不同。风险大的金融工具，其发生损失的可能性也大。

第三节　营运能力分析

对营运能力的研究，实际上是对企业在资产管理方面所表现的效率的研究，这种能力表现为企业充分利用现有资源创造社会财富的能力，它可以用来评价企业对其拥有资源的利用程度。其实质是对企业的现有资源进行合理的配置，对资金进行有效的利用，以尽可能短的周转时间，生产出尽可能多的产品，创造尽可能多的营业收入。因此，营运能力决定着企业的偿债能力和获利能力，营运能力分析是了解企业财务状况稳定与否和获利能力强弱的关键环节。

一、营运能力分析的目的

企业营运能力主要指营运资产的效率和效益。营运资产的效率通常是指营运资产的周转速度。营运资产的效益是指营运资产的利用效果，通过其投入和产出相比较来体现。对企业营运能力进行分析，主要目的有以下几个方面。

（一）评价企业资产的流动

企业资产的两大基本特征是收益性和流动性。企业经营的基本动机就是获取预期的收益。当企业的资产处在静止状态时，根本就谈不上收益，当企业运用这些资产进行经营时，才可能产生收益。企业营运能力越强，资产的流动性越高，企业获得预期收益的可能性越大。流动性是企业营运能力的具体体现，通过对企业营运能力的分析，就可以对企业资产的流动性作出评价。

（二）评价企业资产利用的效益

提高企业资产流动性是企业利用资产进行经营活动的手段，其目的在于提高企业资产利用的效益。企业资产营运能力的实质，就是以尽可能少的资产占用，尽可能短的时间周转，生产出尽可能多的产品，实现尽可能多的销售收入，创造出尽可能多的纯收入。通过企业产出额与资产占用额的比较，可以评价企业资产利用的效益，为提高企业经济效益指明方向。

（三）分析企业资产利用的潜力

企业营运能力的高低，取决于多种因素，通过企业营运能力分析，可以了解企业资产利用方面存在哪些问题，还有多少潜力可以挖掘，进而采取有效措施，提高企业资产营运能力。

二、营运能力分析的内容

企业的营运能力主要取决于其经营资产实现收入的能力。营运能力分析的内容主要包括：

（1）短期资产营运能力分析，即通过对应收账款周转率、存货周转率和流动资产周转率的分析，揭示流动资产周转速度变动的原因，评价资产的流动性。

（2）长期资产营运能力分析，即通过对固定资产周转率、长期资产周转率、固定资产收入率的分析，揭示固定资产利用效果和周转速度变动的原因，评价固定资产的营运能力。

（3）总资产营运能力分析，即通过对总资产周转率和总资产收入率的分析，揭示总资产周转速度和利用效率变动的原因，评价总资产营运能力。

对不同的报表使用者而言，营运能力分析具有不一样的意义。

对经营者而言，营运能力分析的意义在于，第一，优化资产结构。通过各类资产之间的比例关系分析，有助于寻找、发现、调整与企业的经营性质、规模和风险水平不一致的资产构成，优化企业资产结构，提高资产营运效率。第二，改善财务状况。资产的运用效率直接影响企业业绩，提高资产的周转率，有助于加速资金周转，改善企业的经营业绩。第三，降低资产经营风险。资产经营风险是指资产价值不能实现的风险，通过营运能力分析可以发现企业闲置的资产或者利用不充分的资产，揭示资产可能存在的问题，有助于预防或消除资产经营风险。

对企业现有股东和潜在投资者而言，营运能力分析有助于判断企业财务的安全性、资本的保全程度以及资产实现收益的能力，可用帮助他们进行相应的投资决策。

对债权人而言，营运能力分析有助于判断其债权的物质保障程度和安全性，可用以进行相应的信用决策。

三、企业营运能力指标计算

营运能力的衡量需要通过资产所创造的收入来判断，判断的财务指标是资产周转率，其一般表达式为

$$资产周转率=\frac{周转额}{营运资产}$$

不同资产所创造的周转额与该营运资产相比较反映了不同营运资产的运用效率，依据重要性原则和成本效益原则，通常使用的资产周转率指标包括总资产周转率、固定资产周转率、流动资产周转率、应收账款周转率、存货周转率等，各指标之间的关系如图 6-1 所示。

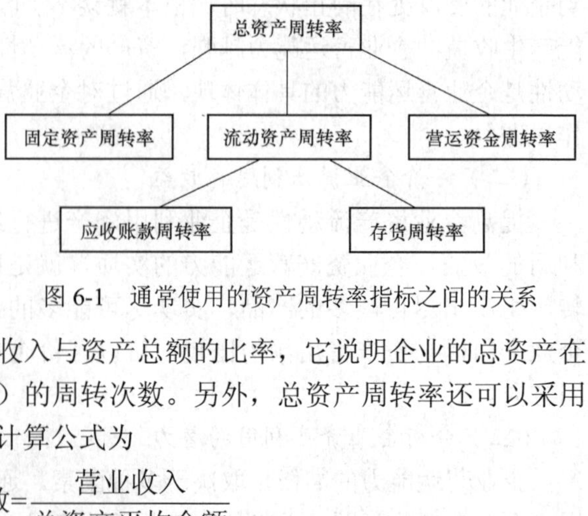

图 6-1　通常使用的资产周转率指标之间的关系

（一）总资产周转率

总资产周转率是指企业一定时期的营业收入与资产总额的比率，它说明企业的总资产在一定时期内（通常为一年或者一个营业周期）的周转次数。另外，总资产周转率还可以采用时间形式表示的总资产周转天数来表达。其计算公式为

$$总资产周转次数=\frac{营业收入}{总资产平均余额}$$

其中

$$总资产平均余额=\frac{期初总资产余额+期末总资产余额}{2}$$

$$总资产周转天数=\frac{360}{总资产周转次数}$$

公式中的分子是营业收入，其数额可以从利润表中找到，营业收入代表了企业绝大部分的收入，体现了企业取得资产的目的。总资产可以从资产负债表中找到。

该指标用于分析企业全部资产的使用效率，总资产周转速度快，说明企业利用全部资产进行经营的效率高，资产的有效使用程度高，其结果将使企业的偿债能力和获利能力增强；反之，说明企业利用全部资产进行经营活动的能力差，效率低，最终还会影响企业的获利能力。如果企业总资产周转率长期处于较低的状态，企业则应采取适当措施提高各项资产的利用程度，对那些确实无法提高利用率的多余、闲置资产及时进行处理，提高总资产周转率。

【例 6-11】 表 6-8 为 YN 药业公司 2011～2013 年财务数据，计算其总资产周转率，并进行简要评价。

表 6-8   YN 药业公司 2011～2013 年总资产周转率计算表   单位：万元

项目	2013 年度	2012 年度	2011 年度
营业收入	1 581 480.00	1 368 680.00	1 131 232.24
总资产年初总额	1 066 396.90	909 091.84	763 305.63
总资产年末总额	1 288 091.57	1 066 396.90	909 091.84
总资产周转率（次）	1.34	1.39	1.35
总资产周转天数	267.98	259.80	266.11

$$2012年总资产周转率=\frac{营业收入}{总资产平均余额}=\frac{1\,368\,680.00}{(909\,091.84+1\,066\,396.90)/2}=1.39（次）$$

$$2012年总资产周转天数=\frac{360}{总资产周转次数}=\frac{360}{1.39}=259.80（天）$$

$$2013年总资产周转率=\frac{营业收入}{总资产平均余额}=\frac{1\,581\,480.00}{(1\,066\,396.90+1\,288\,091.57)/2}=1.34（次）$$

$$2013年总资产周转天数=\frac{360}{总资产周转次数}=\frac{360}{1.34}=267.98（天）$$

从上述计算结果可以看出，YN 药业公司 2011～2013 年的总资产周转率先提高后又有所降低，由 2014 年的 1.35 次提高到 1.39 次，后又降到 1.34 次，总资产周转天数相应由 2014 年的 266.11 天降低到 259.80 天，后又提高到 267.98 天，说明近 3 年来 YN 药业公司全部资产的周转速度先快后慢，至 2013 年资产的运用效率有所降低，其结果会使企业的营利能力、偿债能力有所降低。因此，该公司应该通过提高销售收入或处置多余的资产来提高总资产利用率。

总资产周转率通常受到以下因素的影响：

（1）各项资产的合理比例。各项资产的比例尤其是流动资产和固定资产的比例对资产周转率有重要影响。比例不合适，就会造成资产的闲置。一般来讲，在固定资产充分利用、满负荷运转的情况下，固定资产增长的速度应该与营业收入增长的速度相适应。另外，经营用固定资产和非经营用固定资产的比例也会影响该指标。

（2）各项资产的利用程度。流动资产周转率（存货周转率、应收账款周转率）、固定资产周转率也会影响总资产的周转率。

（3）营业收入。在资产规模不变的情况下，营业收入的增长会提高总资产周转率，加强总资产营运能力。

在进行总资产周转率的分析时，应注意总资产营运能力取决于每一项资产的营运能力。由于各单项资产的营运能力不同，因此资产结构会影响总资产营运能力。如果营运能力强的资产占总资产比例小，而营运能力弱的资产所占总资产比例大，总资产的营运能力就较弱。因此，分析总资产营运能力时，应单独分析各项重要资产的营运能力。

企业营运总资产主要包括流动资产和固定资产两大类，流动资产代表企业短期可运用的资产，具有变现时间短、周转速度快的特点；固定资产是企业长期可以运用的资产，其数量和质量则通常决定着企业的生产经营能力，是企业经营活动的基础。在分析企业总资产运用效率之后，需要分别分析固定资产周转率和流动资产周转率。

（二）固定资产周转率

企业的固定资产一般具有以下特征：第一，投入资金多，收回时间长，能够在生产经营过程中长期发挥作用；第二，对企业的经济效益和财务状况影响巨大；第三，使用成本是非付现成本；第四，反映企业的生产技术水平和工艺水平；第五，其使用效率的高低取决于企业流动资产的周转情况。固定资产会对企业的生产经营产生重大影响，固定资产使用效率的高低是能否使企业总资产发挥最佳经济效益的关键。

固定资产周转率是指企业一定时期的营业收入与固定资产占用额的比率，它说明企业的固定资产在一定时期内（通常为一年或者一个营业周期）的周转次数，另外固定资产周转率还可以采用时间形式表示的固定资产周转天数来表达。其计算公式为

$$固定资产周转次数 = \frac{营业收入}{固定资产平均余额}$$

其中

$$固定资产平均余额 = \frac{期初固定资产余额 + 期末固定资产余额}{2}$$

$$固定资产周转天数 = \frac{360}{固定资产周转次数}$$

营业收入是可以直接从利润表中获得。固定资产占用额可以按照固定资产净值指标来计算。固定资产净值作为固定资产周转率的计算基础能够反映营业收入和固定资产产出能力的关系，因为随着固定资产的磨损，其产出能力会逐渐下降，故以固定资产净值作为计算固定资产周转率的基础，更能反映企业的真实情况。

【例 6-12】 表 6-9 为 YN 药业公司 2011～2013 年财务数据，计算其固定资产周转率，并进行简要评价。

表 6-9 **YN 药业公司 2011～2013 年固定资产周转率计算表** 单位：万元

项目	2013 年度	2012 年度	2011 年度
营业收入	1 581 480.00	1 368 680.00	1 131 232.24
固定资产年初总额	125 158.94	103 318.51	23 658.68
固定资产年末总额	126 976.71	125 158.94	103 318.51
固定资产周转率（次）	12.54	11.98	17.82
固定资产周转天数	28.70	30.05	20.20

$$2012年固定资产周转率 = \frac{营业收入}{固定资产平均余额} = \frac{1\,368\,680.00}{(103\,318.51+125\,158.94)/2} = 11.98（次）$$

$$2012年固定资产周转天数 = \frac{360}{固定资产周转次数} = \frac{360}{11.98} = 30.05（天）$$

$$2013年固定资产周转率 = \frac{营业收入}{固定资产平均余额} = \frac{1\,581\,480.00}{(125\,158.94+126\,976.71)/2} = 12.54（次）$$

$$2013年固定资产周转天数 = \frac{360}{固定资产周转次数} = \frac{360}{12.54} = 28.70（天）$$

从上述计算结果可以看出，YN 药业公司 2011—2013 年的固定资产周转率先降低后又有所提高，由 2014 年的 17.82 次降低到 11.98 次，后又略微提高到了 12.54 次，固定资产周转天数相应由 2014 年的 20.20 天提高到 30.05 天，后又略微降低到 28.70 天，说明近 3 年来 YN 药业公司固定资产的周转速度先快后慢，至 2013 年资产的运用效率略微有所提高，其结果是企业固定资产管理水平再向好的发面发展，固定资产的营运能力较上一年度有了提高。

分析固定资产周转率时应该注意的问题包括以下几个方面。

（1）采用不同的固定资产折旧方法和折旧年限会导致不同的固定资产账面净值，从而影响固定资产周转率，造成该指标的人为差异。

（2）在企业的固定资产、销售情况都未发生变化的条件下，也可能由于通货膨胀导致物价上涨等因素而使营业收入虚增，导致固定资产周转率的提高。

（3）固定资产的增加不是渐进的，会因购置全新固定资产而导致固定资产净值的突然增加，这会导致固定资产周转率的变化。

（4）若企业的固定资产过于陈旧或者企业属于劳动密集型行业，会由于固定资产基数太低，营业收入小幅度的提高使固定资产周转率大幅度提高。

（5）应注意结合流动资产投资规模、周转额、周转速度等来分析固定资产的营运能力。

（三）流动资产周转率

流动资产是流动性较强、风险较小的资产，企业资产质量好坏与其密切相关，总资产运用效率的高低，也取决于流动资产周转速度的高低。企业的短期资产营运能力的分析是对流动资产营运能力的分析，主要采用的财务指标是流动资产周转率、应收账款周转率、存货周转率、营业周期等。

1. 流动资产周转率的计算

流动资产周转率是反映企业的流动资产周转速度与综合利用效率的指标，是指在特定时期内企业营业收入与流动资产平均占用金额之间的比例关系，表明企业在一定时期（通常是一年）内流动资产的周转次数。由于流动资产流动性大，变现能力强，所以分析流动资产的周转速度和运用效率具有重要的意义。计算公式为

$$流动资产周转次数 = \frac{营业收入}{流动资产平均余额}$$

其中：

$$流动资产平均余额 = \frac{期初流动资产余额 + 期末流动资产余额}{2}$$

同样，还可以用流动资产周转天数来表示流动资产的周转速度，它表示流动资产周转一次需要的时间，因而能更直观地说明流动资产的周转速度。其计算公式为

$$流动资产周转天数 = \frac{360}{流动资产周转次数}$$

【例6-13】 表6-10为YN药业公司2011～2013年财务数据，计算其流动资产周转率，并进行简要评价。

表6-10   YN药业公司2011～2013年流动资产周转率计算表   单位：万元

项目	2013年度	2012年度	2011年度
营业收入	1 581 480.00	1 368 680.00	1 131 232.24
流动资产年初总额	881 261.54	737 681.50	636 668.28
流动资产年末总额	1 089 381.74	881 261.54	737 681.50
流动资产周转率（次）	1.61	1.69	1.65
流动资产周转天数	224.29	212.91	218.68

$$2012年流动资产周转率 = \frac{营业收入}{流动资产平均余额} = \frac{1\,368\,680.00}{(737\,681.50 + 881\,261.54)/2} = 1.69(次)$$

$$2012年流动资产周转天数 = \frac{360}{流动资产周转次数} = \frac{360}{1.69} = 212.91(天)$$

$$2013年流动资产周转率 = \frac{营业收入}{流动资产平均余额} = \frac{1\,581\,480.00}{(881\,261.54 + 1\,089\,381.74)/2} = 1.61(次)$$

$$2013年流动资产周转天数 = \frac{360}{流动资产周转次数} = \frac{360}{1.61} = 224.29(天)$$

从上述计算结果可以看出，YN药业公司2011～2013年的流动资产周转率先提高后又有所降低，由2014年的1.65次提高到1.69次，后又降到1.61次，流动资产周转天数相应由2014年的218.68天降低到212.91天，后又提高到224.29天，说明近3年来YN药业公司全部资产的周转速度先快后慢，至2013年资产的运用效率有所降低。

流动资产的周转次数或天数，均表示流动资产的周转速度。一般来说，流动资产在一定时期的周转次数越多，亦即每周转一次所需要的天数越少，周转速度就越快，企业以相同的流动资产占用实现的营业收入就越多，流动资产的营运能力就越好；反之，周转速度就越慢，流动资产的营运能力就越差，效率就越低下。企业生产经营任何一个环节的工作得到改善，都会反映到流动资产周转天数的缩短上来。按天数表示的流动资产周转率能更直接地反映企

业生产经营状况的改善，便于比较不同时期的流动资产周转率，应用较为普遍。

2. 应收账款周转率的计算

应收账款周转率是反映应收账款周转速度的指标，有两种表示方式：一是应收账款在一定时期内（通常为一年）转为现金的平均次数，说明应收账款流动的速度。它是一定时期内营业收入与应收账款平均余额的比率，或称应收账款周转次数。二是用时间表示的应收账款周转速度，即应收账款周转天数，也叫平均应收账款回收期或平均收现期，它表示从取得应收账款的权利到收回款项、转换为现金所需要的时间。

应收账款的周转次数的计算公式为

$$应收账款周转次数=\frac{营业收入}{应收账款平均余额}$$

其中

$$应收账款平均余额=\frac{期初应收账款余额+期末应收账款余额}{2}$$

应收账款周转天数的计算公式为

$$应收账款周转天数=\frac{360}{应收账款周转次数}$$

$$或应收账款周转天数=\frac{应收账款平均余额×360}{营业收入}$$

（1）指标取数。一般情况下，公式中的"应收账款"是指因销售商品、产品，提供劳务等而应向购货单位或接受劳务的单位收取的款项。但是，当企业的整体应收款项中采用应收账款的金额较小，而主要以采用商业汇票结算方式时，公式中的"应收账款"是指企业因销售商品、产品，提供劳务等而应向购货单位或接受劳务的单位收取的款项以及收到的商业汇票，它包括资产负债表中的"应收账款"和"应收票据"等全部赊销账款在内，且其金额应为扣除"坏账准备"后的期初、期末金额之和的平均数。应收账款周转率反映了企业应收账款周转速度的快慢及企业对应收账款管理效率的高低。在一定时期内，企业应收账款周转次数越多，周转天数越少，说明：①企业收回应收账款的速度越快，信用销售管理严格；②应收账款的流动性强，从而有利于增强企业短期偿债能力；③收账费用和坏账损失减少，流动资产的投资收益相对增加；④可以通过比较应收账款周转天数及企业信用期限，可评价客户的信用程度，调整企业信用政策。反之，在一定时期内企业应收账款周转次数越少，周转天数越多，表明企业的营运资金过多地滞留在应收账款上，影响资金的周转，流动资产变现力弱，资金的机会成本变大。

【例 6-14】表 6-11 为 YN 药业公司 2011～2013 年财务数据，计算其应收账款周转率，并进行简要评价。

表 6-11　　　　　　　YN 药业公司 2011～2013 年应收账款周转率计算表　　　　　　单位：万元

项目	2013 年度	2012 年度	2011 年度
营业收入	1 581 480.00	1 368 680.00	1 131 232.24
应收账款年初总额	46 110.98	41 337.13	46 070.35
应收账款年末总额	53 646.71	46 110.98	41 337.13

项目	2013 年度	2012 年度	2011 年度
应收账款周转率（次）	31.71	31.30	25.88
应收账款周转天数	11.35	11.50	13.91

$$2012年应收账款周转率=\frac{营业收入}{应收账款平均余额}=\frac{1\,368\,680.00}{(41\,337.13+46\,110.98)/2}=31.30（次）$$

$$2012年应收账款周转天数=\frac{360}{应收账款周转次数}=\frac{360}{1.69}=11.50（天）$$

$$2013年应收账款周转率=\frac{营业收入}{应收账款平均余额}=\frac{1\,581\,480.00}{(46\,110.98+53\,646.71)/2}=31.71（次）$$

$$2013年应收账款周转天数=\frac{360}{应收账款周转次数}=\frac{360}{1.61}=11.35（天）$$

从上述计算结果可以看出，YN 药业公司 2011～2013 年的应收账款周转率逐年提高，由 2011 年的 25.88 次提高到 31.71 次，特别是 2011 年比 2012 年提高了 21%，应收账款周转天数相应由 2011 年的 13.91 天降低到 11.35 天，说明近 3 年来 YN 药业公司应收账款的回收能力不断增强，应收账款账龄短，收现比较快，流动性强，应收账款管理效率好。

由于 YN 药业公司的财务战略安排，企业因赊销而产生的应收款项主要采用应收票据的形式，因此在计算应收款项的周转率时需要考虑应收票据。若计算考虑应收票据和应收账款在内的应收账款周转率，则

2013 年年初的应收款项=46 110.98+196 124.18=242 235.16（万元）

2013 年年末的应收款项=53 646.71+266 413.88=320 060.59（万元）

$$2013年应收账款周转次数=\frac{1\,581\,480.00}{242\,235.16+320\,060.59}=5.63（次）$$

$$2013年应收账款周转天数=\frac{360}{5.63}=64（天）$$

（2）影响应收账款周转率的因素。影响应收账款周转率的因素有很多，其中最重要的是以下几点。

①企业信用政策。宽松的信用政策在增加销售收入的同时，也会增加应收账款平均占用，导致应收账款周转率降低，周转天数延长。但同时，宽松的信用政策有助于公司增加客户，提高市场占有率，增加收入和利润，所以相对低的应收账款周转率或许对企业是有利的。反之，如果公司采用很严格的信用政策，应收账款平均占用额会降低，公司却可能减少了收入和利润，这种情况下，即使应收账款周转率升高，周转天数缩短，也不一定对公司有利。所以，应平衡销售收入的增加和应收账款的增加的关系，全面考虑机会成本和收账费用等因素。

②应收账款管理水平和应收账款质量。较高的应收账款管理水平和应收账款质量可以加速其周转速度，降低坏账损失的可能性；而较低的应收账款管理水平或者应收账款质量低下可以延缓其周转速度，增加坏账损失发生的可能性。

③企业总资产规模的变动。由于企业总资产要保持一定的结构，因而，总资产的变化必然带来其组成部分的相应变化，应收账款也随之变化。

④企业会计政策变更。如企业对应收账款提取坏账准备的提取方法由账龄分析法改为期末余额百分比法，就可能引起应收账款余额的变动。

（3）在计算分析应收账款周转率时应注意的问题。

①平均应收账款并不代表应收账款的总体情况，例如，较长的平均收账期并不代表所有顾客还款时间的拖延，而可能是因为一两个极端客户的逾期未付款项造成的。

②生产经营季节性很强的企业，销售旺季与淡季应收账款会有很大的起伏变化，年初、年末应收账款的平均余额并不能反映企业应收账款的实际情况。为了消除季节性的影响，可以采用各个月末的应收账款平均余额来计算，会取得相对较为准确的数字。

③应收账款周转次数并非越高越好，如果应收账款周转次数过高，可能是企业的信用政策、付款条件过于苛刻所致，这样会限制企业销售量的扩大，影响企业的获利水平。

④在评价应收账款周转率指标时，可比公司之间采用的会计政策不同时需要谨慎，比如当两个企业计提坏账准备的方法和比例有很大差异时，它们的应收账款周转率便不具有可比性。

⑤通过对应收账款回收速度的分析，可以考核企业销售收入的质量、现金的流量及潜在的亏损，促使企业尽快回收账款，加速资金周转，使坏账损失减少到最低点。

3. 存货周转率的计算

在企业的流动资产中，存货所占比重较大，变现能力最弱，风险最大，通常其价值占流动资产总额的一半以上。存货的流动性将直接影响企业的流动比率，增加存货一方面可以使企业增加抵御市场不确定性对企业正常经营活动的影响的能力，有利于提高企业盈利水平；另一方面，会过多占用企业资金，使企业资金利用率降低，盈利水平下降，变现风险由此上升。减少存货一方面使企业减弱了抵御市场不确定性对企业的冲击力的能力，影响企业营销规模的扩大和获利能力的提高；另一方面减少了企业资金占用量，提高了资金利用率，使企业获利能力上升，变现风险降低。企业保持的存货数额多少随着各企业的不同性质及市场环境等各种因素的影响而有很大的差异。

反映存货管理水平的指标是存货周转率，存货周转率是衡量和评价企业购入存货、投入生产、销售收回等各环节管理状况的综合性指标。

存货周转率有两种不同计价基础的计算方式。一是以成本为基础的存货周转率，即一定时期内企业销货成本与存货平均余额间的比率，它反映企业流动资产的流动性，主要用于流动性分析。二是以收入为基础的存货周转率，即一定时期内企业营业收入与存货平均余额间的比率，主要用于获利能力分析。其计算公式为

$$成本基础的存货周转次数 = \frac{营业成本}{存货平均余额}$$

$$收入基础的存货周转次数 = \frac{营业收入}{存货平均余额}$$

其中：

$$存货平均余额 = \frac{期初存货 + 期末应收账款余额}{2}$$

存货周转率也可以用周转天数表示，计算公式为

$$成本基础的存货周转天数 = \frac{360}{存货周转次数} = \frac{存货平均余额 \times 360}{营业成本}$$

$$收入基础的存货周转天数 = \frac{360}{存货周转次数} = \frac{存货平均余额 \times 360}{营业收入}$$

成本基础和收入基础的存货周转率各自具有不同的意义：以成本为基础的周转率指标更符合实际表现的存货周转状况；而以收入为基础的存货周转率指标则保持了资产营运能力指标计算上的一致性。

【例 6-15】表 6-12 为 YN 药业公司 2011～2013 年财务数据，计算其存货周转率，并进行简要评价。

表 6-12   **YN 药业公司 2011～2013 年存货周转率计算表**   单位：万元

项目	2013 年度	2012 年度	2011 年度
营业成本	1 111 840.00	957 799.00	700 476.47
存货年初总额	436 002.33	353 586.74	272 880.44
存货年末总额	475 735.80	436 002.33	353 586.74
存货周转率（次）	2.44	2.43	2.24
存货周转天数	147.60	148.39	160.98

$$2012年存货周转率 = \frac{营业成本}{存货平均余额} = \frac{957\,799.00}{(353\,586.74 + 436\,002.33)/2} = 2.43（次）$$

$$2012年存货周转天数 = \frac{360}{存货周转次数} = \frac{360}{1.69} = 148.39（天）$$

$$2013年存货周转率 = \frac{营业成本}{存货平均余额} = \frac{1111840.00}{(436\,002.33 + 475\,735.80)/2} = 2.43（次）$$

$$2013年存货周转天数 = \frac{360}{存货周转次数} = \frac{360}{2.43} = 147.60（天）$$

从上述计算结果可以看出，YN 药业公司 2011～2013 年的存货周转率逐年提高，由 2014 年的 2.24 次提高到 2.44 次，呈逐年提高趋势，但是 2012 年至 2013 年提高的幅度不大。存货周转天数相应由 2014 年的 160.98 天降低到 147.60 天，说明近 3 年来 YN 药业公司存货的销售状况较好，没有造成存货积压，收现比较快，流动性强。

存货周转率是衡量和评价企业购入存货、投入生产、销售收回等各环节管理状况的综合性指标。该指标反映存货周转速度和存货占用水平，同时也反映了企业实现销售的快慢。一般来讲，存货周转速度越快，存货占用水平越低，流动性越强，存货转化为现金或应收账款的速度就越快，资金的回收速度越快，在企业资金利润率较高的情况下，企业就能获得更高的利润，这样会增强企业的短期偿债能力及获利能力。如果存货周转速度慢，说明企业的存货销售有问题，有过多的存货，影响资金的及时回笼。通过存货周转速度分析，有利于找出企业存货管理中存在的问题，尽可能降低资金占用水平。

在分析评价存货周转率时应注意以下几个问题。

（1）季节性生产的公司，其存货波动起伏较大，可按季或月计算存货平均余额，再计算存货周转次数和存货周转天数指标，以消除季节性因素的影响。

（2）结合企业的竞争战略分析存货周转率。企业的竞争优势通常来自于低成本战略和差异化战略，分析企业采用高周转率低毛利的战略还是低周转率高毛利的战略。采用高周转率低毛利的企业应当是薄利多销。由于毛利较低，要获得成功，企业必须严格控制成本，以保证毛利不至于过低。采用低周转率高毛利策略的企业的竞争基础为产品的差异化。企业要不断保持发展创新，生产消费者需要的产品，增加产品的花色品种，改善企业的售后服务。如果获得成功，企业便可以收取相对较高的价格，并以高毛利获取利润。我们可以通过分析企业采用的竞争战略，来关注企业的存货周转率。

（3）分析了解企业目前所处的产品生命周期。产品生命周期一般分为初创期、成长期成熟期和衰退期，我们可以针对不同阶段企业的财务特征考查企业的存货周转率指标特征。

（4）存货周转率指标反映企业的存货管理水平，不仅影响企业的短期偿债能力，还反映整个企业的管理水平。企业管理者和有条件的外部报表使用者，除了应关注批量因素、生产销售的季节性变化等情况外，还应对存货的内部结构以及影响存货周转速度的重要项目进行分析，如分别计算原材料周转率、在产品周转率及其他某种存货的周转率。存货周转分析的主要目的是从不同的角度和环节找出存货管理中存在的问题，使存货管理在保证生产经营连续性的同时，尽可能少占用经营资金，提高资金的使用效率，增强企业短期偿债能力，促进企业管理水平的提高。

（5）存货周转率降低，可能是多种原因引起的。例如，为降低采购成本或利用商业折扣而大批量的采购；因经营不善导致产品滞销；因收紧信用政策导致产成品存货的积压；因投机性目的而囤积存货，以待有利时机出售获取高额利润。这些原因都会导致平均存货余额升高，存货周转率降低。因此，存货周转率降低究竟是什么原因引起的，还应结合企业实际情况具体分析。

（6）不同企业的存货周转率是不能简单相比的，平均存货余额要视企业的规模而定。企业规模大，一般平均存货余额多，周转一次需要的时间长，一年中周转次数少，存货周转率低；企业规模小，一般平均存货余额少，周转一次需要的时间短，周转次数多。所以应避免不同规模的企业间进行存货周转率的比较。

四、资产营运能力评价

企业经营的目的在于有效运用各项资产获得最大利润。利润来源于营业收入，但只有运用资产才能取得营业收入。企业的营运能力越强，资产运用效率越高，其业务越发达，营业收入越多，利润越大。

（一）资产营运能力的影响因素

影响资产运用效率的因素包括表层因素和深层因素两个层面。

1. 表层影响因素

影响资产运用效率的表层因素主要包括营业收入和资产占用额。由各项反映资产运用效率指标的计算公式的分子和分母可以发现，影响资产运用效率的表层因素是主营业务收入和各营运资产占用额。当资产占用额一定时，资产运用效率的好坏取决于主营业务收入的多少：实现的主营业务收入额越多，则资产运用效率越好；实现的主营业务收入越少，则资产运用效率越差。同样，当主营业务收入一定时，资产运用效率的好坏则取决于资产占用额的多少：占用的资产额越少，资产运用效率越好；占用的资产额越多，资产运用效率越差。因此要提高资产运用效率，首先应该从增加销售收入和降低资产占用额两方面入手。

2. 深层影响因素

（1）企业的资产运用效率首先受到其所属行业及其经营管理理念的影响。行业不同，会导致企业间资产占用额的巨大差异：如制造业可能需要占用大量的原材料、在产品、产成品、机器、设备、厂房等，其资产占用量越大，资产周转速度相对越慢；而对劳动密集型或知识密集型的服务业，企业除了人力资源，其他资产占用相对较少，其资产周转速度相对就较快。企业的经营管理理念不同，其资产周转也会呈现不同趋势：越是落后的、传统的经营和管理，其资产周转可能相对越慢；相反，在现代经营和管理背景下，各种先进的技术手段和理念的运用，可以有效提高企业资产运用效率，加速企业资产周转。

（2）企业的资产运用效率与其营业周期长短有关。营业周期的长短可以通过应收账款周转天数和存货周转天数反映出来。营业周期长短对企业资产周转率具有重要影响：营业周期越短，资产的流动性相对越强，在同样时期内实现的销售次数越多，销售收入的累计额相对越大，资产周转相对越快。

（3）企业的资产运用效率随资产的构成及质量不同而出现差异。企业资产按其变现速度及其价值转移形式不同，分为流动资产和非流动资产两大类。一方面，就理论上而言，流动资产通常属于短期资产，非流动资产通常属于长期资产。但在实务中，由于主观或客观的原因，某些流动资产长时间无法改变其占用形态，如超龄应收账款、超储积压存货等，这些资产不再具有较强的流动性，已转化为实质上的长期资产。企业在一定时点上的资产总量，是企业取得收入和利润的基础。然而，当企业的长期资产、固定资产占用过多或出现有问题资产、资产质量不高时，就会形成资金积压，资产流动性低下，以致营运资金不足。另一方面，流动资产的数量和质量通常决定着企业变现能力的强弱，而非流动资产的数量和质量则通常决定着企业的生产经营能力。非流动资产只有伴随着产品（或商品）的销售才能形成销售收入。在资产总量一定的情况下，非流动资产所占的比重越大，企业所实现的周转价值越小，资产的周转速度也就越慢。

（4）企业的资产运用效率与其资产管理的力度和采用的财务政策有关。资产管理力度不同，会有较大的资产构成和资产质量差异，会导致很不相同的资产周转率：资产管理力度越大，拥有越合理的资产结构和越优良的资产质量，资产周转率越快，反之则越慢。企业所采用的财务政策，决定着企业资产的账面占用总量，如折旧政策决定固定资产的账面净值，信用政策决定应收账款的占用量等，因此，它自然也会影响企业的资产周转率。当企业其他资产不变时，采用加速折旧政策可减少固定资产账面净值，从而提高资产周转率。信用政策的影响则是：越是宽松的信用政策，导致应收账款的占用越多，尤其是当它对销售的促进作用减弱时，资产的周转速度就越慢。

总而言之，资产运用效率受诸多因素的影响。加大资产的管理力度，合理安排资产结构，提高资产的质量，选择有利的财务政策，可以提高资产运用效率，加速资产周转。对资产运用效率进行企业间比较时，应注意各企业在资产构成、财务政策等方面是否存在差异，如果有差异则应将其影响剔除，这样的比较结果才会有意义。

由于企业的经济活动复杂多变，受多方面因素的制约，所以只从某一时期（或某一时点）或仅站在企业自身的角度考查总资产的运用效率，很难看清其发展规律、真实面目及企业在行业中的管理水平，且资产数据是一个时点数，极易受偶然因素的干扰甚至是人为的修饰。因此，要弄清企业资产运用效率的真实状况，还应进行趋势分析和同业比较分析。

第四节 获利能力分析

获利能力分析就是要评价企业在整个价值创造的过程中，企业主体与诸多利益相关者之间是否都实现了正常的交易性回报。如果答案是肯定的，企业才可能正常地发展，否则，企业经营就会出现危机。因此，获利能力体现了企业的综合实力。

在市场经济中，可以说企业存在的最主要目的就是实现利润最大化。企业对利润进行核算的过程，也就是企业的利益相关者取得各自相应回报的过程。因为不同的利益相关者在企业价值创造过程中发挥的作用并不相同，收益性质存在差异，从而使企业盈利具有结构性特征，这也是利润表要分层列示利润形成过程的原因。

一、获利能力的含义

获利能力是指企业赚取利润的能力，反映企业的资金增值能力。获利能力分析就是要从各个视角对企业赚取利润的能力进行定量分析和定性分析，其内容覆盖面非常广泛，主要包括企业从营业收入中获取利润的能力、企业运用资产赚取利润的能力以及股东的投资回报水平 3 个方面。

企业的获利能力分析是财务报表分析的重要组成部分，所有的财务报表分析都与获利能力分析有关，其中的利润表分析最为重要。利润表揭示了一个企业一段时期（月度、季度、半年度或年度）的经营成果，在评价企业过去的经营业绩、偿债能力与流动性以及评估公司价值方面起着重要的作用。

在进行获利能力分析时，以一些基础的百分比形式来衡量利润比用绝对数来衡量更有意义，这些基础可以是销售额、生产性资产或所有者及债权人投入的资本。

通常，基本财务比率分析中用到的利润应只包括企业正常经营活动赚取的利润，必须剔除非正常因素对利润的影响，因为这些因素具有偶发性、不稳定性和非连续性。当然，如果这些非正常因素对利润的影响额很小，可以忽略。这些非正常因素主要有：①非正常或非经常项目；②已经或将要停止经营的项目；③会计准则和财务制度变更带来的累计影响。

二、获利能力分析的作用

获利能力分析对于所有财务报表使用者都非常重要。

首先，企业的获利能力与股东财富直接挂钩，也是企业价值评估的数据基础。因为股东的直接利益来源于所投资净资产的增值程度，并且，利润通常是证券价值变动的重要决定因素。例如，股东以股利形式获取的收入来自于企业实现的利润，并且，企业利润增长能引起股价的上涨，从而使股东获得资本收益。为此，股东要分析企业获利能力的大小、稳定持久性及其未来的发展趋势，计量和预计利润，为进行企业价值的评估提供基础数据。

其次，企业的获利能力影响债权人的债务安全。因为利润和经营活动现金净流量是债务利息和本金偿付的重要来源。为此，企业的短期债权人主要关心企业在本期的获利能力及实现盈利情况下的现金支付能力；企业的长期债权人则关心企业是否有高水平、稳定持久的获利能力基础，以预计长期借款本息足额收回的可靠性。

再次，企业的获利能力直接反映管理者的经营业绩。企业各项管理活动的出发点和归宿点就是获取利润，更确切地说是价值增值，所以，企业管理部门所作出的经营决策都是以企业收益水平的高低、收益的稳定持久性及收益潜力分析为前提的。

最后，企业的获利能力对其他利益相关者也具有重要意义。例如，有关的市场及政府管理部门需要通过考查企业的收益数额多少来分析企业获利能力对市场和其他社会环境的影响，并取得财政收入；利润还是企业职工取得劳动收入，福利保障和取得深造与发展机会的资金来源。

三、销售获利能力指标的计算

实现收入是企业获利的基础，因为从营业收入中获取收益的能力反映了企业产品（或劳务）的竞争能力。营业收入反映企业的商品经营，是相对于资产经营和资本经营而言的，不考虑企业的投资和筹资问题，只研究利润与收入或成本之间的财务关系。

（一）以营业收入为基础的获利能力的衡量

以营业收入为基础的获利能力的衡量指标主要有 3 个，分别是销售毛利率、营业利润率和销售净利率。

1. 销售毛利率

销售毛利率是销售毛利与销售收入之比。其计算公式为

$$销售毛利率 = \frac{销售毛利}{销售收入} \times 100\%$$

其中：   销售毛利 = 销售收入 − 销售成本

式中，销售收入取自利润表中的营业收入，销售成本取自利润表中的营业成本。

销售毛利率反映每百元营业收入扣除营业成本后，有多少现金可以用于补偿各项期间费用并形成盈利。该指标之所以有着重要的分析价值，是因为营业成本通常是工商企业最大的成本要素，因此，销售毛利是企业实现净利润和综合收益的条件和基础。虽然销售毛利率较高的企业，销售净利率不一定就高，但是，如果企业的销售毛利率非常低，则无论如何也不可能有比较理想的销售净利率。企业管理者可按预计的销售毛利率水平来预测企业的未来获利能力，并进行成本水平的判断和控制，因为销售成本率 = 1 − 销售毛利率。

影响销售毛利变动的因素可分为外部因素和内部因素两大方面。外部因素主要是指因市场供求变动而导致的销售数量和销售价格的变动以及取得生产要素价格的变动。由于企业对外部市场的驾驭能力有限，通常只能适应市场变化，所以，企业更主要的是从内部因素入手寻求增加销售毛利额和销售毛利率的途径。影响销售毛利变动的内部因素包括开拓市场的意识和能力、成本管理水平（包括存货管理水平、生产管理水平、产品结构决策、企业战略要求）以及存货盘盈或盘亏（指在定期实地盘存制下）等。

在我国企业的实践中，企业通常会在报表附注中进一步披露企业营业收入中主营业务的收入和成本、主要产品的收入和成本、企业经营所涉及主要行业的收入和成本、企业销售所涉及主要地区的收入和成本等，这些数据将有助于我们得到更有决策意义的销售毛利率指标。所以，销售毛利率的计算和分析，也表现为多层次性，故应该取得更多的对决策有用的销售毛利率信息，即可以进一步计算和分析企业主营业务的销售毛利率、企业主要产品的销售毛利率、企业经营所涉及主要行业的销售毛利率以及企业销售所涉及主要地区的销售毛利率等，从而全面评价企业产品的竞争能力。

【例 6-16】表 6-13 为 YN 药业公司 2012～2013 年财务数据，计算其销售毛利率，并进行简要评价。

表 6-13	YN 药业公司销售毛利率计算表		单位：万元
项目	2013 年度	2012 年度	差异
营业收入	1 581 480.00	1 368 680.00	
营业成本	1 111 840.00	957 799.00	
营业毛利	469 640.00	410 881.00	
营业毛利率（%）	29.70	30.02	−0.32

$$2012年销售毛利率=\frac{销售毛利}{销售收入}\times100\%=\frac{410\,881.00}{1\,368\,680.00}\times100\%=30.02\%$$

$$2013年销售毛利率=\frac{销售毛利}{销售收入}\times100\%=\frac{469\,640.00}{1\,581\,480.00}\times100\%=29.70\%$$

从上述计算结果可以看出，YN 药业公司 2013 年的销售毛利率为 29.70%，说明公司每百元营业收入在扣除营业成本后有 29.70 元的现金可以用于补偿各项期间费用并形成盈利。YN 药业公司 2012~2013 年的销售毛利率略有下降，仅下降 0.32%，说明其 2013 年的销售盈利能力与 2012 年相比较变化不大，反映公司近两年的销售盈利能力在比较稳定的基础上略有降低。

2. 营业利润率

营业利润率是指企业实现的营业利润与营业收入之比。其计算公式为

$$营业利润率=\frac{营业利润}{营业收入}\times100\%$$

营业利润率可用于衡量每百元营业收入中所赚取的收益。该比率越大，企业的获利能力越强。该指标的分析意义在于：借以恰当地分析企业经营过程的获利水平，从而避免受企业财务杠杆程度的影响，同时也避免受投资损益或非常项目的影响。

【例 6-17】表 6-14 为 YN 药业公司 2012~2013 年财务数据，计算其营业利润率，并进行简要评价。

表 6-14	YN 药业公司营业利润率计算表		单位：万元
项目	2013 年度	2012 年度	差异
营业收入	1 581 480.00	1 368 680.00	
营业成本	1 111 840.00	957 799.00	
营业利润	263 893.00	180 378.00	
营业利润率（%）	16.69	13.18	3.51

$$2012年营业利润率=\frac{营业利润}{营业收入}\times100\%=\frac{180\,378.00}{1\,368\,680.00}\times100\%=13.18\%$$

$$2013年营业利润率=\frac{营业利润}{营业收入}\times100\%=\frac{263\,893.00}{1\,581\,480.00}\times100\%=16.69\%$$

从上述计算结果可以看出，YN 药业公司 2013 年的营业利润率为 16.69%，说明公司每百元营业收入中所赚取的收益有 16.69 元。YN 药业公司 2012~2013 年的营业利润率提高了

3.51%，说明其 2013 年的盈利能力略有提高。

3. 营业净利率

营业净利率是指企业实现的净利润与营业收入之比。其计算公式为

$$营业净利率 = \frac{净利润}{营业收入} \times 100\%$$

营业净利率可用于衡量每百元销售收入中所赚取的净利润。指标值越大，企业的获利能力越强。将该比率与营业利润率进行比较，可以反映利息、所得税及投资收益对企业获利水平的影响。

【例 6-18】表 6-15 为 YN 药业公司 2012～2013 年财务数据，计算其营业净利润率，并进行简要评价。

表 6-15　　　　　　　　　　　　YN 药业公司营业净利润率计算表　　　　　　　　　　单位：万元

项目	2013 年度	2012 年度	差异
营业收入	1 581 480.00	1 368 680.00	
净利润	232 145.00	158 252.00	
营业净利润率（%）	14.68	11.56	3.12

$$2012年营业净利率 = \frac{净利润}{营业收入} \times 100\% = \frac{158\,252.00}{1\,368\,680.00} \times 100\% = 11.56\%$$

$$2013年营业净利率 = \frac{净利润}{营业收入} \times 100\% = \frac{232\,145.00}{1\,581\,480.00} \times 100\% = 14.68\%$$

从上述计算结果可以看出，YN 药业公司 2013 年的营业净利润率为 14.68%，说明公司每百元营业收入中所赚取的净收益有 14.68 元。YN 药业公司 2012～2013 年的营业利润率提高了 3.12%，说明其 2013 年的盈利能力有提高。

四、资产获利能力指标的计算

从企业经营者角度来观察，运用企业的资产获得更好的投资报酬是他们的理财目标。由于企业资产存在多种形式，在资产获利能力衡量指标的设计上应遵循重要性原则和成本效益原则，以提高分析的效率和质量。所以，通常采用最主要的营运资产项目和类别作为总资产收益率的代表。同时，我们还要考虑企业长期资本的获利能力。所以，以资产为基础的获利能力的具体衡量指标包括总资产收益率、总资产净利率、投资收益率和经营资产收益率等。

（一）总资产收益率

总资产收益率也称总资产报酬率，是企业一定期限内实现的息税前利润额与该时期企业平均资产总额的比率。总资产收益率是评价企业资产综合利用效果、企业总资产获利能力以及企业经济效益的核心指标。其计算公式为

$$总资产收益率 = \frac{息税前利润}{平均资产总额} \times 100\%$$

其中，息税前利润，利润总额+利息支出

之所以公式的分子采用息税前利润，是因为它是由企业所拥有的全部资产创造的收益。其中，利息是债权人提供贷款所实现的报酬，而由债权人提供的贷款所投资的部分，已包括

在分母"总资产"之中。所得税费用是企业创造的、由于国家需要调节收入分配而应该支付给国家的收益。如果上市公司对外不明确披露利息支出，则可用财务费用来替代利息支出，即息税前利润=利润总额+财务费用。

目前，不少上市公司由于子公司中有从事金融性活动的财务公司，根据会计准则的要求，在其合并利润表中，既要单独披露公司发生的、除财务公司以外的其他分公司和子公司的财务费用，还要单独披露该下属财务公司的利息支出。那么，如果公司在报表附注中披露了财务费用明细表，其中包括利息支出，则息税前利润的取值应该是：息税前利润=利润总额+利息支出（在附注中的财务费用明细表中列示的）+利息支出（在合并利润表中列示的）。如果公司在报表附注中没有披露财务费用明细表，则息税前利润的取值应该是：息税前利润=利润总额+财务费用（在合并利润表中列示的）+利息支出（在合并利润表中列示的）。在美国等市场经济发达国家，公司通常需要对外披露全部利息支出。在我国，全面披露利息支出已经是一种趋势。

通常，一家企业的总资产收益率越高，表明其运用全部资产进行经营管理的效益越好，企业的财务管理水平越高，企业的获利能力也越强；反之，总资产收益率越低，说明企业资产的利用效率越低，利用资产创造的利润越少，企业的获利能力也就越差，财务管理水平也越低。

总资产收益率分析的重要意义体现在以下几个方面。

（1）总资产收益率指标集中体现了资产运用效率和资金运用效果之间的关系。

（2）总资产收益率指标将企业过去、现在及未来预测的收益与总投资联系起来，因此可以通过对企业过去、现在的总资产收益率的分析来进行盈利预测，确定企业所面临的风险。

（3）总资产收益率还可以用于计划、预算、协调、评价和控制企业各部门、各环节的工作效率和工作质量。

（4）总资产收益率的分子采用的是息税前利润，是排除利息和税收影响的收益，是企业经营中所创造的全部收益，排除了公司负债水平的差异对这一指标的影响，因此，总资产收益率是不受筹资活动影响的企业的真实盈利水平的反映，更具有普遍性，便于同社会平均的资本收益率或资本成本率进行比较

【例6-19】表6-16为YN药业公司2012～2013年年度报表简表资料，计算其总资产收益率，并进行简要评价。

表6-16   **YN药业公司总资产收益率计算表**   单位：万元

项　目	2013年度	2012年度	差异
营业收入	1 581 480.00	1 368 680.00	
利润总额	270 131.00	182 985.00	
利息支出	2135.54	1593.21	
息税前利润	272 266.54	184 578.21	
平均总资产	1 177 244.24	987 744.37	
总资产收益率（%）	23.13	18.69	4.44

$$2012年总资产收益率 = \frac{息税前利润}{平均资产总额} \times 100\% = \frac{184\ 578.21}{987\ 744.37} \times 100\% = 18.69\%$$

$$2013年总资产收益率=\frac{息税前利润}{平均资产总额}\times100\%=\frac{272\,266.54}{1\,177\,244.24}\times100\%=23.13\%$$

计算结果说明，YN 药业公司 2013 年的总资产收益率为 23.13%，比 2012 年上升 4.44%。在 2013 年运用的每百元资产可赚取 23.13 元的息税前利润额，说明其在 2013 年利用全部经济资源获取利润的能力有提高。

（二）总资产净利率

总资产净利率是指税后利润与平均总资产的比率，它反映每百元资产所创造的净利润。其计算公式为

$$总资产净利率=\frac{净利润}{平均资产总额}\times100\%$$

其中，税后利润是扣除利息和所得税之后的利润，应该包括投资收益，但仍然不应该包括非常项目。通常，总资产净利率越高，说明企业总资产的获利能力越强；反之亦然。

【例 6-20】表 6-17 为 YN 药业公司 2012～2013 年年度报表简表资料，计算其总资产净利率，并进行简要评价。

表 6-17　　　　　　　　　　　YN 药业公司总资产净利率计算表　　　　　　　　　　　单位：万元

项　目	2013 年度	2012 年度	差异
净利润	232 145.00	158 252.00	
平均总资产	1 177 244.24	987 744.37	
总资产净利率（%）	19.72	16.02	3.70

$$2012年总资产净利率=\frac{净利润}{平均资产总额}\times100\%=\frac{158\,252.00}{987\,744.37}\times100\%=16.02\%$$

$$2013年总资产净利率=\frac{净利润}{平均资产总额}\times100\%=\frac{232\,145.00}{1\,177\,244.24}\times100\%=19.72\%$$

计算结果说明，YN 药业公司 2013 年的总资产收益率为 19.72%，比 2012 年上升 3.70%。在 2013 年运用每百元资产可赚取 19.72 元的净利润，说明其在 2013 年获取净利润的能力有提高。

总资产净利率是评价企业获利能力的关键。虽然股东报酬由总资产净利率和财务杠杆共同决定，但是，提高财务杠杆会同时增加企业风险，有时可能并不增加企业价值。此外，提高企业的财务杠杆并不是可以随时进行的，存在很多限制。企业常常处于财务杠杆不可能再提高的状态。因此，驱动净资产收益率的基本动力是总资产净利率，而影响总资产净利率的驱动因素是销售净利率和总资产周转率，对该问题的深入分析可参见第七章"财务报表综合分析"部分的杜邦分析法，此处不再赘述。总之，总资产净利率是杜邦分析法的重要财务评价指标，将该比率与总资产收益率进行比较时，可以反映利息、所得税及非常项目对企业资产获利水平的影响。

（三）净资产收益率

净资产收益率也称为权益报酬率或净值报酬率，是净利润与平均所有者权益（或净资产、股东权益）之比，表明企业所有者权益投入所获得的投资回报。其计算公式为

$$净资产资产收益率=\frac{净利润}{平均所有者权益}\times100\%$$

其中，
$$平均所有者权益=\frac{期初所有者权益+期末所有者权益}{2}$$

【例 6-21】表 6-18 为 YN 药业公司 2012～2013 年年度报表简表资料，计算其净资产收益率，并进行简要评价。

表 6-18　　　　　　　　　YN 药业公司净资产收益率计算表　　　　　　　单位：万元

项　目	2013 年度	2012 年度	差异
净利润	232 145.00	158 252.00	
平均净资产	802 804.34	629 128.92	
净资产收益率（%）	28.92	25.15	3.76

$$2012年YN药业公司的净资产收益率=\frac{净利润}{平均所有者权益}\times100\%$$
$$=\frac{158\,252.00}{629\,128.92}\times100\%=25.15\%$$

$$2013年YN药业公司的净资产收益率=\frac{净利润}{平均所有者权益}\times100\%$$
$$=\frac{232\,145.00}{802\,804.34}\times100\%=28.92\%$$

计算结果说明，YN 药业公司 2013 年的净资产收益率为 28.92%，比 2012 年上升 3.76%，说明其在 2013 年获取净利润的能力有提高。

净资产收益率是最具综合性的评价指标。该指标不受行业的限制，不受公司规模的限制，适用范围较广，从股东的角度来考核其投资回报，反映资本的增值能力及股东投资回报的实现程度，因而它是最被股东所关注的指标。净资产收益率指标还影响着企业的筹资方式、筹资规模，进而影响企业的未来发展战略。该指标值越大，说明企业的获利能力越强。该指标可以与社会平均利润率、行业平均利润率或者资金成本相比较。

净资产利润率是从所有者角度来考查企业盈利水平高低的，而总资产利润率从所有者和债权人两方来共同考查整个企业盈利水平。在相同的总资产利润率水平下，由于企业采用不同的资本结构形式，即不同负债与所有者权益比例，会造成不同的净资产利润率。

五、成本费用获利能力指标的计算

成本费用利润率是企业一定期间的利润总额与成本、费用总额的比率。成本费用利润率指标表明每付出一元成本费用可获得多少利润，体现了经营耗费所带来的经营成果。该项指标越高，利润就越大，反映企业的经济效益越好。

成本费用利润率的计算公式为

$$成本费用利润率=\frac{利润总额}{成本费用总额}\times100\%$$

式中的利润总额和成本费用总额来自企业的利润表。成本费用一般指营业成本、营业务税金及附加销售费用、管理费用和财务费用等成本费用的综合。

分析时，可将成本费用与营业利润对比，计算成本费用营业利润率指标。其计算公式为

成本费用营业利润率=营业利润额/成本费用总额×100%

如利润中还包括其他业务利润，而其他业务利润与成本费用也没有内在联系，分析时，还可将其他业务利润扣除。

【例6-22】表6-19为YN药业公司2012～2013年年度报表简表资料，计算其净资产收益率，并进行简要评价。

表6-19　　　　　　　　　　　YN药业公司成本费用利润率计算表　　　　　　　　单位：万元

项目	2013年度	2012年度	差异
营业利润	263 893.00	180 378.00	
利润总额	270 131.00	182 985.00	
成本费用总额	1 367 706.75	1 186 841.93	
成本费用利润率（%）	19.75	15.42	4.33

$$2012年YN药业公司成本费用利润率=\frac{利润总额}{成本费用总额}\times100\%$$

$$=\frac{182\,985.00}{1186\,841.93}\times100\%=15.42\%$$

$$2013年YN药业公司成本费用利润率=\frac{利润总额}{成本费用总额}\times100\%$$

$$=\frac{270\,131.00}{1367\,706.75}\times100\%=19.75\%$$

计算结果说明，YN药业公司2013年的成本费用利润率为19.75%，比2012年上升4.33%。说明其在2013年获取营业利润的能力有所提高，企业经济效益在稳步发展中略有成长。

六、股东获利能力指标的计算

对于股东而言，投资回报是他们投入权益资本获得的回报。以股东投资为基础的获利能力的衡量指标主要有每股收益、市盈率和市净率等其他与股东投资收益直接相关的财务指标。

（一）每股收益

每股收益是指普通股股东每持有一股普通股所能享有的企业净利润或需承担的企业净亏损。每股收益是用于反映企业的经营成果，衡量普通股的投资回报及投资风险的财务指标，也是股东、债权人等报表使用者据以评价企业盈利能力、预测企业成长潜力、确定企业股票价格，进而作出相关经济决策的一项重要的财务指标。

每股收益包括基本每股收益和稀释每股收益两类。根据会计准则的规定，上市公司必须在利润表中披露基本每股收益和稀释每股收益的信息。

1. 基本每股收益

基本每股收益只考虑当期实际发行在外的普通股股份，按照归属于普通股股东的当期净利润除以当期实际发行在外的普通股的加权平均数计算确定。每股收益反映企业为每一普通股股份所实现的税后净利润。其计算公式为

$$基本每股收益 = \frac{净利润 - 优先股股利}{当期实际发行在外的普通股加权平均数} \times 100\%$$

其中：

$$\begin{aligned}当期实际发行在外的\\普通股加权平均数\end{aligned} = 期初发行在外普通股股数 + 当期新发行普通股股数$$

$$\times \frac{已发行时间}{报告期时间} - 当期回购普通股股数 \times \frac{已回购时间}{报告期时间}$$

【例6-23】已知 ABC 公司 20×4 年实现净利润为 1625 万元，公司股票的变动情况如表 6-20 所示，假定该公司按月数计算每股收益的时间权重。试计算 ABC 公司 20×4 年基本每股收益。

表6-20　　　　　　　　　ABC 公司 20×4 年公司股票的变动情况　　　　　　　单位：万股

时　　间	已发行股数	新发行股数	回购股数	发行在外股数
2014 年 1 月 1 日	1500	—	—	1500
2014 年 3 月 31 日	—	500	—	2000
2014 年 6 月 30 日	—	—	200	1800
2014 年 12 月 31 日	1500	500	200	1800

A 公司 20×4 年基本每股收益的计算如下：

$$发行在外普通股加权平均数 = 1500 \times \frac{12}{12} + 500 \times \frac{9}{12} - 200 \times \frac{6}{12} = 1775（万股）$$

$$A 公司的基本每股收益 = \frac{1625}{1775} = 0.92（元/股）$$

2. 稀释每股收益

稀释每股收益是以基本每股收益为基础，假设企业所有发行在外的稀释性潜在普通股均已转换为普通股，从而分别调整归属于普通股股东的当期净利润以及发行在外的普通股的加权平均数计算而得的每股收益，即稀释每股收益要考虑到当期所有发行在外的稀释性潜在普通股的影响。

（1）潜在普通股。潜在普通股是指赋予其持有者在报告期或以后期间享有取得普通股股利权利的一种金融工具或其他合同。目前，我国企业发行的潜在普通股主要有可转换公司债券、认股权证、股份期权等。这些证券的发行条款允许其持有者成为普通股股东，因此它们有可能在将来增加企业流通在外的普通股股数，因而都是潜在的普通股。所以，在它们没有真正转化为普通股之前，可以算是"准普通股"。这些证券的存在，意味着将来会导致普通股每股收益的稀释。当这种潜在的稀释作用相当显著时，就有必要调整计算每股收益。当认股权证和股份期权等的行权价格低于当期普通股平均市场价格时，可以认为其持有者肯定会行使权利，流通股数会增加，这样就会对每股收益产生稀释性。

（2）稀释每股收益的计算。计算稀释每股收益的目的是考虑到当期所有发行在外的稀释性潜在普通股的影响。当企业存在稀释性潜在普通股时，应当根据具有稀释性的潜在普通股影响，分别调整归属于普通股股东的当期净利润和发行在外普通股的加权平均数，并据以计算稀释每股收益。稀释每股收益的计算公式为

稀释每股收益=调整后的归属于普通股股东的当期净利润/

（计算基本每股收益时普通股加权平均数+假定稀释性潜在普通股转换为已发行普通股而增加的普通股股数的加权平均数）

计算稀释每股收益时，要注意以下两点：

①对归属于普通股股东的当期净利润的调整。之所以要调整，是因为当潜在普通股转换成普通股以后，新的普通股将有权参与分配归属于母公司普通股股东的权益。《企业会计准则第 34 号——每股收益》规定，计算稀释每股收益，应当根据下列事项对归属于普通股股东的当期净利润进行调整：第一，当期已确认为费用的稀释性潜在普通股的利息；第二，稀释性潜在普通股转换时将产生的收益或费用。其中，当期已确认为费用的稀释性潜在普通股的利息和减少利息的税后金额会增加归属于普通股股东的利润，稀释性潜在普通股转换时产生的收益会增加归属于普通股股东的利润，稀释性潜在普通股转换时产生的费用会减少归属于普通股股东的利润。

这里需要注意的是，在调整归属于普通股股东的当期净利润时应当考虑相关的所得税影响。例如，BH 公司 2013 年净利润为 1500 万元，可转换债券当年的利息费用（包括折价发行的摊销额）为 20 万元，所得税税率为 25%，则调整后净利润为 1515 万元（1500+20−20×25%）。

②关于股数的计算。计算稀释每股收益时，当期发行在外普通股的加权平均数应当为计算基本每股收益时普通股的加权平均数与假定稀释性潜在普通股转换为已发行普通股而增加的普通股股数的加权平均数之和；计算稀释性潜在普通股转换为已发行普通股而增加的普通股股数的加权平均数时，以前期间发行的稀释性潜在普通股，应当假设其已在当期期初转换为普通股；当期发行的稀释性潜在普通股，应当假设其在发行日转换为普通股。例如，某公司 2014 年年初流通在外的普通股股数 100 万股，另有在 2013 年发行的 60 万份可转换债券和在 2013 年 10 月 1 日发行的 80 万认股权证，则计算稀释的每股收益时普通股股数为

$$100+60+80×\frac{3}{12}=180（万股）$$

由每股收益的计算公式可知：每股收益的影响因素涉及净利润和普通股股数两方面。每股收益与净利润呈正向变动关系。在普通股股数一定的情况下，属于普通股的净利润越大，每股收益越大，股东的投资回报越高。

普通股股数是每股收益的负影响因素。影响普通股股数的因素很多，如增发新股、履行对认股权证承诺发行的普通股、股票分割、可转换债券转为普通股、企业合并、库存股票的购买与再发行等。可见，普通股股数变动既受到普通股发行状况的影响，又与企业的证券构成有关。

2. 每股收益的比较分析

每股收益反映普通股的获利能力。在分析时，可以进行同业比较分析，以评价企业的相对获利能力；也可以进行趋势分析，了解企业获利能力的变化趋势；还可以进行企业经营实际业绩与收益预期的比较。

（二）市盈率

市盈率是指普通股每股市价与每股收益的比率。它反映了普通股股东愿意为每 1 元净利润支付的价格。

市盈率的计算公式为

$$市盈率 = \frac{每股市价}{每股收益}$$

市盈率既可以用来分析说明企业未来的获利前景，也可以用来分析说明投资于企业股票的风险，它是市场对企业的共同期望指标。市盈率越高，表明市场对企业的未来越看好。在市价确定的情况下，每股收益越高，市盈率越低，投资风险越小；反之，亦然。在每股收益确定的情况下，市价越高，市盈率越高，风险越大；反之，亦然。仅从市盈率高低的横向比较看，高市盈率说明企业能够获得社会信赖，具有良好的前景；反之，亦然。

【例 6-24】已知 YH 公司 2013 年的股派市价为 38 元，而过去 12 个月的每股盈利为 1.8 元，试计算 YH 公司 2013 年的市盈率。

$$2013 年 YN 药业公司的市盈率 = \frac{每股市价}{每股收益} = \frac{38}{1.8} = 21.11$$

（三）市净率

市净率是指普通股每股市价与每股净资产的比率，它反映普通股股东愿意为每 1 元净资产支付的价格。其中，每股净资产（也称为每股账面价值）是指普通股股东权益与流通在外的普通股加权平均股数的比率，它反映每股普通股享有的净资产。市净率的计算公式为

$$市净率 = \frac{每股市价}{每股净资产}$$

与市盈率类似，市净率的高低也有着双重含义，既可以代表企业未来获利的大小，也可以代表企业股票投资风险的大小，市净率越高，可能意味着企业未来的盈利前景越好，也可能意味着股票价格被高估，严重地背离了净资产价值。

【例 6-25】假设甲公司 2013 年的每股净资产为 1.5 元/股，每股市价为 24 元，则

$$市净率 = \frac{每股市价}{每股净资产} = \frac{24}{1.5} = 16$$

每股净资产在理论上提供了股票的最低价值。如果企业的股票价格低于净资产的账面价值，净资产的账面价值又接近变现价值，说明企业已无存在价值，清算是股东最好的选择。把每股净资产和每股市价联系起来，可以说明市场对企业资产质量的评价。

（四）留存收益率

留存收益率是指留存收益与净利润的比率。其计算公式为

$$留存收益率 = \frac{净利润 - 全部股价}{净利润} \times 100\%$$

留存收益率的高低，反映企业的理财方针。如果企业认为有必要从内部积累资金，以便扩大经营规模，经股东大会同意可以采用较高的留存收益率。如果企业不需要资金或者可以用其他方式筹资，为满足股东取得现金股利的要求，可降低留存收益率。提高留存收益率必然降低股利支付率。

（五）股利支付率

股利支付率是指普通股净收益中股利所占的比重，它反映公司的股利分配政策和支付股利的能力。其计算公式为

$$股利支付率 = \frac{普通股每股股利}{普通股每股收益} \times 100\%$$

（六）股票获利率

股票获利率是指普通股每股股利与普通股每股市价的比率，亦称市价股利比率。其计算公式为

$$股票获利率 = \frac{普通股每股股利}{普通股每股市价} \times 100\%$$

股票获利率反映股利和股价的比例关系。只有股票持有人认为股价将上升时，他们才会接受较低的股票获利率。如果预期股价不能上升，股票获利率就成了衡量股票投资价值的主要依据。

第五节　发展能力分析

一、发展能力的含义

企业的发展能力也称企业的成长性，它是企业通过自身的生产经营活动，不断扩大积累而形成的发展潜能。企业能否健康发展取决于多种因素，包括外部经营环境，企业内在素质及资源条件等。同时，影响企业发展能力的因素主要有销售收入、资产规模、净资产规模、资产使用效率、净收益、股利分配。

二、发展能力指标的计算

1. 销售增长率

销售增长率是指企业本年销售增长额与上年销售额之间的比率，反映销售的增减变动情况，是评价企业成长状况和发展能力的重要指标。其计算公式为

销售增长率=本年销售增长额/上年销售额

=（本年销售额−上年销售额）/上年销售额

销售增长率该指标反映的是相对化的销售收入增长情况，比绝对量的销售增长额相比，消除了企业规模的影响，更能反映企业的发展情况。

利用该指标分析企业发展能力时应注意以下几点。

（1）该指标是衡量企业经营状况和市场占有能力、预测企业经营业务拓展趋势的重要指标，也是衡量企业增长增量和存量资本的重要前提。不断增加的销售收入，是企业生存的基础和发展的条件。

（2）该指标大于 0 表示企业本年的销售收入有所增长，指标值越高，表明增长速度越快。

（3）在实际分析时应结合企业历年的销售水平、企业市场占有情况、行业未来发展及其他影响企业发展的潜在因素进行潜在性预测，或结合企业前 3 年的销售收入增长率作出趋势性分析判断。

（4）分析中可以其他类似企业、企业历史水平及行业平均水平作为比较标准。

（5）指标值受增长基数影响，因此分析中还要使用增长额和三年销售收入平均增长率等指标进行综合判断。

2. 总资产增长率

总资产增长率是指企业本年总资产增长额与期初总资产之间的比率，反映总资产的增减变动情况。其计算公式为

总资产增长率=本年总资产增长额/期初总资产=（期末总资产−期初总资产）/期初总资产

资产是企业用于取得收入的资源，也是企业偿还债务的保障。资产增长是企业发展的一个重要方面，发展性高的企业一般能保持资产的稳定增长。总资产增长率越高，说明企业本年内资产规模扩张的速度越快，但应注意资产规模扩张的质与量之间的关系以及企业的后续发展能力，避免盲目扩张。

企业间的可比性问题包括以下几个方面。

（1）不同企业的资产使用效率不同，为保持净收益的同幅度增长，资产使用效率低的企业需要更大幅度的资产增长。

（2）不同企业采取的发展策略会体现在总资产增长率的不同。

（3）会计处理方法的不同会影响总资产增长率（影响资产的账面价值）。

（4）受历史成本原则的影响，资产总额反映的只是资产的取得成本而非现时价值。

（5）由于一些重要资产无法体现在资产总额中（如人力资产、某些非专利技术），使得该指标无法反映企业真正的资产增长情况。除了计算总资产增长率对总资产的增长情况进行分析外，还可以对各类具体资产的增长情况进行分析。可以计算以下指标：流动资产增长率、固定资产增长率、无形资产增长率及员工增长率。计算时都是用本年增长额除以年初数额。

3. 资本积累率

资本积累率是指企业本年净资产增长额与期初净资产之间的比率，反映净资产的增减变动情况。其计算公式为

资本积累率=本年净资产增长额/期初净资产=（期末净资产−期初净资产）/期初净资产

资本积累是企业发展强盛的标志，是企业扩大再生产的源泉，是评价企业发展潜力的重要指标。该指标反映企业净资产当年的变动水平，体现了企业资本的保全和增长情况。该指标越高，表明企业资本积累越多，应付风险和持续发展的能力越强。

资本积累率指标有一定的滞后性，仅反映当期情况；为反映企业资本保全增值的历史发展情况，了解企业的发展趋势，需要计算连续几年的资本积累情况。该指标越高，表明企业所有者权益得到的保障程度越大，企业可以长期使用的资金越充裕，抗风险和连续发展的能力越强。利用该指标分析时应注意所有者权益各类别的增长情况。实收资本的增长一般源于外部资金的进入，表明企业具备了进一步发展的基础，但并不表明企业过去具有很强的发展和积累能力；留存收益的增长反映企业通过自身经营积累了发展后备资金，既反映企业在过去经营中的发展能力，也反映了企业进一步发展的后劲。

4. 可持续增长率

由于企业要以发展求生存，销售增长是任何企业都无法回避的问题。企业增长的财务意义是资金增长。在销售增长时企业往往需要补充资金，这主要是因为销售增加通常会引起存货和应收账款等资产的增加。销售增长得越多，需要的资金越多。

从资金来源上看，企业增长的实现方式有3种：一是完全依靠内部资金增长。有些小企业无法取得借款，有些大企业不愿意借款，它们主要是靠内部积累实现增长。内部的财务资源是有限的，往往会限制企业的发展，无法充分利用扩大企业财富的机会。二是主要依靠外部资金增长。从外部来源筹资，包括增加债务和股东投资，也可以提高增长率。主要依靠外部资金实现增长是不能持久的，增加负债会使企业的财务风险增加、筹资能力下降，最终会使借款能力完全丧失；增加股东投入资本，不仅会分散控制权，而且会稀释每股盈余，除非追加投资有更高的回报率，否则不能增加股东财富。三是平衡增长。平衡增长，就是保持目

前的财务结构和与此有关的财务风险，按照股东权益的增长比例增加借款，以此支持销售增长。这种增长率，一般不会消耗企业的财务资源，是一种可持续的增长速度。

可持续增长率是指不增发新股并保持目前经营效率和财务政策条件下公司销售所能增长的最大比率。可持续增长率的假设条件如下：①公司目前的资本结构是一个目标结构，并且打算继续维持下去；②公司目前的股利政策是一个目标股利政策，并且打算继续维持下去；③不愿意或者不打算发售新股，增加债务是其唯一的外部筹资来源；④公司的销售净利率将维持当前水平，并且可以涵盖负债的利息；⑤公司的资产周转率将维持当前的水平。在上述假设条件成立时，销售的实际增长率与可持续增长率相等。

虽然企业各年的财务比率总会有些变化，但上述假设基本上符合大多数公司的情况。大多数公司不能随时增发新股。据国外的有关统计资料显示，上市公司平均20年出售一次新股。我国上市公司增发新股亦有严格的审批程序，并且至少要间隔一定年限。改变经营效率（体现于资产周转率和销售净利率）和财务政策（体现于资产负债率和收益留存率），对于一个理智的公司来说是件非常重大的事情。当然，对于根本就没有明确的经营和财务政策的企业除外。

可持续增长的思想，不是说企业的增长不可以高于或低于可持续增长率。问题在于管理人员必须事先预计并且加以解决在公司超过可持续增长率之上的增长所导致的财务问题。超过部分的资金只有两个解决办法：提高资产收益率，或者改变财务政策。提高经营效率并非总是可行的，改变财务政策是有风险和极限的，因此超常增长只能是短期的。尽管企业的增长时快时慢，但从长期来看总是受到可持续增长率的制约。

本章小结

企业的生存和发展主要通过企业的各种能力体现出来，这些能力主要变现为偿债能力，营运能力和获利能力。

偿债能力分析是对企业到期偿还其所承担债务的资金保障能力的分析。企业偿债能力的强弱是影响企业生存和发展的重要前提，它与企业的营运能力、获利能力共同反映出企业的财务状况。如果企业经营不善，财务状况不佳，甚至到期不能偿还债务，企业就会破产倒闭，更谈不上获利。因此，为评价企业偿债能力，本章介绍了反映企业短期偿债能力和长期偿债能力的主要财务指标。

营运能力主要是指企业资产营运的效率。营运能力分析就是通过对反映企业资产营运效率指标的计算与分析，评价企业营运能力的强弱，为企业改善资产运营状况，提高经济效益指明方向。营运能力分析以总资产、流动资产、固定资产资产和流动资产有关项目周转率或周转期为计算主体，同时通过分析资产质量及企业增长能力来分析和评价企业使用其经济资源的有效性。

获利能力是指企业在一定时期内，通过自身的经营活动赚取利润的能力。获利是企业生存和发展的物质基础，也是企业的主要经营目标，它既关系到企业投资者和债权人的利益，也关系到经营者的利益。因此，本章以经营获利能力、资本资产获利能力以及上市公司获利能力等不同角度介绍了反映企业获利能力的一些主要指标。这些指标均从某个侧面说明企业的获利能力状况。要对企业作出较为全面地评价，必须综合运用这些指标，才能得出正确的结论。

思考题

1. 评价企业偿债能力的财务指标有哪些？
2. 影响企业营运能力的因素有哪些？
3. 为什么获利能力是企业可持续发展的基本能力？
4. 怎样理解市盈率？
5. 企业发展能力的评价指标有哪些？

案例分析

案例一 Q公司是我国家电行业的佼佼者，据2013年中报分析，该公司的业绩增长非常稳定，主营业务收入和利润基本保持同步增长，这在竞争激烈、行业利润明显滑坡的家电行业是极为可贵的。Q公司2000年上半年收入增加部分主要来自于冰箱产品的出口，鉴于公司出口形势的看好，Q公司的国际化战略取得了明显的经济效益。

另据2013年8月26日Q公司拟增发A股。董事会公告称，公司拟向社会公众增发不超过10 000万股的A股，该次募集资金将用于收购H空调器有限公司74.45%的股权。此前Q公司已持有该公司25.5%的股权，此举意味着收购完成后Q公司对H公司的控制权将达到99.95%。据悉，作为集团的主导企业之一，H公司主要生产空调器、电器及制冷设备，是我国技术水平较高、规模品种较多、生产较大的空调生产基地。该公司产销状况良好，2014年上半年共生产空调器252万台，超过2013年全年的产量，出口量分别是2013年同期和全年出口的4.5倍、2.7倍，迄今空调产品已有1/4的产量出口海外。目前，来自海外的订单已排至2015年。鉴于空调已是成熟的高盈利产品，收购后可以使Q集团公司拓展主营结构，实现产品多元化战略，为公司进一步扩张提供强有力支撑，同时也成为Q集团公司新的经济增长点。Q集团公司2013年中期财务状况如表6-21和表6-22所示。

表6-21 　　　　　　　　　　资产负债表（简表）　　　　　　　　　　单位：元

项目	金额	项目	金额
货币资金	512 451 234.85	资产总计	3 792 590 880.96
应收账款	390 345 914.95	应付账款	125 187 391.88
预付账款	599 903 344.89	预收账款	72 559 642.42
其他应收款	371 235 313.62	流动负债合计	771 705 947.11
存货净额	499 934 290.49	长期负债合计	4 365 881.58
待摊费用	1 211 250.00	负债合计	776 071 828.69
流动资产合计	2 369 591 987.38	股本	564 706 902.00
长期股权投资	307 178 438.08	资本公积	1 513 174 748.87
长期债权投资	0	盈余公积	329 160 271.54
长期投资合计	307 178 438.08	未分配利润	354 620 919.79
固定资产合计	1 007 881 696.67	股东权益合计	2 761 662 842.20
无形资产	107 740 871.92	负债及股东权益总计	3 792 590 880.96

表 6-22　　　　　　　　　　　　利润及利润分配表（简表）　　　　　　　　　单位：元

项目	金额	项目	金额
主营业务收入	2 706 766 895.09	营业费用	31 115 574.99
主营业务成本	2 252 753 488.10	管理费用	219 583 432.98
营业税金及附加	7 030 314.68	财务费用	6 515 967.38
主营业务利润	446 983 092.31	营业利润	195 413 320.98
投资收益	38 066 498.25	盈余公积转入数	0
补贴收入	0	可分配的利润	354 620 919.79
营业外收入	589 117.10	提取法定公积金	0
营业外支出	989 953.10	提取法定公益金	0
利润总额	233 078 983.23	可供股东分配的利润	354 620 919.79
所得税	26 832 576.00	提取任意公积金	0
净利润	181 900 337.65	已分配普通股股利	0
年初未分配利润	172 720 582.14	未分配利润	354 620 919.79

根据上述资料，请分析讨论以下问题。

（1）对 Q 集团公司的偿债能力进行分析评价。

（2）对 Q 集团公司的营运能力进行分析评价。

（3）对 Q 集团公司的获利能力进行分析评价。

第七章　财务报表综合分析应用

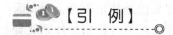【引　例】

几家欢喜几家愁

作为曾经 A 股市场上五朵金花中的两朵，火电和煤炭两个行业在 2013 年交出的中考成绩单，却截然不同。从已发布的 2013 年半年报的 10 家上市煤企的业绩来看，虽然各公司在过去的半年里均实现了一定程度的盈利，但其盈利能力已较去年同期明显降低。以大有能源为例，2013 年上半年，公司实现煤炭产量总共 1232.56 万吨，销量 1151.65 万吨，营业收入 60.7 亿元，其中，公司主营业务中煤炭销售额 43.88 亿元，比上年同期下降 8.84%。大有能源同时预计，年初至下一报告期期末累计净利润与上年同期相比将会大幅降低。

恒源煤电、昊华能源、西山煤电、露天煤业等上市煤企在上半年的净利润也均上亿，分别实现净利润 1.03 亿元、3.79 亿元、10.46 亿元、4.10 亿元，较去年同期分别下滑 82.30%、44.65%、46%、43%。新大洲 A 上半年则实现盈利 5992.21 万元，与去年同期相比下降 43.14%。

煤价的下跌，"瘦"了煤企，却"肥"了众多上市火电企业。得益于煤价下跌，火电企业上半年燃料成本压力得到明显缓解，盈利能力也由此得到大幅度提升。7 月 22 日，建投能源发布了 2013 年火电企业的首份半年报。半年报显示，该公司在上半年共实现营业收入 37.67 亿元，同比增长 18.57%；归属于上市公司股东的净利润 2.48 亿元，同比增长高达 330.06%。而长源电力 2013 年中报业绩预报显示，公司上半年扭亏为盈，实现净利润 2.18 亿～2.68 亿元，去年同期亏损 1.07 亿元。自 2012 年 5 月煤价下行以来，该公司从三季度开始扭亏为盈，四季度电力业务贡献净利润 1.5 亿元。而 2013 年上半年煤价持续走低，公司标煤单价与去年同期相比下降约 170 元/吨，降幅约 18%。

众所周知，近几年，煤炭市场一直不景气，煤炭行业远远没有前些年那般红火。由于宏观经济持续低速运行，使得煤炭市场供大于求的情况越来越明显，煤炭需求量和价格均出现不同程度地下降。

（资料来源：秦长城. 煤炭、火电"冰火两重天"[1]. 新理财，2013（9）.）

这一案例表明，宏观经济持续低速运行，使得煤炭市场供大于求的情况越来越明显，产业链下游火电企业因煤价下跌而得益。因此，会计报表的分析者要深刻领会案例内容，很有必要学会会计报表的综合分析。

前面的章节对企业的偿债能力、营运能力和盈利能力进行了广泛、深入地分析和讨论，并且计算了一系列的财务指标，但是由于它们都是从某一特定的角度，用一个或几个单项指标就企业某一方面的经济活动内容进行具体分析，其结果难以对企业的整体情况作出全面综合的评价，不能满足报表使用者对会计报表分析的需要。会计报表分析的最终目的就是要全面、准确、客观地揭示企业财务状况和经营成果，并对企业经营状况作出合理的判断。因此，为了弥补单项指标分析的不足，还需要结合会计报表分析的综合分析法。

会计报表综合分析法就是根据会计报表中列示的相关数据计算一系列指标，并将这些相互联系的指标作为一个指标体系，系统、全面、综合地对企业的财务状况、经营成果和现金流量进行分析、解释和评价，对企业的整体财务状况、经营成果和未来的发展趋势作出说明、判断和预测。它是将一个个单项的指标数值放到财务活动的总体中进行考查，通过归纳综合，将相互联系的多个指标纳入指标体系进行全面、系统的分析，并尽可能地作出符合企业实际情况的综合性评价。如果说单项分析指标具有实务性和实证性，那么综合分析指标体系就具有了高度的抽象性和概括性，它着重从整体上概括财务状况的本质特征。因此，会计报表的综合分析法表现出以下几个方面的特点。

第一，综合分析法以单项指标分析为基础。尽管单项指标的分析只能对事物的某一方面作出判断和评价，但是却可以为综合分析提供可靠的基础资料。会计报表的综合分析通常要计算多个相互联系的单项指标，在进行总体性分析的同时，也不排除对单项指标的判断、分析与利用。如果没有对单项指标的分析，就难以对问题提高到理性认识的高度，更不可能对企业的财务状况、经营成果和现金流量作出全面、连续、系统、完整、综合的评价。因此，综合分析要以单项分析为基础，各单项评价指标要涵盖企业的偿债能力、盈利能力和营运能力等各方面的信息。只有将单项分析与综合分析结合起来，才能提高会计报表分析的质量和水平。

第二，综合分析法侧重于分析企业的整体性。单项指标分析的特点决定了它只能重点分析某一具体现象，而综合分析法侧重于分析企业的整体性、未来发展趋势和企业的核心竞争力等。因此，从这个角度来看，单项分析把每个分析指标赋予同等重要的地位，难以考虑各种指标之间的相互关系。而会计报表综合分析法则认为各种指标有主、辅之分，并且一定要抓住主要的指标。只有抓住主要指标，才能把握影响企业财务状况的主要因素所在。

认识会计报表综合分析法的特性，有利于会计报表分析者把握企业财务的整体状况，提高会计报表分析的工作效率。

第一节 杜邦分析法

企业的各项财务活动和各项财务指标是相互联系、相互制约的有机整体，这便要求企业的财务分析人员将整个财务活动看作一个大的系统，对系统内相互依存、相互作用的各种因素进行综合分析。国际上采用的杜邦财务分析体系就是利用各个主要财务指标之间的内在联系，综合分析企业财务状况的一种方法。

一、杜邦分析法的含义及特点

（一）杜邦分析法的含义

杜邦分析法（Du Pont Analysis）也叫杜邦财务分析体系，简称杜邦体系。其最显著的特点是将若干个用以评价企业经营效率和财务状况的比率按其内在联系有机地结合起来，形成一个完整的指标体系，并最终通过净资产收益率来综合反映。具体来说，它是一种用来评价公司盈利能力和股东权益回报水平，从财务角度评价企业绩效的经典方法。其基本思想是将企业净资产收益率逐级分解为多项财务比率乘积，这样有助于深入分析比较企业经营业绩。由于这种分析方法最早在 20 世纪 20 年代由美国大型化学公司——杜邦公司成功使用，故名杜邦分析法。

（二）杜邦分析法的特点

现代财务管理理论把企业的经营绩效归因于生产经营和财务运作两个方面，并要求这两个方面保持高度协调。杜邦分析体系以权益净利率（即净资产收益率）为核心指标，将权益净利率分解成 3 个具体指标：①反映企业生产经营成果的销售净利率；②反映企业生产经营效率的资产周转率；③反映企业资本结构的权益乘数。这个分解说明权益净利率（对于上市公司则用股东权益收益率）这一综合指标是企业生产经营活动和财务活动协调运作的最终结果。

杜邦财务分析体系从数学的角度来看，是以核心指标权益净利率为出发点，通过数学变换（固定分子变分母），将其逐项推移分解为销售净利率、资产周转率和权益乘数三者的乘积，以综合反映企业的盈利能力、营运能力、偿债能力和资本结构的共同作用对权益净利率的影响。杜邦分析法是将若干个反映企业财务状况、营运能力和盈利能力的比率按照其内在联系有机地结合起来，形成一个完整的指标体系，并最终通过权益净利率（也称净资产收益率）这一核心指标体系可以通过杜邦分析图具体反映。

二、杜邦分析图

在杜邦财务分析体系中，其将有关指标按照内在联系排列，具体构成关系如图 7-1 所示。

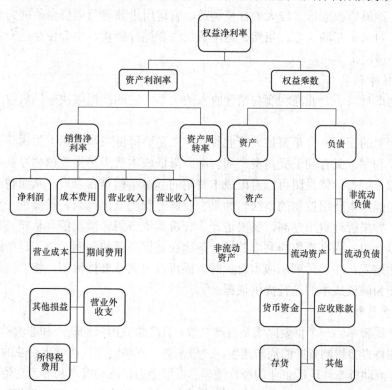

图 7-1　杜邦分析体系的基本框架

杜邦财务分析指标体系是一个多层次的财务比率分析体系。各项财务比率可在每个层次上与本企业历史或同行业财务比率进行比较，比较后向下一级进行分解，逐级向下分解，逐步覆盖企业经营活动的每个环节，以实现系统、全面地评价企业经营成果和财务状况的目的。

三、杜邦分析的基本比率

（一）权益净利率

权益净利率是一个综合性最强的财务分析指标，是杜邦分析的起点。

权益净利率反映了企业所有者投入资本的获得能力，是股东财富最大化的具体体现，它代表了所有者投入资金的获利能力，反映了企业筹资、投资、资产运营等各项财务及其管理活动的效率，而不断提高权益净利率是使所有者权益最大化的基本保证。因此，权益净利率这一指标是企业所有者、经营者都十分关注的。

权益净利率在不同企业之间具有很好的可比性，是杜邦分析体系的核心内容，是综合性很强的财务比率。这一比率的高低，不仅取决于总资产净利率（也称总资产报酬率），而且还取决于股东权益在权益总额中的比例。这一比例可由权益乘数来反映：

$$权益净利率=净利润/所有者权益=资产利润率×权益乘数$$
$$=营业净利率×资产周转率×权益乘数$$

权益乘数表示企业的负债程度。权益乘数越大，企业负债程度越高。由于通常的财务比率都是除数，除数的倒数叫作乘数，因此权益除以资产是资产权益率，而其倒数，即资产除以权益就叫作权益乘数。

权益乘数主要受资产负债比例的影响。负债比例越大，权益乘数越高，说明企业有较高的负债能力，能够给企业带来较大的杠杆利益，有运用借款等负债资金的能力和魄力，同时也表现出企业对未来充满信心。当然，运用负债资金进行经营，也会使企业产生潜在的，甚至明显的财务风险。

（二）销售净利率

销售净利率反映了企业净利润与销售收入的关系，它的高低取决于销售收入与总成本的高低。

销售净利率的提高，一是要扩大营业收入，二是要降低成本费用。扩大营业收入既有利于提高销售净利率，又有利于提高资产周转率。降低成本费用是提高销售净利率的一个重要因素，从杜邦分析指标体系图可以看出成本费用的基本结构是否合理，从而找出降低成本费用的途径和加强成本费用控制的办法。如果企业财务费用支出过高，就要进一步分析负债比率是否过高；如果管理费用过高，就要进一步分析其资产周转情况等。从权益净利率的计算公式中还可以看出，提高销售净利率的另一条途径是提高其他利润。为了详细地了解企业成本费用的发生情况，在具体列示成本总额时，还可以根据重要性原则，将影响较大的费用单独列示，以便为降低成本的途径提供依据。

（三）资产总额

影响资产周转率的一个重要因素是资产总额。资产总额由流动资产和非流动资产组成，其结构是否合理将直接影响资产的周转速度。一般来说，流动资产直接体现企业的偿债能力和变现能力，而非流动资产体现了企业的经营规模和发展潜力。流动资产和非流动资产之间应该有一个合理的比例关系。如果发现某项资产比重过大，影响资金周转，就应该深入分析其原因。例如，如果企业持有的货币资金超过其业务需要，则虽然提高了资产的安全性，但会影响企业的盈利能力；如果企业占有过多的存货和应收账款，则既要影响获利能力，又会影响偿债能力。因此，在此基础上还需对各部分资产的构成是否合理及流动资产周转率、存货周转率、应收账款周转率等有关各资产组成部分使用效果进行分析，以判断影响资产周转变化的主要原因。

（四）资产负债率

权益乘数主要受资产负债率指标的影响。其计算公式为

$$资产负债率 = \frac{负债总额}{资产总额} \times 100\%$$

资产负债率越高，权益乘数就越高，说明企业的负债程度比较高，给企业带来了较多的杠杆利益，同时，也带来了较大的风险。如何配置财务杠杆是企业最重要的财务政策。一般来说，资产净利率高的企业，财务杠杆较低；反之，则相反。这种现象也不是偶然的，可以设想，为了提高资产净利率，企业倾向于尽可能提高财务杠杆。但是，贷款提供者不一定会同意这种做法。贷款提供者不分享超过利息的收益，更倾向于给预期未来经营现金流量比较稳定的企业提供贷款。为了稳定现金流量，企业的一种选择是降低价格以减少竞争，另一种选择是增加净营运资本以防止现金流中断，这都会导致资产净利率的下降。这就是说，为了提高流动性，只能降低营利性。因此，实际看得到的是，经营风险低的企业可以得到较多的贷款，其财务杠杆较高；经营风险高的企业，可以得到较少的贷款，其财务杠杆较低；资产净利率与财务杠杆呈负相关，共同决定了企业的权益净利率。企业必须使其经营战略和财务政策相匹配。

四、杜邦分析法的运用

YN 药业公司有关会计资料见表 7-1。

表 7-1　　　　　　　　　　　会 计 报 表 有 关 资 料　　　　　　　　　　单位：万元

项目	2012 年	2013 年	项目	2012 年	2013 年
平均资产总额	1 072 692.20	1 275 574.66	财务费用	133.34	786.24
平均负债总额	365 788.04	381 524.38	投资收益	67.00	68 486.50
所有者权益	706 904.16	894 050.28	营业外收入	3112.41	6878.67
营业收入	1 368 682.45	1 581 479.09	营业外支出	506.41	640.67
营业成本	964 750.86	1 119 472.60	利润总额	182 984.62	270 131.10
销售费用	186 420.05	201 257.44	所得税	24 733.04	37 985.72
管理费用	35 537.55	46 189.39	净利润	158 251.58	232 145.38

杜邦财务分析的工作步骤如下：

（一）分解计算指标

从权益净利率开始，根据会计资料（主要是资产负债表和利润表）逐步分解计算各指标。YN 药业公司 2012—2013 年分析比率如表 7-2 所示。

表 7-2　　　　　　　　　　YN 药业公司 2012～2013 年分析比率　　　　　　　　单位：万元

指标	2012 年	2013 年	指标	2012 年	2013 年
权益净利率	22.39%	25.96%	资产利润率	14.75%	18.20%
资产负债率	34.10%	29.91%	销售净利率	11.56%	14.68%
权益乘数	1.52	1.43	资产周转率	1.28	1.24

（二）绘制杜邦分析指标体系图

2013 年 YN 药业公司杜邦分析指标体系图，如图 7-2 所示。

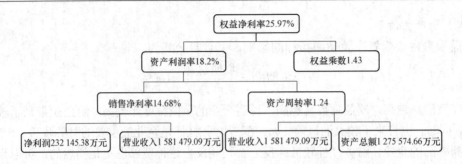

图 7-2　YN 药业公司杜邦分析指标体系图

（三）分析主要指标

（1）对权益净利率的分析。该企业的权益净利率在 2012—2013 年出现了一定程度的好转，从 2012 年的 22.39%增加至 2013 年的 25.97%，企业的投资者在很大程度上依据这个指标来判断是否投资或是否转让股份，考查经营者业绩和决定股利分配政策。该指标对企业的管理者也至关重要。2012 年和 2013 年的权益净利率分别为

$$2012 年的权益净利率=1.52×14.75\%=22.39\%$$
$$2013 年的权益净利率=1.43×18.20\%=25.97\%$$

通过分解可以明显地看出，该企业权益净利率的变动在于资本结构（权益乘数）的变动和资产利用效果（资产利润率）的变动两方面共同作用的结果。而该企业的资产利润率有所提高，显示出资产利用效果较理想。

（2）对资产利润率的分析。2012 年和 2013 年的资产利润率分别为

$$2012 年的资产利润率=11.56\%×1.28=14.75\%$$
$$2013 年的资产利润率=14.68\%×1.24=18.20\%$$

通过分解可以看出，该企业 2013 年的资产周转率有所提高，说明资产的利用得到了比较好的控制，显示出比前一年较好的效果，表明该企业利用其总资产产生营业收入的效率在增加，在销售净利率提高的同时资产周转率的减少阻碍了资产净利率的增加。

（3）对销售净利率的分析。该企业 2013 年提高了营业收入，从 2012 年的 1 368 682.45 万元提高到 1 581 479.09 万元，营业成本的增加幅度大致相当。净利润的提高引起了销售净利率的增加，分析其原因是营业外收入的大幅增加，从 2012 年的 3112.41 万元到 2103 年的 6878.67 万元。

（4）对权益乘数的分析。该企业权益乘数下降，说明企业的资本结构在 2012—2013 年发生了变动。权益乘数越小，企业负债程度越低，偿还债务程度越强，财务风险程度越低。这个指标同时反映了财务杠杆对利润水平的影响。该企业的权益乘数一直处于 1 与 5 之间，也即负债率为 30%左右，属于稳健型企业。说明管理者准确把握企业所处的环境，准确预测利润，合理控制了负债带来的风险。

（5）结论。对于该企业，应努力提高资产周转率，这样可以使销售净利率得到提高，进而使资产利润率有大幅度的提高。同时努力降低各项成本，在控制成本上下功夫。

五、杜邦分析法的作用

杜邦财务分析体系的作用是解释指标变动的原因和变动趋势，揭示有关重要财务指标的内在联系，为采取措施指明方向；从杜邦分析图可以看出，净资产收益率和企业销售规模成

本水平、资产营运、资本结构有着密切的联系，这些因素构成一个相互依存的系统，只有把这些系统内各因素的关系安排好、协调好，才能使净资产收益率达到最大，才能实现股东财富最大化的理财目标；同时，对有关指标的分析有助于市场销售部门研究销售数量和销售价格变动对企业经济效益生产的影响；有助于成本管理部门研究和寻求降低产品成本的途径；有助于财务管理部门合理配置企业经济资源，优化企业资本结构，提高所有者权益报酬率。净资产收益率指标是衡量企业利用资产获取利润能力的指标，充分考虑了筹资方式对企业获利能力的影响，因此它所反映的获利能力是企业经营能力、财务决策和筹资方式等多种因素综合作用的结果。权益乘数越大，企业负债程度越高，偿还债务能方越差，财务风险程度越高。这个指标同时也反映了财务杠杆对利润水平的影响。

　　总之，杜邦分析体系一方面可以反映某些具体的会计数据，而这些数据可以从会计账簿或报表中直接获得，比较方便、易行，无需深加工，也增加了会计报表使用者对于会计数据的了解；另一方面，杜邦分析体系充分利用了指标之间的逻辑性。环环相扣，具有层次性。因此，它是企业进行会计报表综合分析的常用方法。

六、评析杜邦分析体系

（一）优点

　　企业的各项财务活动，财务指标是相互联系的，这就要求财务分析人员系统地分析各项指标。杜邦财务分析体系就是对企业财务状况的综合分析，它把不同种类的指标通过某种关系联系起来，建立金字塔分析体系，对核心指标的变动进行分析，从而全面、直观、系统地反映出企业的财务状况，可大大提高对财务报表分析的效率。杜邦财务分析体系是统合性指标——权益净利率的分解图来完成的，该体系最大的特点就是简洁、操作性强。它把有关指标的内在联系显示出来，通过层层分解，把权益净利率这一综合性指标发生升降变化的原因具体化，找出企业财务问题的症结之所在。

（二）缺点

　　杜邦财务分析体系偏重于企业所有者的利益角度。从杜邦财务分析指标体系来看，在其他因素不变的情况下，资产负债率越高，权益净利率就越高。这是因为利用较多负债可以产生财务杠杆作用。但这样的角度没有考虑财务风险的因素，负债越多，财务风险越大，偿还压力就越大。因此，还要结合其他指标进行综合分析。

第二节　雷达图分析法

一、雷达图分析法的含义及雷达图的绘制

1. 雷达图分析法的含义

　　雷达图分析法也叫星型图分析法，或称判断企业财务状况图，是日本企业界为进行综合实力评估而采用的一种财务状况综合评价方法，按照这种方法所绘制的财务比率综合图状似雷达，故此得名。雷达图又可称为戴布拉图、蜘蛛图。它是以直观的方式将企业的主要财务分析指标进行汇总，绘制成一张直观的财务分析雷达图，从企业的收益性、生产性、流动性、成长性和安全性 5 个方面综合分析、评价企业经营成果与财务状况，从而综合反映企业总体财务状况的一种方法。它可以从静态和动态两个方面分析企业的财务状况。静态分析是将企业的各种财务比率与其他相似企业或整个行业的财务比率作横向比较；动态分析是把企业现时的财务比率与先前的财务比率作纵向比较。

为了充分发挥雷达图的分析功能和作用，通常将被分析的各项财务比率指标与行业平均水平或企业自身希望达到的水平或历史最高水平相比较，从而进一步反映企业财务状况的优势和劣势，找出原因，并有针对性地提出改进措施。

2. 雷达图的绘制方法

（1）确定财务分析的指标体系。财务分析指标众多，它们都从不同侧面反映企业的经营成果和财务状况。为了科学、全面、综合地对企业进行评价，需要结合企业实际建立一套切实可行、有效的指标评价体系。一般来说，所选取的指标体系应反映企业的收益性、生产性、流动性、成长性和安全性 5 个方面。每个企业都可以根据自己的行业特征、特殊要求设计出一组不同于其他企业的指标体系，但是所选取的指标应能综合反映企业的实际状况。

（2）编制汇总财务比率分析表。根据企业的财务报表，计算选取的各项财务比率实际值，并将各财务指标的实际值分别与该财务指标的行业平均水平或标准水平进行比较，计算出比值，编制成汇总的财务比率分析表。

（3）任画一组平面坐标轴和 3 个同心圆，以坐标原点为同心圆的圆心，每个坐标轴代表一个指标。同心圆中最小的圆表示最差水平或是平均水平的 1/2；中间的圆表示标准水平或是平均水平；最大的圆表示最佳水平或是平均水平的 1.5 倍；其中，中间的圆与外圆之间的区域称为标准区。

（4）根据企业选取的反映收益性、生产性、流动性、成长性和安全性等方面的指标体系，按单个具体指标的数目，从圆的正上方开始，顺时针将同心圆平均分成若干等份；也有企业按照所选指标覆盖的类型数目，对同心圆进行等分。

（5）根据本期各财务指标实际值换算为标准值的比值，在雷达图中描点，并以虚线或粗实线相连，形成闭环。如果某项指标位于平均线以内，说明该指标有待改进；而对于接近甚至低于最小圆的指标则应作为分析的重点，找出原因，抓紧改进；如果某项指标高于平均线，则说明企业在该方面具有优势。各项财务指标越接近外圆越好。

假设 A 公司的财务比率分析表如表 7-3 所示，根据资料绘制雷达图，如图 7-3 所示。

表 7-3   A 公司的财务比率分析表

序号	指标名称	单位	实际值	行业平均水平	实际值/行业水平
1	资产负债率	%	54	62	0.871
2	流动比率		2.4	2.2	1.091
3	速动比率		1.1	1.3	0.846
4	劳动生产率	件/人	1.7	1.4	1.214
5	成本费用利润率	%	6.8	5.4	1.259
6	应收账款周转率	次	2.28	2.11	1.081
7	固定资产周转率	次	1.43	1.02	1.402
8	流动资产周转率	次	1.44	1.22	1.180
9	总资产报酬率	%	8.04	5.65	1.423
10	利润增长率	%	2.11	3.67	0.575
11	平均资产增长率	%	3.54	3.55	0.997
12	权益净利率	%	7.65	5.74	1.333

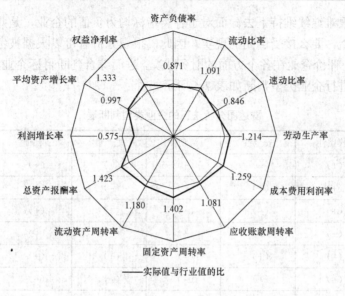

图 7-3　A 公司雷达图

二、雷达图分析法的应用

1. 雷达图分析法指标体系的确定

按照雷达图分析法的思想，大部分企业都包含 5 个方面的重要指标，即成长性、收益性、安全性和生产性。通过对这 5 类指标的分析，可以比较全面地考核企业的绩效。但由于每个企业所属的行业类型不同，要求重点反映的财务指标也不尽相同。一般认为服务性行业比较注重服务性指标，制造性行业则比较注重生产性指标，所以不同类型的企业选取的反映每类指标的各个具体指标会存在一定的差异，据此绘制出的雷达图也各有特色，通常供企业选择的反映企业成长性、收益性、安全性、流动性和生产性的若干具体指标主要有以下几种。

（1）成长性指标，包括总产值增长率、利润增长率、权益净利率、营业收入增长率、平均资产增长率等。

（2）收益性指标，包括资金利润率、营业收入净利率、成本费用利润率、流动资金利润率、总资产报酬率等。

（3）安全性指标，包括自有资金比率、流动比率、速动比率、资产负债率、利息保障倍数等。

（4）流动性指标，包括流动资产周转率、存货周转率、应收账款周转率、固定资产周转率、总资产周转率等。

（5）生产性指标，包括全员劳动生产率、人均利润率、人均工资、人均营业收入等。

前已述及，对于不同的企业，按照雷达图分析法所选取的指标不尽相同。因此，在选取指标时要理性地强调其针对性和有用性。

2. 雷达图分析法下的企业类型判断

对于雷达图分析法所选用的 5 类指标来说，都是可正可负的。如果全部为正，这样的企业是理想型的企业，在这种情形下，企业可以采取扩张型的经营策略。对于保守型的企业，虽然收益性、安全性和流动性都不错，但是生产性和成长性指标如果为负值，说明企业缺乏对生产、研发等方面的投入，如果企业不改变现状，加大投入，则收益性、安全性、流动性指标的良好态势很难继续维持下去。而对于各类指标均为负值的企业，是几乎接近倒闭的企业，要么彻底转型，要么接受倒闭的现实。因此，报表分析者可以根据被考核企业具体财务指标的数值符号，评价企业在各个方面的财务状况，进而综合判断目标企业所属的企业类型。雷达图分析法下进行企业类型判断如表 7-4 所示。

表 7-4　　　　　　　　　　　雷达图分析法下的企业类型判断表

企业状况	收益性	安全性	流动性	生产性	成长性	企业类型
	(+)	(+)	(+)	(+)	(+)	稳定理想型
	(+)	(+)	(+)	(−)	(−)	保守型
	(+)	(−)	(−)	(+)	(+)	成长型
指标符号	(+)	(−)	(+)	(+)	(−)	特殊型
	(−)	(−)	(−)	(+)	(+)	积极扩大型
	(−)	(+)	(−)	(−)	(−)	消极安全性
	(−)	(−)	(−)	(+)	(+)	活动性
	(−)	(−)	(−)	(−)	(−)	均衡所小型

3. 评析雷达图分析法

通过上述例子可以看到，雷达图分析法通过图表能够清晰地反映出数据的各方面特征，如最大值、最小值、变化趋势、变化速度及多组数据间的相互关系等，因而能够比较全面、直观、准确地反映企业现实运行轨迹与企业预定发展目标之间的差距。

雷达图法虽然具有直观明了的特点，但它也存在不足之处：一是各个指标没有按其重要程度区别对待；二是没有对企业财务状况给出一个综合性的评价结论，无法发挥综合评价对企业财务状况总体趋势反映的功能。

第三节　沃尔比例分析法

自 20 世纪 80 年代以来，我国会计界更多的关注西方国家的财务分析理论，尤其是美国企业界的财务分析模型。目前，我国会计准则的制定也借鉴了美国的成功经验。人们在进行财务报表分析时，碰到的一个主要困难就是计算出财务比率之后，无法判断它是偏高还是偏低。与本企业历史比较，只能看出自身的变化，却难以评价其在市场竞争中的优劣地位。与同行比较，企业情况千差万别，也很难从中得出本企业存在的问题。为了弥补这些缺陷，这里再向大家介绍一个国际上通行的综合财务分析法——沃尔比例分析法。

一、沃尔比例分析法的含义

1. 沃尔比例分析法的概念

沃尔比例分析法的先驱之一是亚历山大·沃尔。20 世纪初，亚历山大·沃尔在他的论著《信用晴雨表研究》和《财务报表比率分析》中提出了信用能力指数的概念，并且指在评价企业信用能力指数时要综合评价企业的财务效益状况。他认为，应采用线性关系的方法，把若干个财务比率联系起来，以此来评价企业的信用水平。美国财务分析学家亚历山大·沃尔和杜宁设计了一个多重比率分析模型，该模型选择了 7 个财务比率指标用线性关系结合起来，分别给定了不同的权重，其总和为 100，并确定每一项指标的标准比率，用实际比率和标准率对比，计算出每一项指标的得分，最后求出总评分，这就是沃尔比例分析法。

基于当时的时代特征，亚历山大·沃尔选择了流动比率、固定资产比率、净资产负债率、应收账款周转率、存货周转率、固定资产周转率、净资产周转率 7 种财务比率作为综合评价企业信用的指标体系，分别给定了各个评价指标在总评价中占有的比重，总和为 100 分。然后确定标准比率，并与实际比率相比较；先计算每项指标的指数，再计算每项指标的得分，最后求出总评分。该总分被用来综合评价企业信用水平（偿债能力）的高低。最基本的沃尔评分如表 7-5 所示。

表 7-5　　　　　　　　　　　沃 尔 综 合 评 分 表

财务比率	权重（1）	标准值（2）	实际值（3）	相对值 4=（3）÷（2）	评分（5）=（1）×（4）
流动比率	25	2.00			
产权比率	25	1.50			
固定资产比率	15	2.50			
存货周转率	10	9.00			
应收账款周转率	10	6.00			
固定资产周转率	10	4.00			
净资产周转率	5	3.00			
合计	100				

二、沃尔综合评分法的应用

华晨公司会计报表有关资料见表 7-6。

表 7-6　　　　　　　　　　2013 年会计报表部分资料　　　　　　　　　　单位：万元

项目	金额	项目	金额
应收账款	68 171.63	流动负债	39 356.47
存货	24 592.68	负债	233 637.95
流动资产	86 275.99	所有者权益	260 971.70
固定资产	217 633.20	营业收入	587 668.44
资产	494 609.65	营业成本	439 870.57

（1）计算实际财务比率：

流动比率=86 275.99/39 356.47=2.19

产权比率=233 637.95/260 971.70=0.90

固定资产比率=494 609.65/217 633.20=2.27

存货周转率=439 870.57/24 592.68=17.89

应收账款周转率=587 668.44/68 171.63=8.62

固定资产周转率=587 668.44/217 633.20=2.70

所有者权益周转率=587 668.44/260 971.70=2.25

（2）计算相对财务比率：

        流动比率=2.19/2=1.096

        产权比率=1.12/0.90=0.597

        固定资产比率=2.27/2.5=0.909

        存货周转率=17.89/9=1.987

        应收账款周转率=8.62/6=1.44

        固定资产周转率=2.70/4=0.675

        所有者权益周转率=2.25/3=0.751

（3）计算实际评分：

        流动比率=25×1.096=27.40

        产权比率=25×0.597=14.62

        固定资产比率=15×0.909=13.64

        存货周转率=10×1.987=19.87

        应收账款周转率=10×1.437=14.37

        固定资产周转率=10×0.675= 6.75

        所有者权益周转率=5×0.751=3.75

        实际评分=27.40+14.92+13.64+19.87+14.37+6.75+3.75=100.70

（4）对实际评分的评价。沃尔综合评分情况见表 7-7。

表 7-7   沃 尔 综 合 评 分 表

财务比率	权重（1）	标准值（2）	实际值（3）	相对值4=（3）÷（2）	评分（5）=（1）×（4）
流动比率	25	2.00	2.19	1.096	27.40
产权比率	25	1.50	1.12	0.597	14.92
固定资产比率	15	2.50	2.27	0.909	13.64
存货周转率	10	9.00	17.89	1.987	19.87
应收账款周转率	10	6.00	8.62	1.437	14.37
固定资产周转率	10	4.00	2.70	0.675	6.75
净资产周转率	5	3.00	2.25	0.751	3.75
合计	100				100.70

    经过计算，该企业的综合指数为 104.40，高于 100，实际评分比标准要求高 4.40，说明企业的综合财务状况还不错。进一步仔细分析，发现该公司主要是流动比率标准评分增加 2.40、存货周转率增加 9.87、应收账款周转率增加 4.37、而产权比率减少 6.38、固定资产比率减少 1.36 等因素影响的结果，说明该公司的资产管理和资产利用效率方面还存在一定的问题，需要加强资产管理。

三、现代沃尔综合评分法的应用

    现代社会与沃尔的时代相比，已发生了巨大变化。沃尔最初提出的 7 项指标已难以完全适用于当前对企业评价的需要。所以，依据现代不同报表使用者对财务信息需求的关注点的不同，沿用沃尔综合评分法的原理，对所选取的指标进行了重新选择，形成了新的沃尔分析体系。现在一般认为，在选择指标时，偿债能力、营运能力、盈利能力及发展能力指标均应纳入权数范围内，除此之外，还可以适当选取一些非财务指标作为参考。

现代沃尔综合评分法的基本步骤如下：

（1）选择评价指标并分配指标权重：按重要程度确定各项比率指标的评分值，评分值之和为100。

（2）确定各项比率指标的标准值。

（3）计算企业在一定时期各项比率指标的实际值。

（4）形成评价结果。

沃尔比重评分法的公式为实际分数=（实际值/标准值）×权重。

当实际值＞标准值为理想时，此公式正确；但当实际值＜标准值为理想时，实际值越小得分应越高，用此公式计算的结果却恰恰相反；另外，当某一单项指标的实际值畸高时，会导致最后总分大幅度增加，掩盖情况不良的指标，从而给管理者造成一种假象。所以可以适当给出评分的最高上限和最低下限。

四、评析沃尔综合评分法

虽然沃尔综合评分法得到广泛的运用，但原始的沃尔综合评分法在一些细节上缺乏权威说服力，具体表现在以下几个方面。

（1）初期建立并使用沃尔综合评分法的沃尔和邓宁两位教授，并未能证明为什么要选择流动比率、产权比率、固定资产比率等7个指标，而不是更多或更少些，或者选择其他财务比率，也未能证明每个指标所占比重的合理性。也就是说，表7-5中选择的财务比率以及它们的标准值大小缺乏应有的理论依据。这些问题至今尚没有从理论上得以解决。

（2）原始沃尔综合评分法从技术上讲也有一个问题，就是某一个指标严重异常时，会对总评分产生不合逻辑的重大影响。这个毛病是由财务比率与其比重相"乘"引起的。财务比率提高一倍，评分增加100%；而缩小一半，其评分只减少50%。

尽管原始的沃尔的财务比率评价方法在理论上还存在这些问题，并有一定的缺陷，理论也有待证明，在技术上也不完善，但它还是在实践中被广泛应用。他提出的综合评价企业财务效益的方法，为企业绩效评价的发展拓宽了思路。

耐人寻味的是，很多理论上相当完善的经济计量模型在实践中往往很难应用，而企业实际使用并行之有效的模型却又在理论上无法证明。这可能是人类对经济变量之间数量关系的认识还相当肤浅造成的。但我们相信，随着众多研究者对沃尔综合评分法的研究和改良，这种分析方法必将被更加广泛地接受和应用。

本章小结

本章主要介绍了对企业财务报表综合分析进行总体分析和评价的方法主要有杜邦分析法、雷达图分析法和沃尔综合分析法。

杜邦分析法以权益净利率为主线，将企业在某一时期的销售成果以及资产营运状况全面联系在一起，层层分解，逐步深入，构成一个完整的分析体系。它能较好地帮助管理者发现企业财务和经营管理中存在的问题，能够为改善企业经营管理提供十分有价值的信息，因而得到普遍的认同并在实际工作中得到广泛的应用。

　　雷达图分析法是将主要财务分析指标进行分类汇总,绘制成一个直观的财务分析雷达图,从而达到综合反映企业总体财务状况目的的一种方法。最基本的雷达图主要由 3 个同心圆、由圆心引出的 5 条等分线和一些连接指标值的线段组成。雷达图的成功使用,可以将众多抽象的财务指标可视化处理,从而能够让企业更直观、形象地把握其经济效益现状,为企业进行正确的经营决策打下了良好的基础。

　　沃尔综合分析法上是将若干财务指标通过线性组合,依据计算得到的各单项指标得分和总得分对企业的各单项绩效及整体绩效进行评价和分析,进而找出企业的问题所在,进而有针对性地采取改进措施。通过一个加权总值对企业价值进行定量比较分析,这样有利于人们更加直观地分析企业价值。虽然现代社会与沃尔的时代相比,已经发生很大的变化,但是沃尔综合分析法作为一种基本的财务指标评判方法,它的思想理念、思维方式在目前仍有借鉴作用,而且随着社会的发展,沃尔综合分析法也在不断发展完善之中。

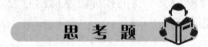

思 考 题

1. 为什么要进行财务报表综合分析?
2. 简要说明杜邦分析法的优点和不足。
3. 什么是会计报表的雷达图分析法?它是如何绘制的?有什么作用?
4. 简要说明沃尔综合分析法的运用步骤。

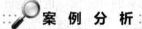

案 例 分 析

和美公司的有关资料如表 7-8 和表 7-9 所示。

表 7-8　　　　　　　　　　和美公司资产负债表　　　　　　　　　　单位:元

资产	年初数	期末数	负债及所有者权益	年初数	期末数
流动资产合计	1 733 600.89	1 970 619.00	流动负债合计	371 675.89	470 080.40.00
长期投资	68 600.00	20 900.00	长期负债合计	120 000.00	120 000.00
固定资产净值	1 406 000.00	1 385 100.00	负债合计	491 675.89	590 080.40
无形资产	16 000.00	26 000.00	所有者权益合计	2 732 525.00	2 812 538.60
资产总计	3 224 200.89	3 402 619.00	负债及所有者权益合计	3 224 200.89	3402 619

表 7-9　　　　　　　　　　和 美 公 司 利 润 表　　　　　　　　　　单位:元

项　　目	2013 年	2014 年
一、营业收入	948 800.00	989 700.00
减: 营业成本	681 000.00	740 500.00
营业税金及附加	52 700.00	43 500.00
销售费用	99 600.00	89 000.00
管理费用	40 550.00	43 670.00
财务费用	10 700.00	9720.00
投资净收益	3 600.00	18 500.00

项　目	2013 年	2014 年
二、营业利润	67 850.00	81 810.00
三、利润总额	67 850.00	81 810.00
减：所得税	16 962.50	20 452.50
四、净利润	50 887.50	61 357.50

要求：

（1）计算该公司 2013 年和 2014 年的权益净利润，并确定 2014 年较 2013 年的总差异。

（2）对权益净利率的总差异进行资产利润率和权益乘数的两因素分析，并确定各因素变动对总差异影响的份额。

（3）对资产利润率的总差异进行销售净利率和资产周转率的两因素分析，确定各因素变动对资产净利率的总差异影响的份额。

（4）对两年销售净利率的变动总差异进行构成比率因素分析，找出各构成比率变动对总差异的影响份额。

（5）运用上述分析的结果，归纳影响该公司权益净利率变动的有利因素和不利因素，找出产生不利因素的主要问题和原因，并针对问题提出相应的改进意见，使这些改进建议付诸实施，能促使该公司的生产经营管理更加完善，竞争力更加提高。

第八章 案 例

案例一 财务报表分析之结构分析——以房地产开发企业 WK 公司为例

WK 公司成立于 1984 年 5 月,公司地址在深圳市,业务极尽多元化,诸如贩卖日本电器(如摄像机、录像机、投影仪等),另外还开设服装厂、手表厂、饮料厂、印刷厂、K 金手饰厂、饲料厂等。1988 年 11 月,WK 公司进行了历史性的股份化改造,正式更名为"深圳 WK 企业股份公司";12 月,公司公开向社会发行股票 2800 万股,集资人民币 2800 万元,资产及经营规模迅速扩大。WK 公司股份制改造完全移植香港经验,为企业引进了国际先进的现代企业制度。1991 年 1 月 29 日,WK 公司的股票在深圳证券交易所挂牌交易;同年 6 月,WK 公司通过配售和定向发行新股 2836 万股,集资人民币 1.27 亿元,开始发展跨地域房地产业务。

1993 年 3 月,WK 公司发行 4500 万股 B 股,该股份于 1993 年 5 月 28 日在深圳证券交易所上市,开始确定战略结构调整,走专业化道路。B 股募股资金 45 135 万港元,主要投资于房地产开发,房地产核心业务进一步突显。12 月,公司更名为"WK 企业股份有限公司"。

1997 年 6 月,WK 公司增资配股募集资金人民币 3.83 亿元,主要投资于深圳市住宅开发,推动公司房地产业务发展更上一个台阶。

2000 年年初,WK 公司增资配股募集资金人民币 6.25 亿元,陆续投资于深圳、上海及北京的住宅项目及零售业务,公司实力进一步增强。年底,某集团及其关联公司成为第一大股东,持有的 WK 公司股份占 WK 公司总股本 15.08%。

2001 年,WK 公司将直接及间接持有的某百货股份有限公司 72%的股份转让给其他公司,成为专一的房地产公司。

2002 年 6 月,WK 公司发行可转换公司债券,募集资金 15 亿元,进一步增强了发展房地产核心业务的资金实力。

2003 年,WK 公司进入广州、中山、大连、鞍山房地产市场,初步形成"3+X"的区域发展模式。

2004 年 9 月,WK 公司 19.90 亿元可转换公司债券公开发行。同期隆重举行公司成立 20 周年庆典系列活动,发布未来 10 年的中长期发展规划。

2006 年,WK 公司销售突破 200 亿元,实际结算销售 176.7 亿元;2007 年 1 月,WK 公司确定"精细管理,有效运营"的可持续发展之路。

截至 2014 年,WK 公司总股本为 109.95 亿股,其中流通股为 93.92 亿股。2014 年第三季度利润不分配不转增。最新财务指标每股收益为 0.27 元,每股净资产为 3.18 元,净资产收益率为 8.46%,主营收入增长率为 31.06%,净利润增长率为 29.92%,每股未分配利润为 0.78元。股东人数为 865 153 人,人均持股 12 708.98 股,人均持股变动 17.82%。

市场估值指标分别是,市盈率为 82.28,市净率为 59.47,市现率为 90.37,市售率为 55.61,PEG 为 66.09;而同期行业均值分别为 48.55、45.73、53.63、26.56、80.51。

一、资产负债表分析

1. 资产结构与变动分析

2014 年 9 月，WK 公司资产总额为 12 950 250.92 万元，其中流动资产为 12 379 276.80 万元，占比为 95.59%，流动资产占比很高，其获利能力和周转效率对公司的经营状况起决定性作用；长期投资为 284 510.12 万元，占比为 2.20%；固定资产为 125 605.71 万元，占比为 0.97%；无形资产及其他资产为 160 858.29 万元，占比为 1.24%。而上期上述指标分析别为 96.45%、1.91%、0.77%、0.87%。具体指标如表 8-1 所示。

表 8-1　　　　　　　　　　　　　资 产 结 构 及 变 动 表

项目	2013 年 9 月（万元）	2014 年 9 月（万元）	变动率（%）	2013 年结构百分比（%）	2014 年结构百分比（%）
流动资产	11 715 184.76	12 379 276.80	5.67	96.45	95.59
长期投资	231 895.19	284 510.12	22.69	1.91	2.20
固定类资产	93 813.18	125 605.71	33.89	0.77	0.97
其他长期资产	105 634.67	160 858.29	52.28	0.87	1.24
资产总计	12 146 527.80	12 950 250.92	6.62	100.00	100.00
净利润	111 610.09	134 709.72	20.70	—	—
总资产收益率（%）	2.00	2.00	0.00	—	—

WK 公司资产总额比上期增加 803 723.12 万元，增长率为 6.62%。资产总额增加的原因如下：流动资产增加 664 092.03 万元，长期投资增加 52 614.93 万元，固定资产增加 31 792.53 万元，无形资产及其他资产增加 55 223.62 万元。相比较而言，流动资产有所增加，增加 5.67%；长期投资大幅增加，增加 22.69%；固定资产大幅增加，增加 33.89%；无形资产及其他资产大幅增加，增加 52.28%。

由此可见，从企业资产数量来看，长期资产、流动资产都较上期增加，长期资产增加的速度快于流动资产，资产总额增加，长期资产的比重增加，企业调整了资产构成的结构。从资产的质量来看，资产总额增加，净利润增加，资产增加的速度与净利润相同，总资产净利率保持不变，企业资产在质量上与上期相同，新增资产并没有带来过多的新利润。

2. 流动资产结构与变动分析

流动资产总额为 12 379 276.80 万元，其中货币性资产（货币资金+交易性金融资产）为 2 761 461.61 万元，占比为 22.31%；应收票据为 0.00 万元，占比为 0.00%；应收款项（应收账款+其他应收款+预付账款）为 942 592.25 万元，占比为 7.62%；存货为 8 675 222.94 万元，占比为 70.08%，存货占比很高，它的质量决定了流动资产的质量，只有加强销售及存货管理，才能提高流动资产的整体质量水平；其他资产为 0.00 万元，占比为–0.01%；而上期上述指标分析别为 17.02%、0.00%、8.39%、74.58%、0.01%。具体指标如表 8-2 所示。

表 8-2　　　　　　　　　　　　　流 动 资 产 结 构 及 变 动 表

项目	2013 年 9 月（万元）	2014 年 9 月（万元）	变动率（%）	2013 年结构百分比（%）	2014 年结构百分比（%）
货币资金	1 994 241.78	2 761 461.61	38.47	17.02	22.31

项目	2013 年 9 月（万元）	2014 年 9 月（万元）	变动率（%）	2013 年结构百分比（%）	2014 年结构百分比（%）
交易性金融资产	0.00	0.00	0.00	0.00	0.00
应收票据	0.00	0.00	0.00	0.00	0.00
应收账款	77 767.00	50 152.32	−35.51	0.66	0.41
预付款项	536 469.26	473 385.47	−11.76	4.58	3.82
其他应收款	369 149.37	419 054.46	13.52	3.15	3.39
应收关联公司款	0.00	0.00	0.00	0.00	0.00
应收利息	0.00	0.00	0.00	0.00	0.00
应收股利	0.00	0.00	0.00	0.00	0.00
存货	8 737 557.35	8 675 222.94	−0.71	74.58	70.08
其中：消耗性生物资产	0.00	0.00	0.00	0.00	0.00
一年内到期的非流动资产	0.00	0.00	0.00	0.00	0.00
其他流动资产	0.00	0.00	0.00	0.00	0.00
流动资产合计	11 715 184.76	12 379 276.80	5.67	100.00	100.00
营业收入	2 254 191.30	2 954 383.85	31.06	—	—
流动资产周转率	0.21	0.25	19.05	—	—

　　WK 公司流动资产总额比上期增加 664 092.03 万元，增长率为 5.67%。流动资产总额增加的原因如下：货币性资产增加 767 219.83 万元，其他资产增加 0.00 万元，共计增加流动资产 767 219.83 万元；应收款项减少 40 793.39 万元，存货减少 62 334.41 万元，共计减少流动资产 103 127.79 万元。货币性资金大幅增加，增加的速度明显快于流动资产，货币性资金的比重上升，公司应付市场变化的能力很强，但存在资金闲置问题；应收款项减少，减少的速度慢于流动资产增加速度，应收款项的比重下降，货款回笼情况比上期增强；存货减少，减少的速度慢于流动资产增加速度，存货的比重下降，企业销售形势良好，存货管理取得良好效果。

　　综观流动资产变化可以看出：企业货币性资产增长幅度大于流动资产增长幅度，并且也大于其他类资产的增长幅度，说明企业应付市场变化能力得到增强。企业在流动资产增加的同时，销售收入也增加，并且增幅大于流动资产，流动资产经营质量较上期提高较多。

　　3. 固定资产结构与变动分析

　　固定资产总额为 125 605.71 万元，其中固定资产为 115 075.92 万元，占比为 91.62%，在建工程为 10 529.80 万元，占比为 8.38%，工程物资为 0.00 万元，占比为 0.00%，固定资产清理为 0.00 万元，占比为 0.00%；而上期上述指标分析别为 68.60%、31.40%、0.00%、0.00%。具体指标如表 8-3 所示。

表 8-3 固定资产结构及变动表

项目	2013 年 9 月（万元）	2014 年 9 月（万元）	变动率（%）	2013 年结构百分比（%）	2014 年结构百分比（%）
固定资产	64 356.58	115 075.92	78.81	68.60	91.62
在建工程	29 456.60	10 529.80	−64.25	31.40	8.38
工程物资	0.00	0.00	0.00	0.00	0.00
固定资产清理	0.00	0.00	0.00	0.00	0.00
固定资产总额	93 813.18	125 605.71	33.89	100.00	100.00
营业收入	2 254 191.30	2 954 383.85	31.06	—	—
固定资产周转率	5.02	5.14	2.39	—	—

WK 公司固定资产总额比上期增加 31 792.53 万元，增长 33.89%；固定资产总额增加的原因如下：固定资产增加 50 719.33 万元，共计增加固定资产 50 719.33 万元；在建工程减少 18 926.80 万元，共计减少固定资产 18 926.80 万元；从单项较上期相比较而言：固定资产大幅增加，增加 78.81%；在建工程大幅减少，减少 64.25%；工程物资基本上没有变化；固定资产清理基本上没有变化。

由此可见，企业固定资产总额较上期上升，并且营业收入较上期上升，固定资产周转率较上期上升，说明企业资产从量上、质上都好于上期，并且营业收入增长大于固定资产增长速度，固定资产利用情况比较良好。

4. 应收款项结构与变动分析

本期应收款项合计 942 592.25 万元，其中应收账款为 50 152.32 万元，占比为 5.32%，预付款项为 473 385.47 万元，占比为 50.22%，其他应收款为 419 054.46 万元，占比为 44.46%；而上期上述指标分别为 77 767.00 万元（占比 7.91%）、536 469.26 万元（占比 54.55%）、369 149.37 万元（占比 37.54%）（见表 8-4）。

表 8-4 应收款项结构及变化表

项目	2013 年 9 月（万元）	2014 年 9 月（万元）	变动率（%）	2013 年结构百分比（%）	2014 年结构百分比（%）
应收账款	77 767.00	50 152.32	−35.51	7.91	5.32
预付款项	536 469.26	473 385.47	−11.76	54.55	50.22
其他应收款	369 149.37	419 054.46	13.52	37.54	44.46
应收款项合计	983 385.63	942 592.25	−4.15	100.00	100.00
营业收入	2 254 191.30	2 954 383.85	31.06	—	—

从单项较上期相比较而言，应收账款大幅减少，减少 35.51%；预付款项大幅减少，减少 11.76%；其他应收款大幅增加，增加 13.52%。

通过分析可以看出：在应收款项占比中，其他应收款为 50.22%，占比过大，有可能存在上级单位占用款问题或调节利润的问题；应收账款的变动幅度与营业收入变动基本相符，与销售收入变化基本协调。

5. 存货变动分析

在存货搭配分析中，可以看出存货为 8 675 222.94 万元，营业成本为 2 061 899.60 万元；而上期上述指标分别为 8 737 557.35 万元、1 341 615.95 万元。

从单项较上期相比较而言，存货有所减少，减少 0.71%；营业成本大幅增加，增加 53.69%（见表 8-5）。

表 8-5 　　　　　　　　　　　　　　　　存 货 变 化 表

项目	2013 年 9 月（万元）	2014 年 9 月（万元）	变动率（%）
存货	8 737 557.35	8 675 222.94	−0.71
营业成本	1 341 615.95	2 061 899.60	53.69
毛利率	0.40	0.30	−25.00
存货周转率	0.17	0.24	41.18

通过毛利率及存货周转率的变化分析，可以看出企业毛利率的下降，促进了存货的加速周转，说明市场上的同类产品已经处于相对的过剩状态，降价是可以带动市场购买者的购买欲望的。企业可以充分利用当前的时机，进一步巩固已取得的成绩。另外，通过存货的搭配分析可以看出：企业存货的变化与营业成本变化协调。

6. 长期投资结构与变动分析

企业投资总额为 284 510.12 万元，其中长期应收款为 12 997.70 万元，占比为 4.57%；固定资产为 248 552.66 万元，占比为 87.36%；在建工程为 22 959.76 万元，占比为 8.07%；

从单项较上期相比较而言，交易性金融资产基本上没有变化；一年内到期的非流动资产基本上没有变化；长期应收款大幅减少，减少 66.09%；长期股权投资基本上没有变化；投资性房地产基本上没有变化；固定资产大幅增加，增加 40.57%；在建工程大幅增加，增加 37.08%（见表 8-6）。

表 8-6 　　　　　　　　　　　　　　　　投 资 结 构 及 变 动 表

项目	2013 年 9 月（万元）	2014 年 9 月（万元）	变动率（%）	2013 年结构百分比（%）	2014 年结构百分比（%）
交易性金融资产	0.00	0.00	0.00	0.00	0.00
一年内到期的非流动资产	0.00	0.00	0.00	0.00	0.00
长期应收款	38 330.29	12 997.70	−66.09	16.53	4.57
长期股权投资	0.00	0.00	0.00	0.00	0.00
投资性房地产	0.00	0.00	0.00	0.00	0.00
固定资产	176 816.20	248 552.66	40.57	76.25	87.36
在建工程	16 748.70	22 959.76	37.08	7.22	8.07
长期投资合计	231 895.19	284 510.12	22.69	100.00	100.00
投资收益	6 814.16	31 424.21	361.16	—	—

投资总额比上期增加 52 614.93 万元，增长率为 22.69%。投资总额增加的原因如下：固

定资产增加 71 736.46 万元，在建工程增加 6211.05 万元，共计增加投资 77 947.52 万元；长期应收款减少 25 332.59 万元，共计减少投资 25 332.59 万元。企业投资以权益性投资为主，应关注投资项目的获利能力和持续发展能力，本期投资收益上升，权益投资能力增强。

7. 资本结构分析与变动分析

企业本期资本总额为 12 950 250.92 万元，其中流动负债为 6 286 522.65 万元，占比为 48.54%；非流动性负债为 2 427 313.29 万元，占比为 18.74%；所有者权益为 4 236 414.97 万元，占比为 32.71%；长期资本为 17 186 665.89 万元，占比为 51.46%；经营性负债水平比较高，日常经营生产活动重要性比较强，风险比较大。上期上述指标分别为 55.95%、13.71%、30.34%（见表 8-7）。

表 8-7 资 本 结 构 及 变 动 表

项目	2013 年 9 月（万元）	2014 年 9 月（万元）	变动率（%）	2013 年结构百分比（%）	2014 年结构百分比（%）
流动负债	6 796 103.04	6 286 522.65	−7.50	55.95	48.54
非流动负债	1 665 259.46	2 427 313.29	45.76	13.71	18.74
所有者权益	3 685 165.30	4 236 414.97	14.96	30.34	32.71
负债和所有者权益总计	12 146 527.80	12 950 250.92	6.62	100.00	100.00

资本总额比上期增加 803 723.11 万元，增长率为 9.77%。资本总额增加的原因如下：非流动性负债增加 762 053.84 万元，所有者权益增加 551 249.67 万元，共计增加资本 1 313 303.50 万元；流动负债减少 509 580.39 万元，共计减少资本 509 580.39 万元。从单项较上期相比较而言，流动负债有所减少，减少 7.50%，非流动性负债大幅增加，增加 45.76%，所有者权益大幅增加，增加 14.96%。

由此可见，从企业资本整体来看，长期资本较上期增加，流动资本较上期减少，长期资本增加的速度快于流动资本减少的速度，资本总额增加，长期资本的比重增加，企业通过增资调整了资本构成的结构，资金风险比上期减弱，成本相比上升。

8. 流动负债结构与变动分析

本期流动负债总额为 6 286 522.65 万元。其中，营业环节负债为 4 514 552.09 万元，占比为 71.81%；筹资环节负债为 832 291.99 万元，占比为 13.24%；收益分配环节负债为 939 678.58 万元，占比为 14.95%。营业环节上的负债比重最大，表明公司的资金来源以营业性质为主，比较正常，运营成本比较低（见表 8-8）。

表 8-8 流动负债结构及变动表

项目	2013 年 9 月（万元）	2014 年 9 月（万元）	变动率（%）	2013 年结构百分比（%）	2014 年结构百分比（%）
短期借款	453 351.58	191 524.22	−57.75	6.67	3.05
交易性金融负债	626.87	0.00	−100.00	0.01	0.00
应付票据	0.00	0.00	0.00	0.00	0.00
应付账款	1 019 844.10	1 212 751.67	18.92	15.01	19.29
预收款项	3 107 980.47	3 456 873.98	11.23	45.73	54.99

续表

项目	2013 年 9 月（万元）	2014 年 9 月（万元）	变动率（%）	2013 年结构百分比（%）	2014 年结构百分比（%）
应付职工薪酬	14 511.49	38 649.02	166.33	0.21	0.61
应交税费	−187 539.48	−193 722.58	−3.30	−2.76	−3.08
应付利息	10 863.91	3592.78	−66.93	0.16	0.06
应付股利	0.00	0.00	0.00	0.00	0.00
其他应付款	1 122 837.05	936 085.79	−16.63	16.52	14.89
应付关联公司款	0.00	0.00	0.00	0.00	0.00
一年内到期的非流动负债	1 253 627.05	640 767.76	−48.89	18.45	10.19
其他流动负债	0.00	0.00	0.00	0.00	0.00
流动负债合计	6 796 103.04	6 286 522.65	−7.50	100.00	100.00

流动负债总额比上期减少 509 580.39 万元，下降率为 7.50%。流动负债总额减少的原因如下：应付账款增加 192 907.58 万元，预收款项增加 348 893.50 万元，应付职工薪酬增加 24 137.53 万元，共计增加流动负债 565 938.61 万元；短期借款减少 261 827.36 万元，交易性金融负债减少 626.87 万元，应交税费减少 6183.10 万元，应付利息减少 7271.13 万元，其他应付款减少 186 751.26 万元，一年内到期的非流动负债减少 612 859.28 万元，共计减少流动负债 1 075 519.00 万元。

综观流动负债变化可以看出：说明企业流动负债较上期下降，但营业性质负债增加，融资性负债下降，筹资风险下降，资金压力增大。

9. 长期资本结构与变动分析

本期长期资本总额为 6 553 122.54 万元。其中，长期借款为 1 765 639.87 万元，占比为 26.94%；应付债券为 578 715.79 万元，占比为 8.83%；实收资本为 1 099 521.02 万元，占比为 16.78%；资本公积为 849 696.81 万元，占比为 12.97%；盈余公积为 658 198.50 万元，占比为 10.04%；未分配利润为 859 210.97 万元，占比为 13.11%；少数股东权益为 742 139.58 万元，占比为 11.32%。上期上述指标分析别为 18.99%、11.03%、21.04%、14.93%、10.33%、10.74%、12.94%（见表 8-9）。

表 8-9　　　　　　　　　　　　　长期资本结构及变动表

项目	2013 年 09 月（万元）	2014 年 09 月（万元）	变动率（%）	2013 年结构百分比（%）	2014 年结构百分比（%）
长期借款	992 390.74	1 765 639.87	77.92	18.99	26.94
应付债券	576 174.67	578 715.79	0.44	11.03	8.83
长期应付款	0.00	0.00	0.00	0.00	0.00
专项应付款	0.00	0.00	0.00	0.00	0.00
实收资本	1 099 521.02	1 099 521.02	0.00	21.04	16.78
资本公积	780 299.49	849 696.81	8.89	14.93	12.97
盈余公积	539 547.02	658 198.50	21.99	10.33	10.04

项目	2013 年 09 月（万元）	2014 年 09 月（万元）	变动率（%）	2013 年结构百分比（%）	2014 年结构百分比（%）
未分配利润	561 245.27	859 210.97	53.09	10.74	13.11
少数股东权益	676 242.46	742 139.58	9.74	12.94	11.32
长期资本合计	5 225 420.67	6 553 122.54	25.41	100.00	100.00
净资产收益率	8.00%	8.00%	0.00	—	—
长期资产适合率	511.00%	428.00%	−16.24	—	—

长期资本总额比上期增加 1 327 701.88 万元，增长率为 25.41%。长期资本总额增加的原因如下：长期借款增加 773 249.13 万元，应付债券增加 2541.12 万元，资本公积增加 69 397.32 万元，盈余公积增加 118 651.48 万元，未分配利润增加 297 965.70 万元，少数股东权益增加 65 897.11 万元。

企业长期资本总额较上期上升，但是净资产收益率与上期持平，说明企业长期资本在量上好于上期，但在质上与上期相同，长期资本利用正常。另外，企业的长期资产的资金全部来自长期资本，但是比上期下降，采取了比较保守的资本组合方式。由于获利能力的增加，建议企业可继续以改变现在的资本组合，采取适当比较适中的组合方式，进一步增加获利能力。

二、利润表分析

1. 利润总额情况分析

2014 年 9 月，利润总额为 501 707.92 万元，较上期的 375 042.13 万元上升 33.77%；正常营业利润为 470 849.94 万元，占比为 93.85%；投资收益为 31 424.21 万元，占比为 6.26%；补贴收入为占比为 0.00%；营业外收入为 7514.60 万元，占比为 1.50%；营业外支出为 8080.84 万元，占比为 1.61%；影响利润总额的其他科目为占比为 0.00%。本期企业盈利主要靠自身的经营，利润的可靠性高，利润来源多样化，盈余质量好。上期上述指标分析别为 98.39%、1.82%、0.00%、1.23%、1.44%、0.00%（见表 8-10）。

表 8-10　　　　　　　　　　　利润总额结构及变动表

项目	2013 年 9 月（万元）	2014 年 9 月（万元）	变动率（%）	2013 年结构百分比（%）	2014 年结构百分比（%）
正常营业利润	369 018.88	470 849.94	27.60	98.39	93.85
投资收益	6814.16	31 424.21	361.16	1.82	6.26
补贴收入	0.00	0.00	0.00	0.00	0.00
营业外收入	4623.70	7514.60	62.52	1.23	1.50
营业外支出	5414.60	8080.84	49.24	1.44	1.61
影响利润总额的其他科目	0.00	0.00	0.00	0.00	0.00
利润总额	375 042.13	501 707.92	33.77	100.00	100.00

2. 营业利润情况分析

2014 年 9 月，营业利润为 502 274.16 万元，比上期增加 126 441.12 万元，增长 33.64%。营业利润总额增加的原因如下：营业收入增加 700 192.55 万元，投资收益增加 24 610.05 万元，营业税费减少 27 004.95 万元，销售费用减少 19 929.29 万元，管理费用减少 11 633.10 万元，资产减值损失减少 80 298.93 万元,共计增加营业利润 863 668.87 万元;公允价值变动净收益减少 1795.62 万元,营业成本增加 720 283.64 万元,财务费用增加 15 148.48 万元,共计减少营业利润 737 227.75 万元。本期营业收入上升,但销售毛利率下降,说明企业采取了降低产品的整体市场价格以换取增加市场份额做法,但是营业成本及税费没有得到相应控制,反而上升,最终导致销售毛利率下降(见表 8-11)。

表 8-11　　　　　　　　　　　营 业 利 润 变 动 表

项目	2013 年 9 月(万元)	2014 年 9 月(万元)	变动率(%)	2013 年结构百分比（%）	2014 年结构百分比（%）
营业收入	2 254 191.30	2 954 383.85	31.06	599.79	588.20
营业成本	1 341 615.95	2 061 899.60	53.69	356.97	410.51
营业税费	248 004.16	220 999.21	−10.89	65.99	44.00
销售费用	113 377.70	93 448.42	−17.58	30.17	18.61
管理费用	100 370.56	88 737.46	−11.59	26.71	17.67
财务费用	27 285.55	42 434.03	55.52	7.26	8.45
资产减值损失	56 483.61	−23 815.32	−142.16	15.03	−4.74
公允价值变动净收益	1 965.11	169.49	−91.38	0.52	0.03
投资收益	6814.16	31 424.21	361.16	1.81	6.26
影响营业利润的其他科目	0.00	0.00	0.00	0.00	0.00
营业利润	375 833.04	502 274.16	33.64	100.00	100.00
销售毛利	2 254 191.30	2 954 383.85	31.06	—	—
销售毛利率	40.00%	30.00%	−25.00		

企业营业利润较上期增加,营业利润增长幅度大于营业收入增长幅度,说明企业本期经营质量比较好,各项费用得到了较好的控制,营业收入的增长都转化为营业利润。

3. 收入构成情况分析

在收入构成中,收入总额为 5 461 902.56 万元,较上期增加 33.71%。其中,营业收入占比为 54.09%,投资收益占比为 0.58%,营业外收入占比为 0.14%,而上期上述指标分析别为 55.18%、0.17%、0.11%。从现金回笼情况来看,本期销售现金回笼小于 90%,销售工作非常不正常,有可能存在比较严重的虚盈实亏。本期企业经营债权增长幅度小于销售收入的增长幅度,说明企业的售货回款非常好,出现了供不应求的局面。

从单项较上期相比较而言,营业收入大幅增加,增加 31.06%;投资收益大幅增加,增加 361.16%;营业外收入大幅增加,增加 16.62%(见表 8-12)。

表 8-12　　　　　　　　　　　收 入 结 构 表

项目	2013 年 9 月(万元)	2014 年 9 月(万元)	变动率(%)	2013 年结构百分比（%）	2014 年结构百分比（%）
营业收入	2 254 191.30	2 954 383.85	31.06	55.18	54.09
公允价值变动净收益	1965.11	169.49	−91.38	0.05	0.00
投资收益	6814.16	31 424.21	361.16	0.17	0.58

项目	2013 年 9 月(万元)	2014 年 9 月(万元)	变动率（%）	2013 年结构百分比（%）	2014 年结构百分比（%）
影响营业利润的其他科目	0.00	0.00	0.00	0.00	0.00
补贴收入	0.00	0.00	0.00	0.00	0.00
营业外收入	4623.70	7514.60	62.52	0.11	0.14
影响利润总额的其他科目	0.00	0.00	0.00	0.00	0.00
收入总计	4 084 845.22	5 461 902.56	33.71	100.00	100.00

综观收入结构变化可以看出：企业收入来源主要以营业收入为主，经营正常。但投资收益增长速度超过营业收入增长速度，值得引起关注。

4. 成本费用结构分析

成本费用总额为 5 438 087.24 万元，较上期增加 31.31%。其中，营业成本及税费为 2 282 898.81 万元，占比为 41.98%；经营管理成本为 224 619.91 万元，占比为 4.13%；营业外支出及资产损失为−15 734.48 万元，占比为−0.29%；所得税为 134 709.72 万元，占比为 2.48%。上期上述指标分析别为 38.39%、5.82%、1.49%、2.70%。

从单项较上期相比较而言，营业成本及税费大幅增加，增加 43.61%；经营管理成本有所下降，下降 6.81%；营业外支出及资产损失大幅下降，下降 125.42%；所得税大幅增加，增加 20.70%（见表 8-13）。

表 8-13　　　　　　　　　　　　　成 本 结 构 及 变 动 表

项目	2013 年 9 月(万元)	2014 年 9 月(万元)	变动率（%）	2013 年结构百分比（%）	2014 年结构百分比（%）
营业成本	1 341 615.95	2 061 899.60	53.69	32.40	37.92
营业税金及附加	248 004.16	220 999.21	−10.89	5.99	4.06
销售费用	113 377.70	93 448.42	−17.58	2.74	1.72
管理费用	100 370.56	88 737.46	−11.59	2.42	1.63
财务费用	27 285.55	42 434.03	55.52	0.66	0.78
资产减值损失	56 483.61	−23 815.32	−142.16	1.36	−0.44
营业外支出	5414.60	8080.84	49.24	0.13	0.15
所得税	111 610.09	134 709.72	20.70	2.70	2.48
成本费用总计	4 141 328.83	5 438 087.24	31.31	100.00	100.00

成本费用总额比上期增加 1 296 758.40 万元，增长率为 31.31%；成本费用总额增加的原因如下：营业成本增加 720 283.64 万元，财务费用增加 15 148.48 万元，营业外支出增加 2 666.24 万元，所得税增加 23 099.63 万元，共计增加成本费用 761 197.99 万元；营业税金及附加减少 27 004.95 万元，销售费用减少 19 929.29 万元，管理费用减少 11 633.10 万元，资产减值损失减少 80 298.93 万元，共计减少成本费用 138 866.27 万元。企业支出主要以营业支出及税金为主，支出结构正常。本期固定成本占比为 0.00%，上期为 0.00%，与上期持平。

5. 营业成本分析

营业成本为 2 061 899.60 万元，较上期增加 53.69%，大幅增加，增加 53.69%；主营业务税金及附加为 220 999.21 万元，大幅减少，减少 10.89%；营业收入为 2 954 383.85 万元；本期销售成本率为 69.79%，上期为 59.52%（见表 8-14）。

表 8-14　　　　　　　　　　　营业成本结构及变动表

项目	2013 年 9 月（万元）	2014 年 9 月（万元）	变动率(%)	2013 年结构百分比(%)	2014 年结构百分比(%)
营业收入	2 254 191.30	2 954 383.85	31.06	100.00	100.00
营业成本	1 341 615.95	2 061 899.60	53.69	59.52	69.79
营业税金及附加	248 004.16	220 999.21	−10.89	11.00	7.48

从现金支出情况来看：本期采购现金支出率大于 110%，采购工作不正常，采购现金支出比较多。公司营业成本增加，营业收入增加，营业成本增长速度超过营业收入，企业内部成本控制能力下降，主营获利能力减弱。

6. 期间费用分析

销售费用为 93 448.42 万元，较上期大幅减少，减少 17.58%。管理费用为 88 737.46 万元，较上期大幅减少，减少 11.59%。财务费用为 42 434.03 万元，较上期大幅增加，增加 55.52%。营业利润为 502 274.16 万元，较上期增加 33.64%，大幅增加，增加 33.64%。公司销售费用下降，营业利润上升，销售费用取得很好的效果，企业的销售活动取得了明显的市场效果。公司管理费用下降，营业利润上升，企业内部管理成本控制能力上升。公司财务费用增加，营业利润增加，财务费用增长速度超过营业利润，企业筹资运用控制能力下降，主营获利能力减弱（见表 8-15）。

表 8-15　　　　　　　　　　　期间费用结构及变动表

项目	2013 年 9 月（万元）	2014 年 9 月（万元）	变动率(%)	2013 年结构百分比(%)	2014 年结构百分比(%)
销售费用	113 377.70	93 448.42	−17.58	30.17	18.61
管理费用	100 370.56	88 737.46	−11.59	26.71	17.67
财务费用	27 285.55	42 434.03	55.52	7.26	8.45
营业利润	375 833.04	502 274.16	33.64	100.00	100.00

7. 经营风险分析

在经营费用项目分析中，可以看出销售费用为 93 448.42 万元，占比为 41.60%；管理费用为 88 737.46 万元，占比为 39.51%；财务费用为 42 434.03 万元，占比为 18.89%。上期上述指标：销售费用为 113 377.70 万元，占比为 47.04%；管理费用为 100 370.56 万元，占比 41.64%；财务费用为 27 285.55 万元，占比 11.32%。

从单项较上期相比较而言，销售费用大幅减少，减少 17.58%；管理费用大幅减少，减少 11.59%；财务费用大幅增加，增加 55.52%（见表 8-16）。

表 8-16   经 营 费 用 变 化 表

项目	2013 年 9 月（万元）	2014 年 9 月（万元）	变动率（%）	2013 年结构百分比（%）	2014 年结构百分比（%）
销售费用	113 377.70	93 448.42	−17.58	47.04	41.60
管理费用	100 370.56	88 737.46	−11.59	41.64	39.51
财务费用	27 285.55	42 434.03	55.52	11.32	18.89
费用合计	241 033.81	224 619.90	−6.81	100.00	100.00
营业收入	2 254 191.30	2 954 383.85	31.06	—	—
经营平衡收入	602 584.52	748 733.01	24.25	—	—

综观本期经营费用的变化可以看出，销售费用下降，营业收入增长，企业在控制销售费用的支出上取得很好的效果；管理费用下降，营业收入增长，企业在控制管理费用的支出上取得很好的效果；财务费用的增长幅度大于营业收入的增长幅度，财务费用增长过快，企业应控制财务费用的支出。

本期企业的经营平衡收入为 748 733.01 万元，比上期增加 24.25%；如果本年企业营业收入低于此，将会亏损。经营安全率为 294.58%，只要企业销售下降不低于 2 205 650.84 万元，自身经营还会有盈利。经营安全水平非常安全，具有很强的抵抗销售下降的打击。

三、现金流量表分析

1. 现金流量表整体分析

2014 年 9 月，现金净流量为 763 621.39 万元，比上期增加 159.58%。其中：现金收入总计 6 176 370.68 万元，比上期增加 14.71%；现金支出总计 5 412 749.28 万元，比上期增加 6.34%；本期经营活动净现金流量是 1 124 120.93 万元，投资活动净现金流量是−27 161.76 万元，筹资活动净现金流量是−333 337.77 万元；现金净流量以经营活动净流量为主。

在现金流入构成中，经营现金流入占比为 69.87%，投资现金流入占比为 0.95%，融资现金流入占比为 29.18%；上期上述指标分别为 62.49%、1.95%、35.55%。

在现金流出构成中，经营现金流出占比为 58.96%，投资现金流出占比为 1.58%，融资现金流出占比为 39.46%；上期上述指标分别为 70.01%、6.25%、23.73%。

从单项较上期相比较而言，经营现金流入为 4 315 487.03 万元，大幅增加，增加 28.26%；现金流出 3 191 366.10 万元，大幅减少，减少 10.45%；经营活动现金净流量为 1 124 120.93 万元；投资现金流入 58 468.11 万元，大幅减少，减少 44.41%；现金流出 85 629.87 万元，大幅减少，减少 73.09%；投资活动现金净流量为−27 161.76 万元。筹资现金流入 1 802 415.54 万元，有所减少，减少 5.84%；现金流出 2 135 753.31 万元，大幅增加，增加 76.79%；融资活动现金净流量为−333 337.77 万元（见表 8-17）。

表 8-17   现 金 流 量 结 构 表

项目	2013 年 9 月（万元）	2014 年 9 月（万元）	变动率（%）	2013 年结构百分比（%）	2014 年结构百分比（%）
经营活动现金流入	3 364 753.51	4 315 487.03	28.26	62.49	69.87
经营活动现金流出	3 563 667.51	3 191 366.10	−10.45	70.01	58.96

续表

项目	2013 年 9 月（万元）	2014 年 9 月（万元）	变动率（%）	2013 年结构百分比（%）	2014 年结构百分比（%）
投资活动现金流入	105 176.84	58 468.11	−44.41	1.95	0.95
投资活动现金流出	318 219.17	85 629.87	−73.09	6.25	1.58
筹资活动现金流入	1 914 205.47	1 802 415.54	−5.84	35.55	29.18
筹资活动现金流出	1 208 069.37	2 135 753.31	76.79	23.73	39.46
现金流入总计	5 384 135.82	6 176 370.68	14.71	100.00	100.00
现金流出总计	5 089 956.05	5 412 749.28	6.34	100.00	100.00
现金净流量	294 179.77	763 621.39			

由此可见，从总体上可以看企业经营状况虽然良好，但企业一方面在偿还以前的债务，另一方面要继续投资，所以应随时关注经营状况的变化，防止财务状况恶化。现金收入增长速度大于现金支出速度，将会增加企业的现金净流量。

2. 现金流入结构分析

本期实现现金流入总额为 6 176 370.68 万元，其中：企业通过销售商品、提供劳务收到的现金 4 135 569.42 万元，是企业本期主要的现金流入来源，约占本期流入总额的 66.96%；取得借款收到的现金 1 786 692.04 万元，对企业本期现金流入影响比较大，约占本期流入总额的 28.93%；本期现金流入次序为以经营活动为主，筹资活动流入其次，投资活动流入最末，比较正常（见表 8-18）。

表 8-18   现 金 流 入 结 构 表

项目	2013 年 9 月（万元）	2014 年 9 月（万元）	变动率（%）	2013 年结构百分比（%）	2014 年结构百分比（%）
销售商品、提供劳务收到的现金	3 199 162.41	4 135 569.42	29.27	59.42	66.96
收到的税费返还	0.00	0.00	0.00	0.00	0.00
收到其他与经营活动有关的现金	165 591.10	179 917.61	8.65	3.08	2.91
收回投资收到的现金	84 404.98	9 047.72	−89.28	1.57	0.15
取得投资收益收到的现金	3412.01	22 876.31	570.46	0.06	0.37
处置固定资产、无形资产和其他长期资产收回的现金净额	405.63	8880.30	2089.25	0.01	0.14
处置子公司及其他营业单位收到的现金净额	0.00	440.03	0.00	0.00	0.01
收到其他与投资活动有关的现金	16 954.22	17 223.75	1.59	0.31	0.28
吸收投资收到的现金	47 225.74	15 723.50	−66.71	0.88	0.25
取得借款收到的现金	1 281 450.01	1 786 692.04	39.43	23.80	28.93

项目	2013 年 9 月（万元）	2014 年 9 月（万元）	变动率（%）	2013 年结构百分比（%）	2014 年结构百分比（%）
收到其他与筹资活动有关的现金	585 529.72	0.00	−100.00	10.88	0.00
现金流入总计	5 384 135.82	6 176 370.68	14.71	100.00	100.00

在经营活动现金收入中，销售商品、提供劳务收到的现金占 95.83%，收到的税费返还占 0.00%，收到其他与经营活动有关的现金占 4.17%，企业经营活动现金流入正常（见表 8-19）。

表 8-19　　　　　　　　　　　　　经营活动现金流入结构表

项目	2013 年 9 月（万元）	2014 年 9 月（万元）	变动率（%）	2013 年结构百分比（%）	2014 年结构百分比（%）
销售商品、提供劳务收到的现金	3 199 162.41	4 135 569.42	29.27	95.08	95.83
收到的税费返还	0.00	0.00	0.00	0.00	0.00
收到其他与经营活动有关的现金	165 591.10	179 917.61	8.65	4.92	4.17
经营活动现金流入小计	3 364 753.51	4 315 487.03	28.26	100.00	100.00

在投资活动现金收入中，收回投资收到的现金、处置固定资产、无形资产和其他长期资产收回的现金净额、处置子公司及其他营业单位收到的现金净额共占 30.66%；取得投资收益收到的现金带来的流入占 39.13%，企业投资带来的现金流入主要是投资获利（见表 8-20）。

表 8-20　　　　　　　　　　　　　投资活动现金流入结构表

项目	2013 年 9 月（万元）	2014 年 9 月（万元）	变动率（%）	2013 年结构百分比（%）	2014 年结构百分比（%）
收回投资收到的现金	84 404.98	9047.72	−89.28	80.25	15.47
取得投资收益收到的现金	3412.01	22 876.31	570.46	3.24	39.13
处置固定资产、无形资产和其他长期资产收回的现金净额	405.63	8880.30	2089.25	0.39	15.19
处置子公司及其他营业单位收到的现金净额	0.00	440.03	0.00	0.00	0.75
收到其他与投资活动有关的现金	16 954.22	17 223.75	1.59	16.12	29.46
投资活动现金流入小计	105 176.84	58 468.11	−44.41	100.00	100.00

在筹资活动现金收入中，吸收投资收到的现金占 0.87%，取得借款收到的现金占 99.13%，收到其他与筹资活动有关的现金占 0.00%，企业主要通过借款和吸收权益资金（见表 8-21）。

表 8-21　　　　　　　　　　　**筹资活动现金流入结构表**

项目	2013 年 9 月（万元）	2014 年 9 月（万元）	变动率（%）	2013 年结构百分比（%）	2014 年结构百分比（%）
吸收投资收到的现金	47 225.74	15 723.50	−66.71	2.47	0.87
取得借款收到的现金	1 281 450.01	1 786 692.04	39.43	66.94	99.13
收到其他与筹资活动有关的现金	585 529.72	0.00	−100.00	30.59	0.00
筹资活动现金流入小计	1 914 205.47	1 802 415.54	−5.84	100.00	100.00

3. 现金支出结构分析

本期现金支出总额为 5 412 749.28 万元，其中：企业通过购买商品、接受劳务支付的现金 2 146 672.07 万元，对企业本期现金支出影响比较大，约占本期支出总额的 39.66%；支付的各项税费 539 100.74 万元，对企业本期现金支出有一定的影响，约占本期支出总额的 9.96%；支付其他与经营活动有关的现金 418 762.40 万元，对企业本期现金支出有一定的影响，约占本期支出总额的 7.74%；偿还债务支付的现金 1 882 275.88 万元，对企业本期现金支出影响比较大，约占本期支出总额的 34.77%；分配股利、利润或偿付利息支付的现金 253 477.43 万元，对企业本期现金支出有一定的影响，约占本期支出总额的 4.68%。本期现金支出次序为以经营活动为主，筹资活动支出其次，投资活动支出最末，比较正常（见表 8-22）。

表 8-22　　　　　　　　　　　**现 金 流 出 结 构 表**

项目	2013 年 9 月（万元）	2014 年 9 月（万元）	变动率（%）	2013 年结构百分比（%）	2014 年结构百分比（%）
购买商品、接受劳务支付的现金	2 316 391.03	2 146 672.07	−7.33	45.51	39.66
支付给职工以及为职工支付的现金	193 151.88	86 830.90	−55.05	3.79	1.60
支付的各项税费	639 348.32	539 100.74	−15.68	12.56	9.96
支付其他与经营活动有关的现金	414 776.28	418 762.40	0.96	8.15	7.74
购建固定资产、无形资产和其他长期资产支付的现金	18 435.90	8 447.52	−54.18	0.36	0.16
投资支付的现金	25 129.45	20 280.63	−19.30	0.49	0.37
取得子公司及其他营业单位支付的现金净额	274 653.82	56 901.72	−79.28	5.40	1.05
支付其他与投资活动有关的现金	0.00	0.00	0.00	0.00	0.00
偿还债务支付的现金	969 765.13	1 882 275.88	94.10	19.05	34.77
分配股利、利润或偿付利息支付的现金	238 304.24	253 477.43	6.37	4.68	4.68
支付其他与筹资活动有关的现金	0.00	0.00	0.00	0.00	0.00
现金流出总计	5 089 956.05	5 412 749.28	6.34	100.00	100.00

在经营活动现金支出中，购买商品、接受劳务支付的现金占 67.26%，支付给职工以及为职工支付的现金占 2.72%，支付的各项税费占 16.89%，支付其他与经营活动有关的现金占 13.12%，企业经营活动现金支出正常（见表 8-23）。

表 8-23　　　　　　　　　　　　经营活动现金流出结构表

项目	2013 年 9 月（万元）	2014 年 9 月（万元）	变动率（%）	2013 年结构百分比（%）	2014 年结构百分比（%）
购买商品、接受劳务支付的现金	2 316 391.03	2 146 672.07	−7.33	65.00	67.26
支付给职工以及为职工支付的现金	193 151.88	86 830.90	−55.05	5.42	2.72
支付的各项税费	639 348.32	539 100.74	−15.68	17.94	16.89
支付其他与经营活动有关的现金	414 776.28	418 762.40	0.96	11.64	13.12
经营活动现金流出小计	3 563 667.51	3 191 366.10	−10.45	100.00	100.00

在投资活动现金支出中，购建固定资产、无形资产和其他长期资产支付的现金占 9.87%，投资支付的现金占 23.68%，取得子公司及其他营业单位支付的现金净额占 66.45%，企业投资活动的现金支出主要是外部投资（见表 8-24）。

表 8-24　　　　　　　　　　　　投资活动现金流出结构表

项目	2013 年 9 月（万元）	2014 年 9 月（万元）	变动率（%）	2013 年结构百分比（%）	2014 年结构百分比（%）
购建固定资产、无形资产和其他长期资产支付的现金	18 435.90	8447.52	−54.18	5.79	9.87
投资支付的现金	25 129.45	20 280.63	−19.30	7.90	23.68
取得子公司及其他营业单位支付的现金净额	274 653.82	56 901.72	−79.28	86.31	66.45
支付其他与投资活动有关的现金	0.00	0.00	0.00	0.00	0.00
投资活动现金流出小计	318 219.17	85 629.87	−73.09	100.00	100.00

在筹资活动现金支出中，偿还债务支付的现金占 88.13%，分配股利、利润或偿付利息支付的现金占 11.87%（见表 8-25）。

表 8-25　　　　　　　　　　　　筹资活动现金流出结构表

项目	2013 年 9 月（万元）	2014 年 9 月（万元）	变动率（%）	2013 年结构百分比（%）	2014 年结构百分比（%）
偿还债务支付的现金	969 765.13	1 882 275.88	94.10	80.27	88.13
分配股利、利润或偿付利息支付的现金	238 304.24	253 477.43	6.37	19.73	11.87
支付其他与筹资活动有关的现金	0.00	0.00	0.00	0.00	0.00
筹资活动现金流出小计	1 208 069.37	2 135 753.31	76.79	100.00	100.00

4. 现金流入流出比分析

经营活动现金流入流出比为 1.35，说明企业 1 元的经营现金支出可以带来 1.35 元的流入，现金净流入 1 124 120.93 万元，经营活动产生现金效率非常高；投资活动现金流入流出比为 0.68，现金净支出 27 161.76 万元，说明企业正处于扩张期，投资项目比较多；筹资活动现金流入流出比为 0.84，说明还款明显大于借款，现金净支出 333 337.77 万元，借新还旧现象比较严重，并且使用经营活动产生现金归还，能保证归还借款，没有资金危机。

四、财务指标分析

1. 财务效益状况分析

2014 年 9 月，在财务效益指标中，销售净利率为 10.00%，销售毛利率为 30.00%，成本费用利润率为 22.00%，资产利润率为 2.00%，净资产收益率为 8.00%；上期上述指标分别为 10.00%、40.00%、24.00%、2.00%、8.00%。

从单项较上期相比较而言，销售净利率基本上没有变化；销售毛利率大幅减少，减少 25.00%；成本费用利润率有所减少，减少 8.33%；资产利润率基本上没有变化；净资产收益率基本上没有变化（见表 8-26）。

表 8-26　　　　　　　　　　　　　　财务效益指标表

项目	2013 年 9 月（%）	2014 年 9 月（%）	变动率（%）
销售净利率	10.00	10.00	0.00
销售毛利率	40.00	30.00	−25.00
成本费用利润率	24.00	22.00	−8.33
总资产净利润率	2.00	2.00	0.00
净资产收益率	8.00	8.00	0.00

由此可见，本期成本费用控制能力较上期减弱，说明经营管理水平不如上期；本期资产获利能力与上期相同，说明企业在资产利用效果方面并没有多大变化；本期净资产获利能力与上期相同，说明企业的管理效率及获利能力较上期并没有变化。

2. 资产运营状况分析

2014 年 9 月，在资产运营指标中，可以看出应收账款周转天数为 8.80 天，存货周转天数为 1520.83 天，营业周期为 1529.63 天，资产周转率为 0.24；上期上述指标分别为 13.30 天、2147.06 天、2160.36 天、0.20。

从单项较上期相比较而言，应收账款周转天数大幅减少，减少 33.84%；存货周转天数大幅减少，减少 29.17%，；营业周期大幅减少，减少 29.20%；资产周转率大幅增加，增加 20.00%（见表 8-27）。

表 8-27　　　　　　　　　　　　　　资产运营指标表

项目	2013 年 9 月	2014 年 9 月	变动率（%）
应收账款周转率	27.45	41.49	51.15
应收账款周转天数	13.30	8.80	−33.84
存货周转率	0.17	0.24	41.18
存货周转天数	2147.06	1520.83	−29.17

项目	2013 年 9 月	2014 年 09 月	变动率（%）
流动资产周转率	0.21	0.25	19.05
总资产周转率	0.20	0.24	20.00

由此可见，应收账款周转天数及存货周转天数较上期都下降，企业营业周期也下降，说明企业销售能力增强并且加大了应收账款的回收力度，本期资产周转率较上期增加，说明企业资产经营能力较上期有所增强，资产效率提高。

3. 偿债能力状况分析

2014 年 9 月，在偿债能力指标中，可以看出营运资本为 6 092 754.14 万元，流动比率为 1.97，速动比率为 0.59，现金流动负债比率为 0.44，资产负债率为 25%，已获利息倍数为 0，净资产收益率为 8%；上期上述指标分别为 4 919 081.72 万元、1.72、0.44、0.29、21%、0、8%。

从单项较上期相比较而言，营运资本大幅增加，增加 23.86%；流动比率大幅增加，增加 14.53%；速动比率大幅增加，增加 34.09%；现金流动负债比率大幅增加，增加 51.72%；资产负债率大幅增加，增加 19.05%；已获利息倍数和净资产收益率基本上没有变化（见表 8-28）。

表 8-28 　　　　　　　　　　　　　　　　偿 债 能 力 指 标 表

项目	2013 年 9 月	2014 年 9 月	变动率（%）
流动比率	1.72	1.97	14.53
速动比率	0.44	0.59	34.09
现金流动负债比率	0.29	0.44	51.72
营运资本（万元）	4 919 081.72	6 092 754.14	23.86
资产负债率（%）	21.00	25.00	19.05
已获利息倍数（%）	0.00	0.00	0.00
净资产收益率（%）	8.00	8.00	0.00

由此可见，本期企业的流动比率、速率比率较上期都上升，说明企业短期偿债能力增加，本期营运资本较上期增加，说明企业利用长期债务融资的流动性资产增多，偿还短期债务的能力增加，本期资产负债率、净资产利润率都较上期增加，说明企业资产获利能力较上期有所增强，资产经营效率提高，偿债能力增强，但应关注资产经营效率。

4. 发展能力状况分析

2014 年 9 月，在发展能力指标中，可以看出营运资本为 8 713 835.95 万元，可用资本为 -570 974.12 万元，销售收入增长率为 31.00%，净资产增长率为 16.00%，净利润增长率为 30.00%；上期上述指标分别为 8 461 362.50 万元、-431 343.04 万元、59.00%、15.00%、19.00%。

从单项较上期相比较而言，营运资本有所增加，增加 2.98%；可用资本大幅减少，减少 32.37%；销售收入增长率大幅减少，减少 47.46%；净资产增长率有所增加，增加 6.67%；净利润增长率大幅增加，增加 57.89%（见表 8-29）。

表 8-29 发 展 能 力 指 标 表

项目	2013 年 9 月	2014 年 9 月	变动率（%）
营运资本（万元）	8 461 362.50	8 713 835.95	2.98
可用资本（万元）	−431 343.04	−570 974.12	−32.37
销售收入增长率	0.59	0.31	−47.46
净资产增长率	0.15	0.16	6.67
净利润增长率	0.19	0.30	57.89

由此可见，本期企业的营运资本、销售额增长率较上期都上升，并且净利润较上期增加，说明企业资金能力比较充足，并且销售能力增加，较上期有较强的发展能力。另外，企业净资产增长率低于销售增长率，说明自身没有能力维持企业发展所需资金，需要对外筹措资金来保险发展需要的资金，发展过程的风险较大。

5. 现金能力状况分析

2014 年 9 月，在现金能力指标中，可以看出销售现金比率为 0.38，每股营业现金净流量为 1.02，全部资产现金回收率为 0.09，净利润现金含量为 9.34，现金债务总额比为 0.13，营运指数为 2.24；上期上述指标分别为−0.09、−0.18、−0.02、8.76、0、−0.53。

从单项较上期相比较而言，销售现金比率大幅增加，增加 522.22%，每股营业现金净流量大幅增加，增加 666.67%，全部资产现金回收率大幅增加，增加 550.00%，净利润现金含量有所增加，增加 6.62%，现金债务总额比基本上没有变化，营运指数大幅增加，增加 522.64%（见表 8-30）。

表 8-30 现 金 能 力 指 标 表

项目	2013 年 9 月	2014 年 9 月	变动率（%）
销售现金比率	−0.09	0.38	522.22
每股营业现金净流量	−0.18	1.02	666.67
全部资产现金回收率	−0.02	0.09	550.00
净利润现金含量	8.76	9.34	6.62
现金债务总额比	0.00	0.13	0.00
营运指数	−0.53	2.24	522.64

由此可见，本期销售得到的现金流入相对量较上期增加，企业获取现金能力增加，将账面收益转化为实实在在的现金流量；本期每股派现能力较上期增加，每股派息不能大于 1.0200 元；本期资金产生现金能力较上期增强，企业将全部资产以现金形式收回的能力上升；本期资金产生现金能力较上期增强，企业将全部资产以现金形式收回的能力上升；企业偿还债务总额的能力较上期大幅增加，增加 550.00%；本期现金收益质量较上期好，全部经营收益已实现并已收到现金。

五、特殊指标分析

1. Z 计分模型分析

在财务困境预测指标中，可以看出 Z 计分模型值为 1.37；上期上述指标为 1.28。从模型值较上期相比较而言，Z 计分模型值有所增加，增加 7.03%（见表 8-31）。

表 8-31 　　　　　　　　　　　　　　　财务困境相关指标表

项目	2013 年 9 月	2014 年 9 月	变动率（%）
营运资金/总资产	0.41	0.45	9.76
留存收益/总资产	0.10	0.12	20.00
税息前利润/总资产	0.04	0.04	0.00
股东权益/负债总额	1.48	1.51	2.03
销售收入/总资产	0.16	0.18	12.50
Z 计分模型计分	1.28	1.37	7.03

由此可见，WK 公司今年 Z 计分的值大于 1.2，但小于 2.9，说明公司经营状况今年大有好转，经营还有一定的财务危机。

2. 财务危机预警判别分析

财务危机预警分析判别模型值为 0.36，经营安全度为−28.00%；上期值为 0.34，有所增加，增加 5.88%（见表 8-32）。

表 8-32 　　　　　　　　　　　财务危机预警分析判别模型指标表

项目	2013 年 9 月	2014 年 9 月	变动率（%）
资产负债率	0.68	0.66	−2.94
营运资金与资产比率	0.41	0.45	9.76
总资产利润率	0.02	0.02	0.00
留存收益与总资产比率	0.10	0.12	20.00
预警分析判别模型计分	0.34	0.36	5.88

由此可见，公司连续两期财务危机预警分析判别模型计分的值小于 0.5，说明公司经营出现了严重的财务危机，本期有所改善，但并没有彻底扭转财务危机的经营状况。

3. 资金链情况分析

在资金链分析中，可以看出资金链状态为 2 473 558.24 万元，较上期大幅增加，增加 147.47%；营运资金为 5 617 016.35 万元，较上期大幅增加，增加 22.74%；营运资金需求为 3 143 458.11 万元，较上期大幅减少，减少 12.11%；上期上述指标分析别为 999 525.53 万元、4 576 213.29 万元、3 576 687.76 万元（见表 8-33）。

表 8-33 　　　　　　　　　　　　　　　资 金 链 指 标 表

项目	2013 年 9 月	2014 年 9 月	变动率（%）
资金链状态	999 525.53	2 473 558.24	147.47
营运资金	4 576 213.29	5 617 016.35	22.74
营运资金需求	3 576 687.76	3 143 458.11	−12.11

本期公司的长期性资本（长期负债+所有者权益）提供了 6 663 728.26 万元的资金，而公司的长期性资产（长期投资+固定资产+无形资产及其他资产）占用了 570 974.12 万元，长期

性资本解决了长期性资产的资金需要，并同时提供了 5 617 016.35 万元来满足流动资产占有资金的需要，由于本期营运资金需求为 3 143 458.11 万元，所以提供的给流动资产的这部分资金满足了营运资金的需求，并且使公司有 2 473 558.24 万元的现金支付能力。

六、思考

（1）该公司的资产结构与资本结构的匹配度如何？

（2）什么是 Z 计分模型？其在财务报表分析中的作用是什么？

（3）Z 计分模型在本案例中是如何运用的？

案例二　财务报表分析之趋势分析——以食品企业 YL 公司为例

一、公司基本情况及行业分析

1. 公司简介

YL 公司成立于 1993 年，是国家 520 家重点工业企业和国家有关部门首批确定的全国 151 家农业产业化龙头企业之一。

2. 公司主营业务

YL 公司主营业务包括乳制品（含婴幼儿配方乳粉）制造；食品、饮料加工；农畜产品及饲料加工，牲畜、家禽饲养。经销食品、饮料加工设备、生产销售包装材料及包装用品、五金工具、化工产品（专营除外）、农副产品，汽车货物运输，日用百货，饮食服务（仅限集体食堂）；本企业产的乳制品、食品、畜禽产品、饮料、饲料。进口本企业生产、科研所需的原辅材料，机械设备，仪器仪表及零配件，乳制品及乳品原料；经营本企业自产产品及相关技术的出口业务。机器设备修理劳务（除专营）和设备备件销售（除专营）业务；预包装食品的销售；玩具的生产与销售；复配食品添加剂的制造和销售。

3. 财务报表分析数据来源

表 8-34～表 8-36 分别为 YL 公司资产负债表、利润表和现金流量表。

表 8-34

资 产 负 债 表

报　告　期	2012 年报	2011 年报	2010 年报
流动资产：	—	—	—
货币资金	2 004 196 545.71	3 921 128 772.64	3 341 742 647.44
交易性金融资产			
应收票据	130 950 000.00	105 810 000.00	22 500 000.00
应收账款	289 297 587.44	281 270 491.14	257 222 847.09
预付账款	647 829 589.36	834 925 418.09	1 239 509 229.17
应收股利	—	—	—
应收利息	4 802 837.75	10 280 139.94	—
其他应收款	135 578 675.82	264 442 578.89	112 983 445.95
存货	2 994 640 420.76	3 309 585 543.63	2 583 654 422.61
消耗性生物资产	—	—	—

报　告　期	2012 年报	2011 年报	2010 年报
待摊费用	—	—	—
一年内到期的非流动资产	—	—	—
其他流动资产	—	—	—
影响流动资产其他科目	0.00	0.00	0.00
流动资产合计	6 207 295 656.84	8 727 442 944.33	7 557 612 592.26
非流动资产：	—	—	—
可供出售金融资产	16 719 808.00	14 316 800.00	17 735 872.00
持有至到期投资	—	—	—
投资性房地产	—	—	—
长期股权投资	568 453 184.23	566 779 673.46	605 602 432.83
长期应收款	—	—	—
固定资产	8 900 337 749.64	7 026 827 944.50	5 590 570 496.64
工程物资	6 981 178.15	44 686 645.29	54 211 543.96
在建工程	1 511 183 266.28	1 590 594 865.86	666 373 112.55
固定资产清理	—	—	—
生产性生物资产	1 339 660 397.84	871 363 646.55	136 219 033.34
油气资产	—	—	—
无形资产	831 604 284.80	676 074 690.79	461 106 169.78
开发支出	—	—	—
商誉	—	—	—
长期待摊费用	65 273 487.32	43 268 710.98	4 753 261.12
递延所得税资产	367 891 449.06	368 144 679.72	268 139 572.09
其他非流动资产	—	—	—
影响非流动资产其他科目	0.00	0.00	0.00
非流动资产合计	13 608 104 805.32	11 202 057 657.15	7 804 711 494.31
资产总计	19 815 400 462.16	19 929 500 601.48	15 362 324 086.57
流动负债：	—	—	—
短期借款	2 577 793 522.53	2 985 290 639.32	2 697 833 904.93
交易性金融负债	—	—	—
应付票据	—	141 820 900.00	175 400 000.00
应付账款	4 361 200 925.53	4 378 729 526.54	3 704 272 507.32
预收账款	2 598 817 263.00	3 052 494 569.83	1 923 396 559.33
应付职工薪酬	1 209 096 332.79	1 214 563 278.95	871 916 067.78
应交税费	−369 661 190.85	−23 807 591.98	−114 443 393.87
应付利息	2 230 580.03	26 818 270.53	1 583 297.50

续表

报　告　期	2012 年报	2011 年报	2010 年报
应付股利	12 159 548.22	9 440 770.42	9 440 770.42
其他应付款	1 083 709 133.44	1 072 751 648.27	880 832 291.20
预提费用	—	—	—
预计负债	—	—	—
一年内到期的非流动负债	2 550 000.00	7 689 014.04	48 267 979.23
应付短期债券	—	—	—
其他流动负债	—	—	—
影响流动负债其他科目	—	—	—
流动负债合计	11 477 896 114.69	12 865 791 025.92	10 198 499 983.84
非流动负债:	—	—	—
长期借款	4 629 000.00	7 179 000.00	59 729 000.00
应付债券	—	—	—
长期应付款	—	—	5 401 474.11
专项应付款	63 545 426.50	58 005 124.77	69 971 733.02
递延所得税负债	2 368 171.20	2 007 720.00	2 520 580.80
递延收益	—	—	—
其他非流动负债	741 978 095.47	691 044 893.20	514 166 043.55
影响非流动负债其他科目	0.00	0.00	0.00
非流动负债合计	812 520 693.17	758 236 737.97	651 788 831.48
负债合计	12 290 416 807.86	13 624 027 763.89	10 850 288 815.32
所有者权益:	—	—	—
实收资本（或股本）	1 598 645 500.00	1 598 645 500.00	799 322 750.00
资本公积金	1 844 500 201.65	1 851 176 038.67	2 653 626 149.47
盈余公积金	683 385 458.93	532 015 115.13	406 917 510.69
未分配利润	3 208 979 718.59	2 042 805 093.62	358 683 158.29
库存股	—	0.00	—
一般风险准备	—	—	—
外币报表折算差额	−610 641.95	−788 731.15	−30 403.85
未确认的投资损失	—	—	—
少数股东权益	190 083 417.08	281 619 821.32	293 516 106.65
归属于母公司股东权益合计	7 334 900 237.22	6 023 853 016.27	4 218 519 164.60
影响所有者权益其他科目	—	—	—
所有者权益合计	7 524 983 654.30	6 305 472 837.59	4 512 035 271.25
负债及股东权益总计	19 815 400 462.16	19 929 500 601.48	15 362 324 086.57

表 8-35　　　　　　　　　　　　　利　润　表

项　　目	2012 年度（万元）	2014 年度（万元）
一、营业总收入	4 199 069.00	3 745 137.00
营业收入	4 199 069.00	3 745 137.00
二、营业总成本	4 040 155.00	3 595 919.00
营业成本	2 950 495.00	2 648 566.00
营业税金及附加	24 948.00	23 292.00
销售费用	777 771.00	729 095.00
管理费用	280 968.00	197 069.00
财务费用	4915.00	−4916.00
资产减值损失	1057.00	2811.00
三、其他经营收益		
公允价值变动净收益		
投资净收益	2652.00	25 382.00
对联营企业和合营企业的投资收益	588.00	−157.00
汇兑净收益		
四、营业利润	161 566.00	174 600.00
加：营业外收入	50 189.00	42 132.00
减：营业外支出	3078.00	3091.00
非流动资产处置净损失	795.00	2347.00
五、利润总额	208 676.00	213 641.00
减：所得税	35 074.00	30 398.00
加：未确认的投资损失		
六、净利润	173 602.00	183 243.00
减：少数股东损益	1881.00	2321.00
归属于母公司股东的净利润	171 720.00	180 922.00
七、每股收益		
基本每股收益（元）	1.07	1.13
稀释每股收益（元）	1.00	1.06

表 8-36　　　　　　　　　　　　现　金　流　量　表

截　止　日　期	2012 年 12 月 31 日	2011 年 12 月 31 日
一、经营活动产生的现金流量：	—	—
销售商品、提供劳务收到的现金	48 225 194 316.85	44 505 054 123.68
收到的税费返还	606 714.12	813 721.95
收到其他与经营活动有关的现金	769 027 458.86	730 716 117.46
经营活动现金流入小计	48 994 828 489.83	45 236 583 963.09

续表

截　止　日　期	2012 年 12 月 31 日	2011 年 12 月 31 日
购买商品、接受劳务支付的现金	39 710 406 290.03	36 128 310 394.68
支付给职工以及为职工支付的现金	3 624 180 856.07	2 782 603 131.76
支付的各项税费	2 656 208 462.12	2 189 540 492.31
支付其他与经营活动有关的现金	595 490 608.50	465 754 894.37
经营活动现金流出小计	46 586 286 216.72	41 566 208 913.12
经营活动产生的现金流量净额	2 408 542 273.11	3 670 375 049.97
二、投资活动产生的现金流量:	—	—
收回投资所收到的现金	4 206 502.92	436 210 023.42
取得投资收益所收到的现金	20 645 326.10	13 879 957.32
处置固定资产、无形资产和其他长期资产收回的现金净额	19 888 747.13	26 673 964.49
处置子公司及其他营业单位收到的现金净额		25 822 137.42
收到其他与投资活动有关的现金	0.00	0.00
投资活动现金流入小计	44 740 576.15	502 586 082.65
购建固定资产、无形资产和其他长期资产所支付的现金	3 101 961 030.29	3 788 541 302.42
投资支付的现金		189 689 503.58
取得子公司及其他营业单位支付的现金净额		
支付其他与投资活动有关的现金	0.00	0.00
投资活动产生的现金流出小计	3 101 961 030.29	3 978 230 806.00
投资活动产生的现金流量净额	–3 057 220 454.14	–3 475 644 723.35
三、筹资活动产生的现金流量净额:	—	—
吸收投资收到的现金	—	500 000.00
子公司吸收少数股东权益性投资收到的现金	—	—
取得借款收到的现金	5 580 551 014.83	3 969 727 410.88
收到其他与筹资活动有关的现金	85 866 060.61	0.00
发行债券所收到的现金	—	—
筹资活动现金流入小计	5 666 417 075.44	3 970 227 410.88
偿还债务支付的现金	5 991 741 538.47	3 775 399 641.68
分配股利、利润或偿付利息支付的现金	530 496 777.30	87 599 047.67
子公司支付少数股东的股利		
支付其他与筹资活动有关的现金	49 010 000.00	239 221 211.49
筹资活动现金流出小计	6 571 248 315.77	4 102 219 900.84
筹资活动产生的现金流量净额	–904 831 240.33	–131 992 489.96
四、现金及现金等价物净增加:	—	—
汇率变动对现金的影响	–24 945.48	–794 946.00
现金及现金等价物净增加额	–1 553 534 366.84	61 942 890.66

截 止 日 期	2012 年 12 月 31 日	2011 年 12 月 31 日
期初现金及现金等价物余额	3 243 457 834.52	3 181 514 943.86
期末现金及现金等价物余额	1 689 923 467.68	3 243 457 834.52
补充资料：	—	—
净利润	1 736 021 721.36	1 832 437 348.71
计提的资产减值准备	10 573 828.49	28 112 646.07
固定资产折旧、油气资产折耗、生产性生物资产折旧	880 050 280.09	708 642 800.26
无形资产及其他资产摊销	16 815 572.43	18 449 267.76
长期待摊费用摊销	17 678 847.42	3 953 059.76
待摊费用的减少	—	—
预提费用的增加	—	—
处置无形资产、固定资产和其他长期资产的损失	16 143 629.59	8 309 432.04
固定资产报废损失	7 526 481.57	—
公允价值变动损失	—	—
财务费用	100 309 413.95	103 476 783.59
投资损失（减收益）	−26 524 055.80	−253 824 700.61
递延所得税资产减少	253 230.66	−100 005 107.63
递延所得税负债增加	—	—
存货的减少（减增加）	316 924 703.72	−729 689 467.92
经营性应收项目的减少	180 196 179.26	127 537 664.37
经营性应付项目的增加	−847 427 559.63	1 922 975 323.57
未确认的投资损失	—	—
其他	0.00	0.00
经营活动产生的现金流量净额	2 408 542 273.11	3 670 375 049.97
债务转为资本	—	—
一年内到期的可转换公司债券	—	—
融资租赁固定资产	—	—
货币资金的期末余额	1 689 923 467.68	3 243 457 834.52
货币资金的期初余额	3 243 457 834.52	3 181 514 943.86
现金等价物的期末余额	—	—
现金等价物的期初余额	—	—
现金及现金等价物净增加额	−1 553 534 366.84	61 942 890.66

二、资产负债表分析

资产负债表水平分析表如表 8-37 所示。

表 8-37　　　　　　　　　　　　资产负债表水平分析表（部分）

项目	2011 年较 2011 年变动额（万元）	变动率（%）	对总资产的影响幅度（%）
货币资金	−1 916 932 227.00	−48.89	−9.62
应收票据	25 140 000.00	23.76	0.13
应收利息	−5 477 302.19	−53.28	−0.03
其他应收款	−128 863 903.10	−48.73	0.65
可供出售金融资产	2 403 008.00	16.78	0.01
固定资产	1 873 509 805.00	26.66	9.40
工程物资	−37 705 467.14	−84.38	−0.19
生产性生物资产	468 296 751.30	53.74	2.35
无形资产	155 529 594.00	23.00	0.78
长期待摊费用	22 004 776.34	50.86	0.11
负债	−1 333 610 956	−9.79	−6.69
所有者权益	1 219 510 817	9.34	6.12

（1）总资产变化分析。2012 年的资产总额为 19 815 400 462 元，比 2011 年减少了 114 100 140 元，减少 0.57%。

（2）流动资产变化分析。2012 年的流动资产为 6 207 295 656 元，比 2011 年减少了 2 520 147 288 元，减少 28.88%。

（3）固定资产变化分析。2012 年的固定资产为 8 900 337 749 元，比 2011 增加了 1 873 509 805 元，增加 26.66%。

这些分析说明，YL 公司 2012 年资产增加速度有所放缓，由原来的主要增加流动资产变为主要增加固定资产，这反映了该企业资产扩张的方向与规模。

三、利润表分析

1. 利润表水平分析

利润表水平分析表如表 8-38 所示。

表 8-38　　　　　　　　　　　　YL 公司利润水平分析表

项　　目	2012 年度（万元）	2011 年度（万元）	增减额（万元）	增减幅度（%）
一、营业总收入	4 199 069	3 745 137	453 932	12.12
营业收入	4 199 069	3 745 137	453 932	12.12
二、营业总成本	4 040 155	3 595 919	444 236	12.35
营业成本	2 950 495	2 648 566	301 929	11.40
营业税金及附加	24 948	23 292	1656	7.11
销售费用	777 771	729 095	48 676	6.68
管理费用	280 968	197 069	83 899	42.57
财务费用	4915	−4916	9831	−200.00
资产减值损失	1057	2811	−1754	−62.40

续表

项 目	2012 年度（万元）	2011 年度（万元）	增减额（万元）	增减幅度（%）
三、其他经营收益				
公允价值变动净收益				
投资净收益	2652	25 382	−22 730	−89.55
对联营企业和合营企业的投资收益	588	−157	745	−474.52
汇兑净收益				
四、营业利润	161 566	174 600	−13 034	−7.47
加：营业外收入	50 189	42 132	8057	19.12
减：营业外支出	3078	3091	−13	−0.42
非流动资产处置净损失	795	2347	−1552	−66.13
五、利润总额	208 676	213 641	−4965	−2.32
减：所得税	35 074	30 398	4676	15.38
加：未确认的投资损失				
六、净利润	173 602	183 243	−9641	−5.26
减：少数股东损益	1881	2321	−440	−18.96
归属于母公司股东的净利润	171 720	180 922	−9202	−5.09
七、每股收益				
基本每股收益（元）	1.07	1.13	−0.06	−5.31
稀释每股收益（元）	1.00	1.06	−0.06	−5.66

（1）净利润分析。YL 公司 2012 年实现的净利润 173 602 万元，比上年减少了 9641 万元，下降了 5.26%。从水平利润表看，公司净利润减少主要是利润总额比上年减少 4965 万元，由于所得税费用比上年增长 4676 万元，二者相加，导致净利润减少 9641 万元。

（2）利润总额分析。YL 公司利润总额减少 4965 万元，下降了 2.32%，主要是营业利润比上年减少 13 034 万元引起的，营业外收入比上年增长 8057 万元，而且营业处支出比上年减少 13 万元，综合作用的影响，导致利润总额比上年减少 4965 万元。

（3）营业利润分析。YL 公司 2012 年实现的营业利润为 161 566 万元，比上年减少 13 034 万元，下降了 7.47%。投资净收益减少 22 730 万元，下降了 89.55%，导致营业利润减少 22 730 万元；资产减值损失减少 1754 万元，下降 62.40%，导致营业利润增加 1754 万元；管理费用增长 83 899 万元，增加 42.57%，导致营业利润减少 83 899 万元。另外，营业成本、营业税金及附加、销售费用、财务费用的增加，使增减相抵后营业利润减少 13 034 万元，下降了 7.47%。

2. 利润表垂直分析

利润表水平分析表如表 8-39 所示。

表 8-39　　　　　　　　　　利 润 表 垂 直 分 析 表

报告期	2012 年年报	2011 年年报	报告期	2012 年年报	2011 年年报
报告类型	合并	合并	对联营企业和合营企业的投资收益	0.01	−0.00
数据类型	本期数	本期数	汇兑净收益	—	—
截止日期	2012-12-31	2011-12-31	四、营业利润	3.85	4.66
一、营业总收入	100.00	100.00	加：营业外收入	1.20	1.12
营业收入	100.00	100.00	减：营业外支出	0.07	0.08
二、营业总成本	96.22	96.02	非流动资产处置净损失	0.02	0.06
营业成本	70.27	70.72	五、利润总额	4.97	5.70
营业税金及附加	0.59	0.62	减：所得税	0.84	0.81
销售费用	18.52	19.47	加：未确认的投资损失		
管理费用	6.69	5.26	六、净利润	4.13	4.89
财务费用	0.12	−0.13	减：少数股东损益	0.04	0.06
资产减值损失	0.03	0.08	归属于母公司股东的净利润	4.09	4.83
三、其他经营收益	—	—	七、每股收益		
公允价值变动净收益	—	—	基本每股收益（元）	1.07	1.13
投资净收益	0.06	0.68	稀释每股收益（元）	1.00	1.06

从表 8-39 可以看出 YL 公司 2012 年度各项财务的构成情况。其中：营业利润占营业收入的比重为 3.85%，比上年度的 4.66%下降了 0.81 个百分点；2012 年度利润总额的构成为 4.97%，比上年度的 5.70%下降了 0.73 个百分点；2012 年度净利润的构成为 4.13%，比上年度的 4.89%下降了 0.76 个百分点。可见，从利润表的构成情况看，YL 公司 2012 年度获利能力比上年度有所下降。YL 公司各项财务成果结构变化的原因，从营业利润结构下降看，主要是营业成本、营业税金及附加、销售费用、财务费用、管理费用的增加及投资净收益的减少导致的，其中营业成本、财务费用、管理费用的增长及投资净收益的减少是降低营业利润构成的根本原因。利润总额结构降低的主要原因在于营业利润的下降。

四、现金流量表分析

1. 现金流量表水平分析

现金流量表水平分析表如表 8-40 所示。

表 8-40　　　　　　　　　　现金流量表水平分析表

截 止 日 期	2012-12-31	2011-12-31	增减额	增减（%）
一、经营活动产生的现金流量：	—	—		—
销售商品、提供劳务收到的现金	48 225 194 316.85	44 505 054 123.68	3 720 140 193	8.36
收到的税费返还	606 714.12	813 721.95	−207 007.83	−25.44
收到其他与经营活动有关的现金	769 027 458.86	730 716 117.46	38 311 341.4	5.24
经营活动现金流入小计	48 994 828 489.83	45 236 583 963.09	3 758 244 527	8.31

续表

截 止 日 期	2012-12-31	2011-12-31	增减额	增减（%）
购买商品、接受劳务支付的现金	39 710 406 290.03	36 128 310 394.68	3 582 095 895	9.91
支付给职工以及为职工支付的现金	3 624 180 856.07	2 782 603 131.76	841 577 724.3	30.24
支付的各项税费	2 656 208 462.12	2 189 540 492.31	466 667 969.8	21.31
支付其他与经营活动有关的现金	595 490 608.50	465 754 894.37	129 735 714.1	27.85
经营活动现金流出小计	46 586 286 216.72	41 566 208 913.12	5 020 077 304	12.08
经营活动产生的现金流量净额	2 408 542 273.11	3 670 375 049.97	−1 261 832 777	−34.38
二、投资活动产生的现金流量：	—	—	—	—
收回投资所收到的现金	4 206 502.92	436 210 023.42	−432 003 520.5	−99.04
取得投资收益所收到的现金	20 645 326.10	13 879 957.32	6 765 368.78	48.74
处置固定资产、无形资产和其他长期资产收回的现金净额	19 888 747.13	26 673 964.49	−6 785 217.36	−25.44
处置子公司及其他营业单位收到的现金净额	—	25 822 137.42	—	—
收到其他与投资活动有关的现金	0.00	0.00	0	0
投资活动现金流入小计	44 740 576.15	502 586 082.65	−457 845 506.5	−91.10
购建固定资产、无形资产和其他长期资产所支付的现金	3 101 961 030.29	3 788 541 302.42	−686 580 272.1	−18.12
投资支付的现金	—	189 689 503.58		
取得子公司及其他营业单位支付的现金净额				
支付其他与投资活动有关的现金	0.00	0.00	0	0
投资活动产生的现金流出小计	3 101 961 030.29	3 978 230 806.00	−876 269 775.7	−22.03
投资活动产生的现金流量净额	−3 057 220 454.14	−3 475 644 723.35	418 424 269.2	−12.04
三、筹资活动产生的现金流量净额：	—	—	—	—
吸收投资收到的现金	—	500 000.00	—	—
子公司吸收少数股东权益性投资收到的现金	—	—	—	—
取得借款收到的现金	5 580 551 014.83	3 969 727 410.88	1 610 823 604	40.58
收到其他与筹资活动有关的现金	85 866 060.61	0.00	85 866 060.61	0
发行债券所收到的现金	—	—	—	—
筹资活动现金流入小计	5 666 417 075.44	3 970 227 410.88	1 696 189 665	42.72
偿还债务支付的现金	5 991 741 538.47	3 775 399 641.68	2 216 341 897	58.70
分配股利、利润或偿付利息支付的现金	530 496 777.30	87 599 047.67	442 897 729.6	505.60
子公司支付少数股东的股利	—	—	—	—
支付其他与筹资活动有关的现金	49 010 000.00	239 221 211.49	−190 211 211.5	−79.51
筹资活动现金流出小计	6 571 248 315.77	4 102 219 900.84	2 469 028 415	60.19
筹资活动产生的现金流量净额	−904 831 240.33	−131 992 489.96	−772 838 750.4	585.52

续表

截 止 日 期	2012-12-31	2011-12-31	增减额	增减（%）
四、现金及现金等价物净增加：	—	—	—	—
汇率变动对现金的影响	−24 945.48	−794 946.00	770 000.52	−96.86
现金及现金等价物增加额	−1 553 534 366.84	61 942 890.66	−1 615 477 258	−2608.01
期初现金及现金等价物余额	3 243 457 834.52	3 181 514 943.86	61 942 890.66	1.95
期末现金及现金等价物余额	1 689 923 467.68	3 243 457 834.52	−1 553 534 367	−47.90
补充资料：	—	—	—	—
净利润	1 736 021 721.36	1 832 437 348.71	−96 415 627.35	−5.26
计提的资产减值准备	10 573 828.49	28 112 646.07	−17 538 817.58	−62.39
固定资产折旧、油气资产折耗、生产性生物资产折旧	880 050 280.09	708 642 800.26	171 407 479.8	24.19
无形资产及其他资产摊销	16 815 572.43	18 449 267.76	−1 633 695.33	−8.86
长期待摊费用摊销	17 678 847.42	3 953 059.76	13 725 787.66	347.22
待摊费用的减少	—	—	—	—
预提费用的增加	—	—	—	—
处置无形资产、固定资产和其他长期资产的损失	16 143 629.59	8 309 432.04	7 834 197.55	94.28
固定资产报废损失	7 526 481.57	—	—	—
公允价值变动损失				
财务费用	100 309 413.95	103 476 783.59	−3 167 369.64	−3.06
投资损失（减收益）	−26 524 055.80	−253 824 700.61	227 300 644.8	−89.55
递延所得税资产减少	253 230.66	−100 005 107.63	100 258 338.3	−100.25
递延所得税负债增加	—	—	—	—
存货的减少（减增加）	316 924 703.72	−729 689 467.92	1 046 614 172	−143.43
经营性应收项目的减少	180 196 179.26	127 537 664.37	52 658 514.89	41.29
经营性应付项目的增加	−847 427 559.63	1 922 975 323.57	−2 770 402 883	−144.07
未确认的投资损失	—	—	—	—
其他	0.00	0.00	0	0
经营活动产生的现金流量净额	2 408 542 273.11	3 670 375 049.97	−1 261 832 777	−34.38
债务转为资本	—	—	—	—
一年内到期的可转换公司债券	—	—	—	—
融资租赁固定资产	—	—	—	—
货币资金的期末余额	1 689 923 467.68	3 243 457 834.52	−1 553 534 367	−47.90
货币资金的期初余额	3 243 457 834.52	3 181 514 943.86	61 942 890.66	1.95
现金等价物的期末余额	—	—	—	—
现金等价物的期初余额	—	—	—	—
现金及现金等价物净增加额	−1 553 534 366.84	61 942 890.66	−1 615 477 258	−2608.01

从总体上看，YL 公司 2012 年的现金及现金等价物净额为–1 553 534 366 元，同比减少了 2608.01%。其中，经营活动现金流量净额 2 408 542 273 元，较上年下降了 34.38%；投资活动现金流量净额为–3 057 220 454 元，较上年增加了 12.04%，筹资活动现金流量金额为–904 831 240 元，较上年下降了 585.52%。

（1）经营活动产生的现金流量质量分析。YL 公司 2012 年的经营活动净现金流量为 2 408 542 273 元，当企业经营活动净现金流量为正数时，表明企业所生产的产品适销对路、市场占有率高、销售回款能力较强，同时企业的付现成本、费用控制在了较为适宜的水平上。经营活动净现金流量大于零，表明为现金净流入额。一般而言，这意味着企业生产经营状况较好。因为它代表企业创造现金及利润的能力及稳定性较好。

（2）投资活动产生的现金流量质量分析。YL 公司 2012 年投资活动的净现金流量为–3 057 220 454 元，表明企业扩大再生产的能力较强、产业及产品结构有所调整、参与资本市场运作、实施股权及债权投资能力较强。必须指出的是，企业投资活动的现金流出量，有的需要由经营活动的现金流入量来补偿。因此，即使在一定时期内企业投资活动产生的现金净流量小于零，也不能对投资活动产生的现金流量的质量简单作出否定的评价。面对投资活动产生的现金净流量小于零，首先应当考虑的是：企业的投资活动是否符合企业的长期规划和短期计划，是否满足企业经营或活动发展和企业扩张的内在需要。

（3）筹资活动产生的现金流量质量分析。筹资活动的现金流量反映了企业的融资能力和融资政策。YL 公司 2012 年的筹资活动产生的现金流量为–904 831 240 元，表明企业自身资金周转在逐渐进入良性循环阶段、企业债务负担逐渐减轻、经济效益趋于增强。

2. 现金流量表垂直分析

现金流入结构情况如表 8-41 所示。

表 8-41　　　　　　　　　　　　　　　现 金 流 入 结 构 表

项目	2012 年		2011 年		变动率（%）
	金额（元）	比重（%）	金额（元）	比重（%）	
经营活动现金流入	48 994 828 490	89.56	45 236 583 963.09	91.00	8.31
投资活动现金流入	44 740 576	0.08	502 586 083	1.01	–91.90
筹资活动现金流入	5 666 417 075	10.36	3 970 227 411	7.99	42.72
现金流入总量	54 705 986 141	100	49 709 397 397	100	10.05

YL 公司 2012 年比 2011 年的现金流入总量增长了 10.05%，增长幅度不大，因为企业已经处于成熟阶段，所以发展比较稳定。其中：经营活动现金流入增长了 8.31%，投资活动现金流入减少了–91.90%，筹资活动现金流入增长了 42.72%。从结构比重来看，该公司的经营活动现金流入量所占比重始终居于首位，表明企业的财务基础稳定，支付能力强。

现金流入结构情况如表 8-42 所示。

表 8-42　　　　　　　　　　　　　　　现 金 流 出 结 构 表

项目	2012 年		2014 年		变动率（%）
	金额（元）	比重（%）	金额（元）	比重（%）	
经营活动现金流出	46 586 286 217	82.81	41 566 208 913	83.73	12.08

项目	2012 年		2014 年		变动率（%）
	金额（元）	比重（%）	金额（元）	比重（%）	
投资活动现金流出	3 101 961 030	5.51	3 978 230 806	8.01	−22.03
筹资活动现金流出	6 571 248 316	11.68	4 102 219 901	8.26	60.19
现金流出总量	56 259 495 563	100	49 646 659 620	100	13.32

　　YL 公司 2012 年比 2011 年经营活动现金流出总量增长了 12.08%，高于流入总量，说明本年度经营活动的现金收入不足以支付经营活动产生的现金流出，说明 YL 公司的经营活动处于不正常的状态。2012 年投资活动现金流出量比 2011 年减少了很多，但由于流入量减少的也很多，所以相差不大。本年度投资活动的现金流入量不能够满足流出量的需求。2012 年筹资活动现金流入量小于现金流出量，因此，企业就没有多余的资金用于投资活动，不能够满足企业的资金需求。

　　现金净流量结构分析表如表 8-43 所示。

表 8-43　　　　　　　　　　　2012 年现金净流量结构分析表

项　　目	金额（万元）	结构百分比（%）
经营活动现金净流量	2 408 542 273	−155.04
投资活动现金净流量	−3 057 220 454	196.79
筹资活动现金净流量	−904 831 240	58.25
现金流量合计	−1 553 509 421	100

五、获利能力分析

　　获利能力是指公司赚取利润的能力，关系到公司各个集团利益的最终实现。评价公司的获利能力的财务指标主要有净资产收益率、总资产净利率、总资产报酬率、销售净利率、销售成本率、净利润/营业总收入、息税前利润/营业总收入等。获利能力各项指标如表 8-44 所示。

表 8-44　　　　　　　　　　　获 利 能 力 指 标 表

报　告　期	2012 年	2013 年	2014 年
净资产收益率（%）	25.71	20.29	35.33
总资产净利率（%）	8.74	5.58	10.38
总资产报酬率（%）	10.75	5.84	11.83
销售净利率（%）	4.13	2.68	4.89
销售成本率（%）	70.27	69.73	70.72
净利润/营业总收入（%）	4.13	2.68	4.89
息税前利润/营业总收入（%）	5.09	2.81	5.57

　　无论是投资者还是债权人，都认为获利能力十分重要。良好的财务状况必须由较好的获利能力来支持。公司财务管理人员十分重视获利能力，因为要实现财务管理的目标，就必须不断地提高利润，降低风险。

从表 8-44 可以看出，YL 公司 2008 年深受"三聚氰胺"所累，但 YL 公司在 2009 年牵手世博并以上海世博会为契机，开始了复苏之路。此外，YL 公司研发了国内第一款经过临床验证的某款酸奶并得到国际权威机构的嘉奖以及儿童成长牛奶等创新型产品，这些使该公司 2014 年的盈利趋于回暖，2012 年比 2014 年略有下降，这可能是公司投资开发研究新产品的缘故。总的说来，YL 公司获利能力发展前景可观。

六、偿债能力分析

偿债能力是指偿债能力是指企业偿还到期债务（包括本息）的能力。能否及时偿还到期债务，是反映企业财务状况好坏的重要标志。通过对偿债能力的分析，可以考查企业持续经营的能力和风险，有助于对企业未来收益进行预测。偿债能力各项指标如表 8-45 所示。

表 8-45 债能力指标表

报 告 期	2012 年	2013 年	2014 年
流动比率	0.54	0.74	0.68
速动比率	0.28	0.49	0.42
现金比率	0.17	0.33	0.30
归属母公司股东的权益/负债合计	0.60	0.39	0.44
有形资产/负债合计	0.51	0.35	0.38
资产负债率	0.62	0.71	0.68
产权比率（负债合计/归属母公司股东的权益）	1.68	2.57	2.26

从表 8-45 来看，反映短期偿债能力的 3 个指标均较低，根据西方经验，一般认为流动比率为 2:1，速动比率为 1:1 时比较合适，这两项指标都离标准太远，看出 YL 公司短期偿债能力较弱。2008 年受"三聚氰胺"事件的影响，奶制品行业一直不太景气。负债增加的幅度大于资产增加的幅度，存货大幅度增加，2013 年为 25.84 亿元，2014 年年末增加到了 33.10 亿元，说明企业的短期偿债能力不强。企业的资产负债率是企业重要的财务杠杆，反映了企业偿还债务的综合能力。若比率过高则反映出企业的偿债能力较差，股东投资的财务风险较大，该比率说明 2012 年 YL 公司集团的资产有 62%是通过举债得来的，表明这一时期 YL 公司股东的资本投入较低，其贷款缺乏安全性。同时也反映出企业利用债权人资本进行经营活动的能力较强，对前途抱有较大信心。

七、营运能力分析

营运能力各项指标如表 8-46 所示。

表 8-46 营 运 能 力 指 标 表

报 告 期	2012 年	2013 年	2014 年
营业周期（天）	41.00	43.00	40.00
存货周转天数（天）	38.00	40.00	38.00
应收账款周转天数（天）	3.00	3.00	2.00
存货周转率（次）	9.36	8.99	9.36
应收账款周转率（次）	124.85	139.10	147.19

续表

报　告　期	2012 年	2013 年	2014 年
流动资产周转率（次）	4.12	4.60	5.62
固定资产周转率（次）	5.54	5.94	5.27
总资产周转率（次）	2.08	2.12	2.11

1. 总资产周转率

总资产周转率 2012 年为 2.08 次/年，2013 年为 2.12 次/年，2014 年为 2.11 次/年。2013 年比 2012 年上涨了 0.04 次/年，但 2014 年比 2013 年下降了 0.01 次/年。2013 年的总资产周转率上升主要是由于流动资产周转率上升。而 2014 年的流动资产周转率比 2013 年的还要快，但总资产周转率却下降了，说明 2014 年公司流动资产占总资产比重下降了。

2. 流动资产周转率

流动资产周转率 2012 年为 4.12 次/年，2013 年为 4.60 次/年，2014 年为 5.62 次/年。3 年持续增长，反映了流动资产利用的效益不断地提高。

3. 存货周转率

存货周转率 2012 年为 9.36 次/年，2013 年为 8.99 次/年，2014 年为 9.36 次/年。3 年中 2013 年的指标低了一些，2014 年和 2012 年的一样，从整体上看三年的存货周转率相差不大。

4. 应收账款周转率

应收账款周转率 2012 年为 124.85 次/年，2013 年为 139.10 次/年，2014 年为 147.19 次/年。3 年的应收账款周转率持续增长，说明公司应收账款的收款速度和变现速度持续加快。

5. 固定资产周转率

固定资产周转率 2012 年为 5.54 次/年，2013 年为 5.94 次/年，2014 年为 5.27 次/年。其中，2013 年的指标最高，2014 年的指标最低。

八、发展能力分析

1. 股东权益增长率

股东权益增长率 2013 年为 21.62%，2014 年为 39.75%，2012 年为 19.34%。3 年中，2014 年的股东权益增长率最大，而 2012 年的最小，说明公司 2014 年的股东权益增加最多，而 2012 年的股东权益增加最少。

2. 营业利润增长率

营业利润增长率 2012 年为 -7.47%，2013 年为 -8.98%，2014 年为 188.27%。2014 年增长幅度较大，但是 2012 年比 2014 年下降了很多，说明公司 2012 年的收益比 2014 年少，收益能力比 2014 年下降。

3. 资产增长率

资产增长率 2012 年为 -0.57%，2013 年为 16.80%，2014 年为 29.73%。YL 公司 2014 年的增长率比 2013 年的要高很多，而 2012 年的增长率却比 2014 年下降了很多，而且 2012 年的资产增长率为负值，说明公司 2012 年的资产规模在缩减，资产出现负增长。

4. 销售增长率

2012 年的销售增长率为 12.12%，2013 年的为 21.96%，2014 年的为 26.24%。其中，2014 年的销售增长率比 2013 年的和 2012 年的都要高，而且 2012 年的比 2013 年的还要低。这说明公司 2014 年的销售规模增加较大，营业收入增长较快，销售情况较好，但是 2012 年的下降了好多，而且比 2013 年的还要低，说明公司 2012 年的销售增长规模下降。

5. 净利润增长率

2013 年净利润增长率为 19.61%，2014 年为 130.27%，2012 年为-5.26%。2012 年的净利润增长率为负值说明公司本年净利润减少，收益下降。而 2014 年比 2013 年的增长了很多，说明 2014 年的收益增加了很多。

综合以上分析可以得出该公司的现金流充足，且始终保持正常状态，企业发展前景良好，2008 年末虽受"三聚氰胺"事件的影响，但由企业积极的应对以及从 2013 年的部分资料可以看出 YL 公司有能力迅速摆脱"三聚氰胺"事件的影响进入快速增长期。最后可以得出，YL 公司基础牢固，是一家财务健康状况良好，并处于高速增长期的企业。其在"三聚氰胺"事件中表明其产品质量也存在一定问题，不管一个企业的经营策略如何，产品质量才应是其重中之重。企业应该有自己的企业态度企业文化，正确的价值观是一个企业良好发展的基本条件。

九、思考

（1）通过阅读本案例，总结财务报表分析中趋势分析的思路。

（2）趋势分析在财务报表分析中的作用是什么？

（3）获利能力、偿债能力与营运能力分析之间的关系是什么？

案例三　财务报表分析之指标分析——以家电企业 CH 公司为例

一、公司基本信息

CH 公司创业于 1958 年，是我国研制生产军用、民用雷达的重要基地，是新中国成立初期重点建设项目之一。经过 50 多年的持续稳定发展，CH 公司树立了中国家电企业由小到大、由弱到强，并迅速走向世界的杰出典范。如今的 CH 公司，已经不仅仅是中国的彩电大王，而且还成为了在海内外享有盛誉的特大型、多元化、国际化企业集团。企业形成了军用产品、数字电视、数字平面显示、IT、健康空调、数字视听、数字网络、模具、数字器件、环保电源、技术装备、电子工程、化工材料等十三大产业群。1994 年，CH 公司股票在上海证券交易所挂牌上市。2005 年，CH 公司品牌价值达 398.61 亿元，成为中国最有价值的知名品牌。截至目前，CH 公司系列数字产品已远销海内外 90 多个国家和地区。在进出口值、出口值 200 强排名中，CH 公司两项指标均居国内同行企业之首，并唯一进入海关总署"诚信红榜"。随着全球数字浪潮和信息家电技术的迅猛推进，CH 公司秉承"科技领先，速度取胜"的经营理念，利用以市场需求为特征的拉动力和技术进步为特征的推动力，优化资源配置，通过技术创新、系统整合数字技术、信息技术、网络技术和平板显示技术，改造和提升传统产业，最大限度地满足人们不断增长的物质和文化需要。

凭借持续的技术创新和国家级的企业技术中心，联合海外多家著名企业联合实验室，沿着庞大的数字产业链，CH 公司正横向向关键集成电路、重要器件、软件等领域拓展；纵向向系统设备、增值业务、网络服务、内容提供等业务延伸，快速把 CH 公司打造成全球的信息家电提供商、关键部件供应商、系统软件开发商、广电网络服务商、商用信息系统集成商，为数字 CH 公司再塑新辉煌奠定坚实基础。

二、基本财务状况

1. 资产负债状况

公司内部留存的货币资金充足，足以偿还短期债务，且货币资金逐年递增。存货相对较多，产品可能存在销售问题。资产中流动资产居多，长期资产主要是固定资产和无形资产。公司应收款与应付款基本上相等，这体现出公司在市场中可能处于中等地位。此外，公司负债远大于所有者权益，表明该公司主要是靠负债支撑的。而且总资产逐年递增，但是所有者权益增长不多，主要是负债的增长。

2. 利润表状况

该公司营业成本过高，导致利润率不高。两期比较后，虽然第二期产量有所增加，但是其营业利润低于第一期的，销售费用增加。此外，第二期资产减值损失增加，产品可能存在积压问题。所以，可以看出该公司经营情况处于衰退状态。

3. 现金流量表状况

该公司经营活动现金流为负，而且逐年递增，体现出该公司经营情况存在严重的问题，创造现金利润的能力缺乏。其投资活动流出也相对较大，主要用于购建固定资产。两期比较而言，现金流出量加大。筹资活动中，该公司主要以借款的形式进行融资，且融资额较前期有所减少。

三、同行业比较分析（以下数据来源于 2013 年各公司报表）

1. 总资产周转率的比较

从表 8-47 中看出，CH 公司的周转率在行业中相对落后，3 家企业的资产周转率都不是很高。CH 公司的需要一年半才完成一个生产周期，而甲公司和乙公司需要一年左右。

表 8-47　　　　　　　　　　　　　　总资产周转率对比表

项　目　　公司名称	CH 公司	甲公司	乙公司
总资产周转率	0.76	0.97	1.04

2. 存货周转率的比较

从表 8-48 中看出，CH 公司的存货周转率处于行业中等水平。

表 8-48　　　　　　　　　　　　　　存 货 周 转 率 对 比 表

项　目　　公司名称	CH 公司	甲公司	乙公司
存货周转率	5.18	6.75	4.60

3. 应收账款周转率的比较

从表 8-49 中看出，CH 公司的应收款效率最低，处于行业的底层，也可以得出 CH 公司在行业中的地位并不高，也可以联想到，CH 公司的产品销售状况不是很好。

表 8-49　　　　　　　　　　　　　　应收账款周转率对比表

项　目　　公司名称	CH 公司	甲公司	乙公司
应收账款周转率	1.79	5.93	2.61

4. 权益报酬率的比较

从表 8-50 中看出,CH 公司获利能力在行业当中处于领先地位,但是相应的 ROE 并不高,公司是在做赔本的生意,公司盈利弥补不了资金的机会成本。

表 8-50　　　　　　　　　权 益 报 酬 率 对 比 表

项　目＼公司名称	CH 公司	甲公司	乙公司
权益报酬率（%）	3.3	2.6	2.4

5. 权益负债比的比较

从表 8-51 中可以看出,CH 公司的权益资本并不高,公司基本上是靠债务支撑起来的。

表 8-51　　　　　　　　　权 益 负 债 比 对 比 表

项　目＼公司名称	CH 公司	甲公司	乙公司
权益负债比	2.323	3.716	6.585

四、财务指标分析

1. 获利能力指标分析

从表 8-52 可以看出 2011～2013 年的数据的走势,其中在 2011～2012 年表中的权益报酬率、ROIC、销售净利润率、营业利润率、总资产利润率都有所增加,这表明在 2012 年 CH 公司的获利能力增强;在 2013 年获利能力的各指标都下降,获利能力下降。

表 8-52　　　　　　　　　获利能力指标表（1）

项目	2011 年 12 月 31 日	2012 年 12 月 31 日	2013 年 12 月 31 日
销售净利润率（%）	0.94	1.71	1.14
营业利润率（%）	1.04	2.19	1.61
总资产利润率（%）	0.91	1.48	1.07
权益报酬率（%）	2.08	4.01	3.27
ROIC（%）	1.08	2.09	1.69

权益报酬率是公司权益资本的收益率,在 3 年中最高为 4.01%,获利能力偏低而且在 2011、2012 年均小于 0.033（2012 年 3 年期存款利息率）。

2. 偿债能力指标分析

在表 8-53 中,从流动比率来看,3 年的比值均大于 1,说明流动资产大于流动负债,而且在 2012 年增加了 20.3%,流动资产在不断增大而且增大的幅度大于流动负债,流动资产偿还流动负债的能力变强。速动比率是流动资产除去流动性较弱的存货后与流动负债的比值,从 2011 年到 2013 年连续增大,表明变现能力较强的流动资产抵偿流动负债的能力在逐渐增强。

表 8-53　　　　　　　　　短期偿债能力指标表

项目	2011 年 12 月 31 日	2012 年 12 月 31 日	2013 年 12 月 31 日
流动比率	1.14	1.35	1.32

项目	2011 年 12 月 31 日	2012 年 12 月 31 日	2013 年 12 月 31 日
速动比率	0.74	0.89	0.95
营运资本需求量比率（%）	7.60	17.20	17.10
运营资本比率（%）	170.90	148.00	148.50

营运资本需求量比率都大于 0，超额变现的能力很强。表 8-53 中运营资本比率偏大，企业的存货和被他人占用的非收息资本大于本企业占用其他企业的非付息资本，表明资本成本偏高，运营资本管理水平偏低。结合上面获利能力的分析，在 2013 年获利能力下降，虽然 CH 公司的偿债能力在增强，但是资金创造价值的能力在减弱，这说明在维持资本一定流动性的同时，并不是流动资产越多越好，主要是流动资产的质量。CH 公司可以实行"三控政策"，即在销售环节控制应收款，在采购环节控制应付款，在生产环节控制多余或不必要的存货。

表 8-54　　　　　　　　　　　　长期偿债能力指标表

项目	2011 年 12 月 31 日	2012 年 12 月 31 日	2013 年 12 月 31 日
资产负债率（%）	56.10	63.20	67.20
权益资产比（%）	43.90	36.80	32.80
权益负债比（%）	1609.50	642.60	498.80

从表 8-54 可知，CH 公司的总资产负债率逐年增加，负债在不断增加。相反，权益资产在不断减少。权益负债比不断减少，特别是在 2012 年大幅度减少，表明长期负债在 2012 年大幅增加，增加的幅度大于权益的增加。

总体来说，从上面对获利能力的分析可知，CH 公司的获利能力在 2012 年增强，而在 2013 年减少，表明负债的管理在 2012 年有效，在 2013 年是负的效应，主要是长期借款和短期借款的增加，使得应付利息大幅增加。这体现了适度负债可以提高盈利能力，而过度负债则会降低获利能力。总之，CH 公司应该加强对负债的管理。

3. 营运能力指标分析

从表 8-55 可知，总资产周转速度从 2011 年到 2012 年下降了 11.1%，在 2013 年上升了 7.5%，说明在总资产创造的销售收入先下降，后上升。存货周转速度逐渐增大，表明存货的周转速度在加快，存货管理效率提高。应收账款周转速度不断降低，收回应收账款所需时间增长，对应收款的管理效率降低。从总体来看，资产的运营效率有所提高，但因为应收账款的增加，给资产的运营效率带来负面的影响。

表 8-55　　　　　　　　　　　　营 运 能 力 指 标 表

项目	2011 年 12 月 31 日	2012 年 12 月 31 日	2013 年 12 月 31 日
总资产周转率	0.972	0.861	0.936
存货周转率	3.836	3.091	3.943
应收账款周转率	11.025	10.489	9.020

4. 现金生成能力指标

从表 8-56 可知，现金销售比在不断减小，表明销售收入中对应的现金流在减弱；净利润现金含量 2012 年大幅减弱，在 2013 年所增加；总资产的获现率先减小后稍微增加；权益资本的获现率也是先减小后增加。这与获利能力指标的走势大致相同。在 2011 年，经营性净现金流为 3 565 495 509 元，而在 2012 年和 2013 年均为负。经营性净现金是唯一由企业自身创造的现金流，在 2012 年和 2013 年均为负，说明 CH 公司的经营活动没有为企业带来现金，因此只能通过筹资活动来筹集资金。筹资活动产生的净现金流在 2011 年很少，在 2012 年、2013 年筹资很多，这主要是向银行贷款，短期贷款增加很多。总体来看，2012 年的现金获现能力最差，2011 年获现率最好，其次是 2013 年。从上面的获利能力分析中可知，在 2012 年的获利能力最强，但资金获现能力不强。

表 8-56　　　　　　　　　　　　　　现金生成能力指标表

项目	2011 年 12 月 31 日	2012 年 12 月 31 日	2013 年 12 月 31 日
现金销售比	1.035	0.960	0.924
净利润现金含量	8.192	3.001	5.005
总资产的获现率（%）	7.50	4.40	5.40
权益资本的获现率（%）	17.00	12.00	16.40

CH 公司在 2012 年和 2013 年向银行增加贷款来补充企业的现金流，同时也增加了财务费用，使得 CH 公司的获利能力下降。这体现了"现金为王"，是企业进行一切生产活动的基础，而经营性净现金更是"王中王"，虽然 CH 公司通过贷款筹集了资金，但如果然不能产生经营性净现金，则无法偿还财务费用，必陷入财务危机，这是 CH 公司一个大的隐患。

5. 资本的市场表现

EPS 是反映企业净利润与发行在外的股票数之间的关系，数据表明每股收益偏低。DPS 是每股现金分红，偏低。市盈率反映的是净利润支撑的股票价格，在逐年降低。每股现金流比反映的是经营性净现金支撑的股票价格，由于在 2012 年和 2013 年的经营性净现金为负值，故股票价格在 2012 年和 2013 年没有经营性净现金与之对应，表明 CH 公司的前景较差。由于 CH 公司的获利能力偏低和其他的因素，故资本市场表现不好，见表 8-57。

表 8-57　　　　　　　　　　　　　　获利能力指标表（2）

项　目	2013 年 12 月 31 日	2012 年 12 月 31 日	2011 年 12 月 31 日
EPS	0.103	0.042	0.0164
DPS	0.002	0.002	0.019
市盈率	9.709	23.810	60.976
每股现金流比	−0.26	−1.27	1.88

6. 杜邦财务分析体系

由下述式子可以看出，CH 公司的权益资本收益率太低，弥补不了资金的机会成本。因为总资产周转率和权益乘数也不高，所以影响 ROE 过低的原因在于销售利润率过低，仅为 1.1%。

ROE=销售利润率×总资产周转率×权益乘数

销售利润率=净利润/销售收入=477 311 986.32/41 711 808 864.18=0.011

总资产周转率=销售收入/总资产=41 711 808 864.18/4 555 943 761.26=0.936

权益乘数=总资产/所有者权益=44 555 943 761.26/14 608 715 686.69=3.050

ROE=（净利润/销售收入）×（销售收入/总资产）×（总资产/所有者权益）=0.033

其中，销售净利润仅为销售收入的 1.1%，主要原因是销售净利润太小。虽然销售收入不低，但是期间费用过高，特别其中的销售费用、财务费用过高，导致净利润减少。因此，CH公司要想提高销售净利润率，就必须在增加销售收入的同时，控制销售费用、管理费用和财务费用，降低营业成本，特别是适度减少负债，减少不必要的投入。

五、管理建议

由于电视机行业现在面临着替代品增多（如电脑、通信产品、其他家用电器）、市场进入门槛低、品牌雷同、产品差异化不明显等，再加上全球经济下滑的影响，使得国内外众多的电视品牌面临着出口难、销售难、竞争大的恶劣环境。电视行业不同于以往那样景气，就我们选取的 3 家电视机厂商 CH 公司、甲公司、乙公司，2013 年的 ROE 也都只有 2%～3%，与较正常的 8%～10%相比相差很大，这也导致了很多电视机厂商只能开辟其他市场，如手机、电冰箱、电子产品等。针对 CH 公司而言，其 ROE 在 2013 年只有 3.276%，其中该公司影响ROE 最严重的是销售利润率太低，即由于技术低、财务费用高导致成本高引起的净利润的低下。与其他公司相比以及考查 CH 公司在 2011～2013 年多方面因素有以下建议。

1. 提高获利能力

从财务比例分析第一点的获利能力指标分析可以看出 CH 公司的获利能力不强，应该在增加销售收入的同时严格控制期间费用，特别是对销售费用的控制。CH 公司也可以通过加强科研实力，提高生产率，加大技术革新等来提高。

2. 加强负债管理

从 2012 和 2013 年的财务数据可以看出 CH 公司大量借款导致了负债过多。但是，CH 公司的绩效在近几年相对有所下降，但是负债却加大了，获利能力可能无法保障偿还贷款利息。资产流动性指标也能反映流动资产无获利能力。从远期来看，如果没有企业贷款给 CH 公司，而导致CH 公司的资金链断裂，爆发财务危机，造成无法估量的后果。另一方面，从负债能力指标可以证明适度负债可以提高盈利能力，而过度负债则会降低获利能力，所以要加强对负债的管理。

3. 提高资产运营效率

众所周知，现金对于企业最为重要，犹如血液。生成的经营性现金又比现金更重要。在同行业比较分析中，我们可以看到 CH 公司在总资产周转率、存货周转率、应收账款周转率三方面都不是很理想，这样使得"钱生钱"变得缓慢。

六、思考

（1）现金流量指标分析能说明什么问题？

（2）CH 公司的现金流状况如何？

（3）如何运用杜邦财务分析体系说明 CH 公司的财务状况？

案例四　财务报表分析之比较分析——以电力企业 GD 公司为例

一、公司基本情况

GD 公司成立于 2001 年 2 月 28 日，由南京某集团公司作为主发起人，注册资本 242 895万元。GD 公司于 2003 年 10 月 16 日在上海证券交易所上市并向社会公众发行股票，成为国家电网公司系统内的首家上市公司。GD 公司分设 3 个中心、8 家分公司、1 个事业部，拥有 7 家全资子公司和 5 家控股子公司。公司业务覆盖智能电网领域、轨道交通控制及工业控制领域、新能源控制领域、节能环保领域，专业从事电网调控技术、电网安全稳定控制技术、变电技术、配电技术、农村电气化技术、用电技术、风电光伏等电气控制技术、轨道交通控制技术、工业控制技术、节能和环保技术的研发应用，提供各专业全方位解决方案和产品设备。近年来 GD 公司在智能电网、轨道交通、工业控制、清洁能源、电力电子、节能环保等专业领域，开展应用型研发和技术创新，引进先进的信息技术、软件技术和测控技术，形成多项具有核心技术和自主知识产权的产品，取得了诸多开创性科研成果。

目前，公司总资产 13 273 602 519.33 元，总负债 7 144 719 413.7 元，所有者权益 6 128 883 105.63 元。2013 年营业收入近 9 575 634 913.61 元，净利润 1 615 195 126.64 元。

二、基本财务状况

由于不同季度会出现分期偿还利息问题，故认为同一年的不同季度之间可比性相对较差，表 8-58 中只比较不同年份第一季度的财务数据。

表 8-58　　　　　　GD 公司 2010～2014 第一季度总损益情况表　　　　　单位：万元

项目	2010 年 3 月	2011 年 3 月	2012 年 3 月	2013 年 3 月	2013 年 12 月	2014 年 3 月
一、营业总收入	37 652	51 353	77 254	109 698	160 468	162 982
二、营业总成本	35 499	47 532	72 793	102 634	146 668	144 676
其中：营业成本	26 804	37 285	57 322	85 166	124 386	118 466
营业税金及附加	110	225	283	466	703	648
销售费用	2322	3000	4494	5675	7743	8353
管理费用	5872	6065	8104	8683	10 731	13 072
财务费用	−66	−198	285	−220	28	87
资产减值损失	457	1155	2305	2865	3078	4051
三、营业利润	2144	3821	4461	7064	13 799	18 306
加：营业外收入	1466	2034	3306	4455	6610	2852
减：营业外支出			34	4	8	2
其中：非流动资产处置损失			33	4	8	1
四、利润总额	3609	5855	7733	11 516	20 401	21 156
减：所得税费用	310	846	940	1301	2263	2542
五、净利润	3299	5010	6794	10 215	18 138	18 614
六、综合收益总额	3299	5010	6794	10 215	18 138	18 614

由图 8-1 和图 8-2 看出，5 年来，GD 公司营业成本及利润均获得大幅提高，且以 2014 年同期增加最多。2014 年企业营业收入达 162 981.85 万元，较 2013 年增长 332.87%，较 2013 年增长 48.57%。2014 年企业净利润达到 18 613.68 万元，相对 2013 年第一季度增幅达 464.15%，相对 2013 年第一季度增长 82.21%。这反映了 GD 公司较好的发展现状，在 2014 年后续特高压建设投资、配网自动化改造投资的利好背景下，相信 GD 公司的发展前景将更加广阔。

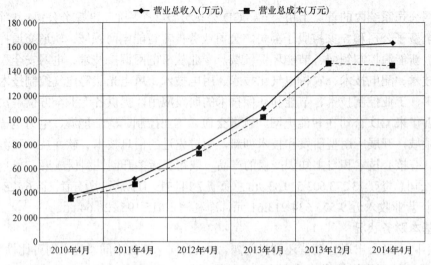

图 8-1　GD 公司 2010～2014 年第一季度营业收入、成本对比图

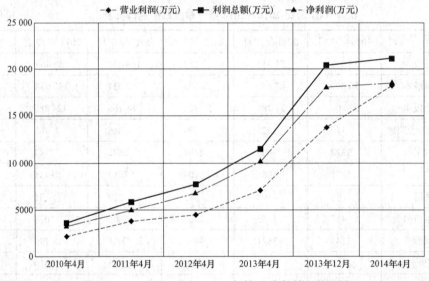

图 8-2　GD 公司 2010～2014 年第一季度利润对比图

三、偿债能力分析

1. 长期偿债能力

长期偿债能力是指企业对债务的承担能力和对偿还债务的保障能力，长期偿债能力的强弱是反映企业财务安全和稳定程度的重要标志。对于企业的长期期偿债能力的分析主要基于以下几个指标：资产负债率、权益乘数、利息保障倍数。GD 公司 2010～2014 年的资产负债率、权益乘数、利息保障倍数如表 8-59 所示。

表 8-59　　　　　　　　　　**GD 公司 2010～2014 年长期负债能力关键数据**

时间	2014 年 4 月	2013 年 4 月	2012 年 4 月	2011 年 4 月	2010 年 4 月
资产负债率（%）	50.84	47.36	51.06	44.01	58.10
权益乘数	2.03	1.90	2.04	1.79	2.39
利息保障倍数	992.19	360.49	654.59	305.72	271.07

（1）资产负债率。资产负债率指标越高，则负债程度高，经营风险大，能以较低的资金成本进行生产经营。一般来说，资产负债率不应高于50%，国际公认60%较为适宜。从权益投资人的角度看，此比率在可承受风险范围内应尽可能高。因为，投资人投入的资金最终要以投资收益做回报，而当全部资金投资报酬率高于企业长期负债所承担的利息率时，权益投资人的自有资金收益率的高低与负债比率是同方向变化的。也就是说，负债比率越高，自有资金收益率也越高。所以，在财务分析中，常把负债比率称为财务杠杆，它与财务风险成正比。企业究竟应该确定什么样的负债比率，取决于对本企业资产报酬率的预测状况，以及未来财务风险的承受能力，将二者作权衡后，才能作出正确的决策。

从图8-3看出，GD公司2013～2014年的资产负债率维持在50%左右，可见公司以适当的比例进行投资经营活动，充分利用财务杠杆进行投资，使企业的经营活动充满活力，有很强大的发展潜力。

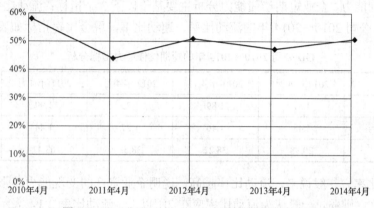

图8-3　GD公司2010～2014年资产负债率变化图

（2）权益乘数。权益乘数越大，表明所有者投入企业的资本占全部资产的比重越小，企业负债的程度越高；反之，该比率越小，表明所有者投入企业的资本占全部资产的比重越大，企业的负债程度越低，债权人权益受保护的程度越高。GD公司的权益乘数保持在2左右，不是特别高，偿债能力较强。

此外，由于近期的投资增加，使得公司营运状况在未来一年中将可能处于向上趋势中，较高的权益乘数反而可以创造更高的公司获利，通过提高公司的股东权益报酬率，对公司的股票价值产生正面激励效果。故GD公司可适当提高公司权益乘数，增加负债，将更多资金用于投资经营，以获取更大利益，从而权益投资者已可分红更多。

（3）利息保障倍数。利息保障倍数不仅反映了企业获利能力的大小，而且反映了获利能力对偿还到期债务的保证程度，它既是企业举债经营的前提，也是衡量企业长期偿债能力大小的重要标志。要维持正常偿债能力，利息保障倍数至少应大于1，且比值越高，企业长期偿债能力越强。如果利息保障倍数过低，企业将面临亏损、偿债的安全性与稳定性下降的风险。由表8-60可见，GD公司的利息保障倍数非常高，说明公司借款较少，利息支付能力极强，企业偿债能力强。

表8-60　　　　　　　　　GD公司2010～2014年利息保障倍数计算　　　　　　　　单位：万元

时间	2014年4月	2013年4月	2012年4月	2011年4月	2010年4月
期末余额	85.83	23.83	54.67	13.81	0.00

续表

时间	2014 年 4 月	2013 年 4 月	2012 年 4 月	2011 年 4 月	2010 年 4 月
年初余额	107.17	55.87	66.50	13.81	13.37
本季度利息费用	21.34	32.03	11.83	0.00	13.37
税前利润总额	21 156.15	11 515.71	7733.29	5855.27	3609.43
利息保障倍数	992.19	360.49	654.59	—	271.07

2. 短期偿债能力

短期偿债能力是指企业以流动资产偿还流动负债的能力，它反映企业偿付日常到期债务的能力。对投资者来说，如果企业的短期偿债能力发生问题，就会牵制企业管理人员耗费大量精力去筹集资金，以应付还债，还会增加企业筹资的难度，或加大临时紧急筹资的成本，影响企业的获利能力。企业短期偿债能力分析主要基于以下 3 个指标：流动比率、速动比率、现金比率。GD 公司 2010～2014 年的流动比率、速动比率、现金比率指标如表 8-61 所示。

表 8-61　　　　　　　　　　GD 公司 2010～2014 年的短期偿债能力指标分析

时间	2014 年 4 月	2013 年 4 月	2012 年 4 月	2011 年 4 月	2010 年 4 月
流动比率	1.81	1.89	1.75	1.99	1.41
速动比率	1.48	1.46	1.27	1.44	0.83
现金比率	29.38	38.22	38.58	63.41	17.61

（1）流动比率。一般说来，流动比率越高，说明企业资产的变现能力越强，短期偿债能力亦越强；反之，则弱。一般认为流动比率应在 2:1 以上。流动比率 2:1，表示流动资产是流动负债的两倍，即使流动资产有一半在短期内不能变现，也能保证全部的流动负债得到偿还。由图 8-4 可见，GD 公司的流动比率由 2013 年的 1.4 上升至 2014 年的 1.8，具有较好的变现能力，短期偿债能力强。

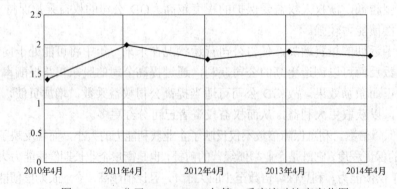

图 8-4　GD 公司 2010～2014 年第一季度流动比率变化图

（2）速动比率。速动比率越高，表明企业未来的偿债能力越有保证。但是速动比率过高，说明企业拥有过多的货币性资产，从而可能影响资金的获利能力。该指标值，一般以 1 为宜。由图 8-5 可看出，GD 公司 2013 年的速动比率只有 0.83，偿债能力有风险，但至 2014 年，公司速动比率达到 1.48，短期偿债能力得到保证，且也并不是太高，说明公司没有过多的货币性资金而影响了资金的获利能力，资金比较活跃。

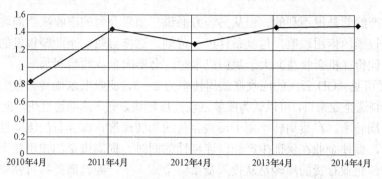

图 8-5　GD 公司 2010～2014 年第一季度速动比率变化图

（3）现金比率。由于有利润的年份并不一定有足够的现金来偿还债务，所以这个指标可以充分体现企业经营活动所产生的现金可以在多大程度上保证当期流动负债的偿还。过高的现金比率虽然使企业的偿债能得到充分保障，但是却降低了资金的使用效率，资金运用的合理性不高。由图 8-6 可见，GD 公司的现金比率维持在 30% 左右，既保证了偿债能力，又不至于过高而阻滞了资金流通。

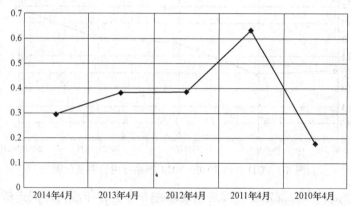

图 8-6　GD 公司 2010～2014 年现金比率变化图

3. 运营能力分析

营运能力主要指企业营运资产的效率与效益。企业营运资产的效率主要指资产的周转率或周转速度。相应指标主要有 3 个：应收账款周转率、存货周转率、固定资产周转率。GD 公司 2010～2014 年的应收账款周转率、存货周转率、固定资产周转率指标情况如表 8-62 所示。

表 8-62　　　　　　GD 公司 2010～2014 年运营能力分析（以上年年报计）

时间	2013 年 12 月	2012 年 12 月	2011 年 12 月	2010 年 12 月	2009 年 12 月
应收账款周转率（次）	2.17	2.30	2.90	2.73	2.93
存货周转率（次）	3.96	3.07	2.90	1.98	2.08
固定资产周转率（次）	22.82	16.12	13.72	7.21	6.54

（1）应收账款周转率。一般来说，应收账款周转率越高，表明公司收账速度快，平均收账期短，坏账损失少，资产流动快，偿债能力强。如果公司实际收回账款的天数越过了公司规定的应收账款天数，则说明债务人拖欠时间长，资信度低，增大了发生坏账损失的风险；同时也说明公司催收账款不力，使资产形成了呆账甚至坏账，造成了流动资产不流动，这对

公司正常的生产经营是很不利的。但从另一方面说，如果公司的应收账款周转天数太短，则表明公司奉行较紧的信用政策，付款条件过于苛刻，这样会限制企业销售量的扩大，特别是当这种限制的代价（机会收益）大于赊销成本时，会影响企业的盈利水平。

由表 8-62 可见，GD 公司的应收账款周转率为 2~3，应收账款周转天数为 100~150 天，对于电力设备制造企业来讲，可以认为账款回收速度较快，资产流动速度快，企业运营能力强。

（2）存货周转率。存货周转率用于反映存货的周转速度，即存货的流动性及存货资金占用量是否合理，促使企业在保证生产经营连续性的同时，提高资金的使用效率，增强企业的短期偿债能力。企业存货的周转是从投入货币资金购入生产经营所需材料物资开始，形成材料存货；然后投入到生产经营过程中进行加工，形成在产品存货；当加工结束之后则形成产品存货，通过销售取得货币资金表示存货的一个循环完成。当存货从一种形态转化为另一种形态的速度较快时，存货的周转速度就快，此外，各类存货周转额占存货周转额的比重大小也会对存货周转率产生影响。由图 8-7 可看出，GD 公司的存货周转率由 2009 年的 2.08 增加至 2013 年的 3.95，翻了一番，这说明作为电力设备制造业的 GD 公司运营效率越来越高。

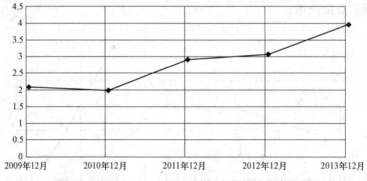

图 8-7　GD 公司 2010~2014 年存货周转率变化图

（3）固定资产周转率。固定资产周转率表示在一个会计年度内，固定资产周转的次数，或表示每 1 元固定资产支持的销售收入，主要用于分析对厂房、设备等固定资产的利用效率，比率越高，说明利用率越高，管理水平越好。如果固定资产周转率与同行业平均水平相比偏低，则说明企业对固定资产的利用率较低，可能会影响企业的获利能力。由图 8-8 可看出，GD 公司的固定资产周转率逐年提升，2009~2013 年固定资产周转率由 6.5 增长至 22.8，增长了 250.8%，可见企业巨大的经营活力。若将 2014 年开始的国家投资考虑在内，GD 公司营运能力将进一步得到提升。

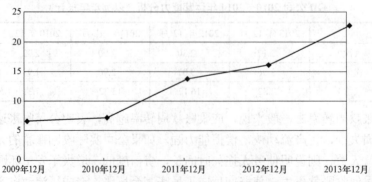

图 8-8　GD 公司 2010~2014 年固定资产周转率变化图

4. 获利能力分析

表 8-63 为 GD 公司 2010～2014 年获利能力分析。

表 8-63   **GD 公司 2010～2014 年获利能力分析表**

时间	2013 年 12 月	2012 年 12 月	2011 年 12 月	2010 年 12 月	2009 年 12 月
总资产利润率（%）	12.17	13.79	14.21	11.79	10.19
总资产净利润率（%）	15.42	15.44	17.03	14.65	11.37
销售净利率（%）	16.87	17.55	18.37	19.12	14.06
销售毛利率（%）	27.09	30.26	31.39	30.99	30.72
股东权益报酬率（%）	26.36	27.2	29.16	21.12	23.8

（1）销售净利率、销售毛利率。销售净利率反映每 1 元销售收入带来的净利润是多少，表示销售收入的收益水平。从销售净利率的指标关系看，净利额与销售净利率成正比关系，而销售收入额与销售净利率成反比关系。公司在增加销售收入额的同时，必须相应获得更多的净利润，才能使销售净利率保持不变或有所提高。通过分析销售净利率的升降变动，可以促使公司在扩大销售业务的同时，注意改进经营管理，提高盈利水平。

销售毛利率表示每 1 元销售收入扣除销售成本后，有多少钱可以用于各项期间费用和形成盈利。销售毛利率是公司销售净利率的基础，没有足够大的毛利率便不能盈利。由图 8-9 可见，GD 公司的销售毛利率、销售毛利率均保持较高水平，这也与企业的行业特色有关。GD 公司是高新技术企业，行业壁垒较高，技术垄断性强，技术附加值高，故利润空间较大。但从图中可见，2013 年相比前几年有所降低，可能与前期相关特高压工程停滞、近年持续的通货膨胀有关。

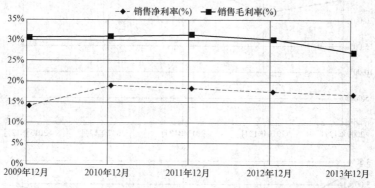

图 8-9   GD 公司 2009～2013 年销售净利率、销售毛利率变化图

（2）总资产利润率、总资产净利润率。总资产利润率的意义在于，反映企业全部资产的获利水平——经营获利与投资获利。将总资产净利润率与总资产净利润率作比较，可以反映所得税对企业最终的资产获利水平的影响。总资产利润率、总资产净利润率代表的是一种企业利用资金进行营利活动的基本能力，均是反映企业资产综合利用效果的指标，也是衡量企业利用债权人和所有者权益总额所取得盈利的重要指标。由图 8-10 可见，GD 公司的总资产利润率、总资产净利润率较高，公司整体获利能力较强。但 2012 年以来有下滑趋势，同前所述，可能与近年的通货膨胀及国家投资减少有关。

（3）股东权益报酬率。股东权益报酬率也称净资产收益率或所有者权益报酬率，是企业在一定时期的净利润与股东权益平均总额的比率。由图 8-11 可看出，公司的股东权益报酬率较高，但年报中股东权益报酬率自 2014 年开始呈缓慢下降趋势，而第一季度季报中自 2014 年开始呈上升趋势。

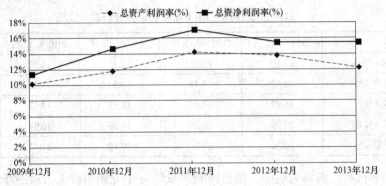

图 8-10　GD 公司 2009～2013 年总资产利润率、总资产净利润率变化图

表 8-64　　　　　　　　　　　GD 公司 2010～2014 年净资产收益率分析表

时间	2014 年 4 月	2013 年 4 月	2012 年 4 月	2011 年 4 月	2010 年 4 月
净资产收益率（%）	2.94	2.59	2.29	2.20	3.16
时间	2013 年 12 月	2012 年 12 月	2011 年 12 月	2010 年 12 月	2009 年 12 月
净资产收益率（%）	26.36	27.2	29.16	21.12	23.8

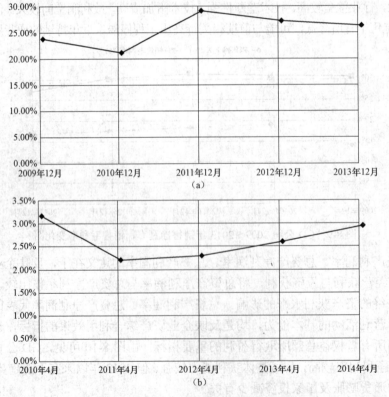

图 8-11　GD 公司 2010～2014 年股东权益报酬率（净资产收益率）变化图
（a）净资产收益率（%）；（b）净资产收益率（%）

5. 杜邦财务分析体系

杜邦分析法以权益净利率为主线，将企业在某一时期的销售成果以及资产营运状况全面联系在一起，层层分解，逐步深入，构成一个完整的分析体系。它能较好地帮助管理者发现企业财务和经营管理中存在的问题，能够为改善企业经营管理提供十分有价值的信息，因而得到普遍的认同并在实际工作中得到广泛的应用。

由图 8-12 和图 8-13 可知以下要点。

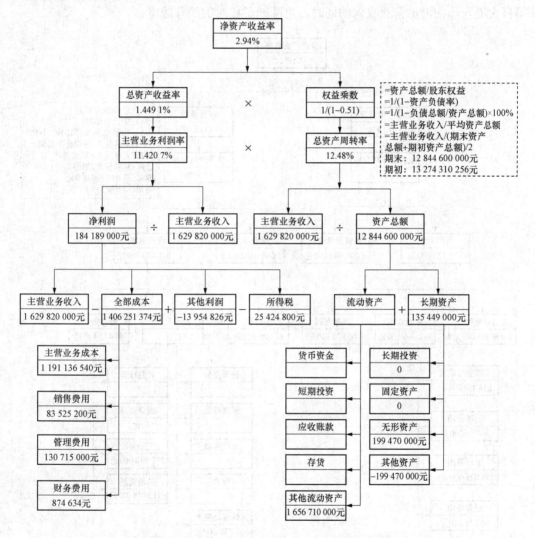

图 8-12　2014 年第一季度 GD 公司杜邦分析图

（1）净资产收益率。净资产收益率是一个综合性很强、与企业财务管理目标相关性最大的一个指标，它由企业的销售利润率、总资产周转率和权益乘数所决定。所有净资产收益率是指标体系分析的核心。GD 公司 2014 年第一季度的净资产收益率为 2.94%，比同行其他电气设备公司均高（DF 电气为 2.3%，SH 电气为 2.04%，TB 电工为 2.35%），说明企业较同行更强的获利能力。且 GD 公司 2014 年第一季度的净资产收益率相比前两年有所提高（2013 年第一季度为 2.59%，2012 年第一季度为 2.29%，2014 年第一季度为

2.26%)，说明企业近年来发展形势较好，加以未来几年国家投资的增加，GD 公司的前途非常光明。

（2）税后净利。税后净利是由销售收入扣除成本费用总额再扣除所得税而得到的，而成本费用又由一些具体项目构成。通过对这些项目的分析，能了解企业净利润增加或减少的原因。对比 2013 年与 2014 年第一季度的杜邦分析图，第一季度的主营业务收入由 1 096 980 000元增加至 1 629 820 000 元，但净利率同时由 9.312% 升高至 11.4207%，说明企业的经营效率获得极大提升，在增加营业收入的同时，也降低了相对的经营成本。

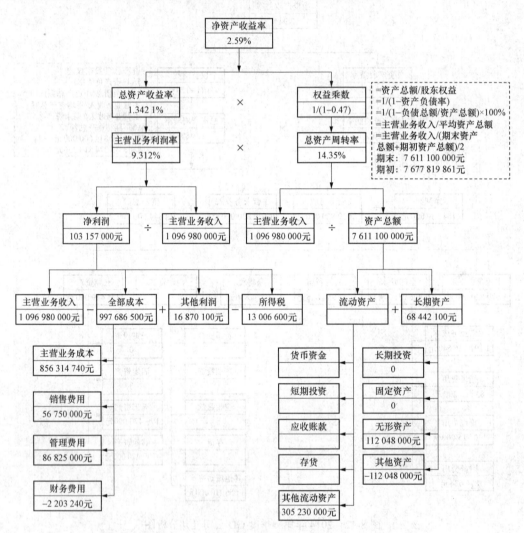

图 8-13　2013 年第一季度 GD 公司杜邦分析图

（3）总资产。总资产是由流动资产和非流动资产构成的，它们各自又有明细项目，通过总资产构成和周转情况的分析，能发现企业资产管理中存在的问题与不足。对比 2013 年与 2014 年第一季度的杜邦分析图，GD 公司的资产总额由 7 611 100 000 元增加至 12 844 600 000 元，增长了 68.76%，真乃质的飞跃。但是，企业流动资产由 305 230 000 元增加至 1 656 710 000 元，竟然增长 442.78%，在资金利用率提高的同时，企业也应考虑资金收回的风险。

四、思考

（1）比较分析在分析财务数据时能解决什么问题？

（2）通过阅读本案例，GD 公司在 2010～2014 年的财务状况如何变化？

（3）运用比较分析法时应注意哪些问题？

附录 A　某有限公司会计报表附注

一、公司简介

××××有限公司系经××工商行政管理局批准，于××××年××月××日取得注册号××××××××××××××××××××号企业法人营业执照。本单位注册资本××××××万元，法人代表×××××。本公司经营场所：×××××××××××××。本公司经营范围：×××××××××××××××××××××××。

二、不符合会计核算前提的说明

本公司无不符合会计核算前提的情况。

三、主要会计政策、会计估计的说明

1. 会计制度

本公司执行企业会计准则及其补充规定。

2. 会计年度

本公司会计年度自公历 1 月 1 日起至 12 月 31 日止。

3. 记账本位币

本公司以人民币为记账本位币。

4. 记账原则和计价基础

本公司以"权责发生制"为记账原则，以"历史成本"为计价基础。

5. 外币业务的核算方法及折算方法

本公司对发生的外币经济业务采用业务发生时当月月初中国人民银行公布的市场汇率（中间价）折合为记账本位币记账，年末按市场汇率（中间价）对外币账户余额进行调整，按年末市场汇率（中间价）折合的记账本位币金额与账面记账本位币金额之间的差额作为汇兑损益处理。其中，属筹建期间发生的汇兑损益计入长期待摊费用；属购建固定资产发生的汇兑损益，在固定资产达到预定可使用状态前计入各项在建工程成本；除上述情况以外发生的汇兑损益计入当期财务费用。

6. 现金及现金等价物的确定标准

（1）现金为本公司库存现金以及可以随时用于支付的存款；

（2）现金等价物为本公司持有的期限短（一般为从购买日起，3 个月到期）、流动性强、易于转换为已知金额的现金、价值变动风险很小的投资。

7. 应收款项

（1）坏账的确认标准：本公司对债务人破产或死亡，以其破产财产或遗产清偿后，仍然不能收回的应收款项，或因债务人逾期未履行其清偿责任，且具有明显特征表明无法收回时经公司管理当局批准确认为坏账损失。

（2）坏账损失的核算方法及坏账准备的计提方法和计提比例：本公司采用备抵法核算坏账损失，账龄 1 年以内不计提坏账准备；账龄 1～3 年计提比例 10%；账龄 3～5 年计提比例 50%；账龄 5 年以上计提比例 100%；对于有证据证明确实无法收回的应收款项，采用个别认定法计提坏账准备。

8. 存货

（1）存货的分类：本公司存货主要包括原材料、库存商品和在产品。

（2）存货的核算方法：原材料、库存商品均采用实际成本法核算；发出时采用月末一次加权平均法。

（3）存货跌价准备的计提方法：采用成本与可变现净值孰低法计价并计提跌价准备。

9. 长期股权投资

（1）长期股权投资的核算方法：

A. 公司对子公司及对被投资单位无控制、共同控制或重大影响且在活跃市场无公开报价、公允价值无法可靠取得的长期股权投资采用成本法核算；投资收益于被投资单位宣告派发现金股利时确认，该现金股利超出投资日以后累计未分配利润的部分作为投资成本的收回。

B. 公司对被投资单位具有共同控制或重大影响的（通常指占被投资单位有表决权资本总额20%或20%以上，或虽不足20%但有重大影响），采用权益法核算；采用权益法核算时，长期股权投资的初始投资成本大于应享有被投资单位所有者权益份额之间的差额，不调整长期股权投资的账面价值，长期股权投资的初始投资成本小于应享有被投资单位所有者权益份额之间的差额，确认为当期损益。

（2）长期股权投资减值准备：由于市价持续下跌或被投资单位经营状况恶化等原因导致其可收回金额低于账面价值的，本公司根据实际情况作出估计后按可收回金额低于长期股权投资账面价值的差额，提取长期股权投资减值准备，并计入当期损益。已提取的长期股权投资减值准备不得转回。

10. 固定资产

（1）固定资产标准：本公司的固定资产是指使用期限超过一年，为生产商品、提供劳务、出租或经营管理而持有的单位价值较高的有形资产。

（2）固定资产计价：固定资产以取得时的实际成本为原价入账。

（3）固定资产折旧政策：以年限平均法分类计提折旧。固定资产在不考虑减值准备的情况下，固定资产的类别、估计的经济使用年限和预计的净残值分别确定折旧年限和年折旧率如下：

固定资产类别	预计净残值（%）	预计使用寿命（年）	年折旧率（%）
房屋及建筑物			
机器设备			
运输设备			
办公设备			
办公家具			
物流设备			
工具仪器			

（4）固定资产减值准备的计提方法：期末对固定资产逐项进行检查，如果由于市价持续下跌、技术陈旧、损坏或长期闲置等原因，导致其可收回金额低于账面价值的差额，提取固定资产减值准备。根据对固定资产的使用情况、技术状况以及为公司带来未来经济利益的情况进行分析，如果固定资产实质上已经发生了减值，则按照估计减值计提减值准备。对存在

下列情况之一的固定资产，全额计提减值准备：

    A．长期闲置不用，在可预见的未来不会再使用，且已无转让价值的；

    B．或由于技术进步原因，已不可使用的固定资产；

    C．虽可使用，但使用后产生大量不合格品的；

    D．已遭毁损，不再具有使用价值和转让价值；

    E．其他实质上不能再给企业带来经济利益的固定资产。

已全额计提减值准备的固定资产，不再计提折旧。

11．在建工程

本公司的在建工程按工程项目分别核算，以实际发生的全部支出入账，并在工程达到预定可使用状态时，按工程全部成本结转固定资产。为购建固定资产而借入的专门借款所发生的利息、折价或溢价的摊销、汇兑差额在为达到预定可使用状态所必要的购建活动开始后至所购建的固定资产达到预定可使用状态所发生的对应资产支出部分计入所购建固定资产的成本，其余部分及所购建的固定资产达到预定可使用状态后计入当期损益。

在建工程减值准备计提方法：公司于期末对在建工程进行全面检查，如果有证据表明在建工程已经发生了减值，则提取在建工程减值准备。

12．无形资产

本公司的无形资产是指为生产商品、提供劳务、出租或经营管理而持有的没有实物形态的非货币性长期资产。包括专利权、非专利权、商标权、著作权、土地使用权。

无形资产按取得时的实际成本入账。

无形资产从开始使用之日起，在有效使用期限内平均摊入管理费用。无形资产的有效使用期限按照下列原则确定：

（1）法律和合同分别规定有法定有效期限和受益年限的，按照法定有效期限与合同规定的受益年限孰短的原则确定。

（2）法律没有规定有效期限，企业合同中规定有受益年限的，按照合同规定的受益年限确定。

（3）法律和合同均未规定法定有效期限或者受益年限的，按照不超过10年的期限确定。

无形资产减值准备的计提：年末本公司对无形资产按账面价值与可收回金额孰低计量，按单项资产预计可收回金额低于其账面价值的差额，分项提取无形资产减值准备，并计入当期损益。

13．长期待摊费用

本公司的长期待摊费用是指已经支出、但将于正常生产经营后摊销或摊销期超过一年的各项费用，主要包括租入固定资产装修费用。长期待摊费用均在各项目的预计受益期间内平均摊销，计入各摊销期的损益。

14．借款费用

本公司借款费用指因借款而发生的利息、折价或溢价的摊销和辅助费用，以及因外币借款而发生的汇兑差额。除为购建固定资产和需要经过相当长时间的生产才能达到销售状态的存货而借入的专门借款和一般借款所发生的借款费用外，其他借款费用均应于发生当期确认为费用，直接计入当期财务费用。

15．收入确认原则

本公司的商品销售在商品所有权上的主要风险和报酬已转移给买方，本公司不再对该商品实施继续管理权和实际控制权，与交易相关的经济利益很可能流入企业，并且与销售该商品相关的收入和成本能够可靠地计量时，确认营业收入的实现。

本公司提供的劳务在同一会计年度开始并完成的，在劳务已经提供，收到价款或取得收取价款的证据时，确认营业收入的实现；劳务的开始和完成分属不同会计年度的，在劳务合同的总收入、劳务的完成程度能够可靠地确定，与交易相关的价款能够流入，已经发生的成本和为完成劳务将要发生的成本能够可靠地计量时，按完工百分比法确认营业收入的实现；长期合同工程在合同结果已经能够合理地预见时，按结账时已完成工程进度的百分比法确认营业收入的实现。

本公司让渡资产使用权取得的利息收入和使用费收入，在与交易相关的经济利益能够流入企业，且收入的金额能够可靠地计量时，确认收入的实现。

16．所得税的会计处理方法

本公司所得税的会计核算采用资产负债表债务法，资产负债表日比较各项资产、负债的账面价值和计税基础的差异，分别应纳税暂时性差异和可抵减暂时性差异按照未来差异转回时的适用税率确认递延所得税负债和递延所得税资产，同时确认递延所得税费用。按照税法规定应缴所得税作为当期所得税费用，递延所得税费用和当期所得税费用共同构成利润表上的所得税费用。

本公司所得税分季预缴在年终汇算清缴时 少缴的所得税税额 在下一年度内缴纳;多缴纳的所得税税额 在下一年度内抵缴。

四、主要税项

本公司使用的主要税种及税率列示如下：

税项	计税基础	税率
××××××××	××××××××××××	××××
××××××××	××××××××××××	××××

五、会计报表项目注释

1．货币资金

项目	年初余额	年末余额
现金		
银行存款		
合计		

2．应收票据

票据种类	年末余额	年初余额
银行承兑汇票		
商业承兑汇票		
合　计		

3．应收账款

（1）年初、年末余额：

账龄	年末余额		年初余额	
	金额	比例（%）	金额	比例（%）
1 年以内				
1～3 年				
3～5 年				
5 年以上				
合 计				

（2）应收账款前五名：

单位名称	金额	备注
合计		

4. 预付账款

（1）年初、年末余额：

账龄	年末余额		年初余额	
	金额	比例（%）	金额	比例（%）
1 年以内				
1～3 年				
3～5 年				
5 年以上				
合 计				

（2）预付账款前五名：

单位名称	金额	备注
合计		

5. 其他应收款

（1）年初、年末余额：

账龄	年末余额		年初余额	
	金额	比例（%）	金额	比例（%）
1 年以内				
1～3 年				
3～5 年				
5 年以上				
合 计				

（2）其他应收款：

单位名称	金额	备注
合 计		

6. 存货

项目	年初余额	本年增加额	本年减少额	年末余额
原材料				
库存商品				
生产成本				
合 计				

7. 固定资产

项目	年初余额	本年增加额	本年减少额	年末余额
一、原价合计				
其中：机器设备				
办公设备				
运输设备				
物流设备				
工具仪器				
房屋建筑物				
二、累计折旧合计				
其中：机器设备				
办公设备				
运输设备				

项目	年初余额	本年增加额	本年减少额	年末余额
物流设备				
工具仪器				
房屋建筑物				

8. 无形资产

项目或名称	原始入账价值	期初账面价值	本期增加金额	本期减少金额	本期摊销金额	期末账面价值
合计						

9. 应付账款

（1）年初、年末余额：

账龄	年末余额		年初余额	
	金额	比例（%）	金额	比例（%）
1 年以内				
1～3 年				
3～5 年				
5 年以上				
合 计				

（2）应付账款前五名：

单位名称	金额	备注
合计		

10. 预收账款

（1）年初、年末余额：

账龄	年末余额		年初余额	
	金额	比例（%）	金额	比例（%）
1 年以内				
1～3 年				
3～5 年				
5 年以上				
合 计				

（2）预收账款明细：

单位名称	金额	备注
合 计		

11. 应交税费

项目	适用税率	年初余额	年末余额
合 计			

12. 其他应付款

（1）年初、年末余额：

账龄	年末余额		年初余额	
	金额	比例（%）	金额	比例（%）
1 年以内				
1～3 年				
3～5 年				
5 年以上				
合 计				

（2）其他应付款前五名：

单位名称	金额	备注
合计		

13. 实收资本

投资者名称	年末余额		本年增加	本年减少	年初余额	
	投资金额	所占比例（%）			投资金额	所占比例（%）
合计						

14. 未分配利润

项　　目	金　　额
上年年末余额	
加：年初未分配利润调整数	
其中：会计政策变更	
前期会计差错更正	
本年年初余额	
本年增加数	
其中：本年净利润转入	
其他增加	
本年减少数	
其中：本年提取盈余公积数	
本年分配现金股利数	
本年分配股票股利数	
其他减少	
本年年末余额	

15. 营业收入、营业成本

项　　目	上年度	本年度
营业收入		
营业成本		

16. 销售费用

项　　目	上年数	本年数
合计		

17. 管理费用

项　　目	上年数	本年数
合计		

18. 财务费用

项　　目	上年数	本年数
合计		

19. 营业外支出

主要项目类别	本年数	上年数
1. 赔偿金		
2. 价格调节基金		
3. 固定资产报废、处理损失		
4. 滞纳金、罚款支出		
5. 违约金		
6. 捐赠		
7. 其他		
合计		

六、或有事项的说明

本公司无需要披露的或有事项。

七、资产负债表日后事项

本公司无需要说明的资产负债表日后事项。

八、其他需要说明重要事项

本公司无其他需要说明重要事项。

××××有限公司   二零一四年十二月三十一日

参 考 文 献

［1］周三多，陈传明，鲁明泓. 管理学：原理与方法［M］. 上海：复旦大学出版社，2003.

［2］任浩. 企业组织设计［M］. 上海：学林出版社，2005.

［3］基础管理研究组. 管理制度·管理表格：财务，会计，税务，统计（上）［M］. 北京：企业管理出版社，2004.

［4］艾哈迈德·里亚希-贝克奥伊. 会计理论［M］. 上海：上海财经大学出版社，2004.

［5］常兴华，张建军. 民营企业内部管理：最实用的方法和工具精选（上册）［M］. 北京：中国水利水电出版社，2005.

［6］汤谷良. 现代企业财务控制与风险防范体系的再造［M］. 上海：科学技术文献出版社，2005.

［7］畅轶民. 企业危机管理［M］. 北京：科学出版社，2004.

［8］中国集团公司促进会，国家经贸委改革司. 中国企业集团制度创新案例精选［M］. 北京：中国财政经济出版社，2001.

［9］朱荣. 企业财务风险评价与控制研究［M］. 大连：东北财经大学出版社，2007.

［10］杜兴强，赵景文. 财务会计信息与公司治理［M］. 大连：东北财经大学出版社，2006.

［11］田翠香. 财务会计理论［M］. 北京：机械工业出版社，2003.

［12］唐国平. 财务会计基本问题研究［M］. 北京：经济科学出版社，2007.

［13］李庆华. 战略管理［M］. 北京：中国人民大学出版社，2009.

［14］徐二明. 战略管理［M］. 北京：中国人民大学出版社，2005.

［15］中国中小企业发展年鉴编辑部. 中国中小企业年鉴2010［R］. 北京：经济科学出版社，2010.

［16］中国社会科学院文库. 中国管理学发展研究报告［R］. 北京：经济管理出版社，2007.

［17］Rose A K, Spiegel M K. Could an early warning system have predicted the crisis［J］. 3 August, 2009.

［18］胡玉明. 财务报表分析［M］. 大连：东北财经大学出版社，2008.

［19］刘凌冰. 会计报表阅读与分析［M］. 大连：东北财经大学出版社，2010.

［20］朱文丽，杨黎民. 财务报表入门两星期［M］. 广州：广东经济出版社，2010.

［21］上海国家会计学院. 财务报表分析［M］. 北京：经济科学出版社，2012.

［22］查尔斯·H.吉布森. 财务报告与分析［M］. 大连：东北财经大学出版社，2006.

［23］张先治，陈友邦. 东北财经大学会计学系列教材：财务分析［M］. 5版. 大连：东北财经大学出版社，2010.

［24］张新民，钱爱民. 财务报表分析［M］. 2版北京：中国人民大学出版社，2011.

［25］张新民，王秀丽. 企业财务报告分析［M］. 北京：高等教育出版社，2005.

［26］朱学义. 财务分析教程［M］. 北京：北京大学出版社，2009.

［27］陈少华. 财务报表分析方法［M］. 2版. 厦门：厦门大学出版社，2011.

［28］http://www.stats.gov.cn.